国家社科基金
GUOJIA SHEKE JIJIN HOUQI ZIZHU XIANGMU
后期资助项目

历史文化名村吉安钓源研究

Research of The Historical and Cultural Village DiaoYuan Ji'An

卢世主 著

文化艺术出版社
Culture and Art Publishing House

图书在版编目（CIP）数据

历史文化名村吉安钓源研究 / 卢世主著. —北京：
文化艺术出版社，2019.6
ISBN 978-7-5039-6673-6

Ⅰ. ①历… Ⅱ. ①卢… Ⅲ. ①乡村—研究—吉安
Ⅳ. ①K925.65

中国版本图书馆CIP数据核字（2019）第062814号

（本书所用图表除已署名者外，均由作者提供版权）

历史文化名村吉安钓源研究

著　　者　卢世主
责任编辑　魏　硕
装帧设计　马夕雯
出版发行　文化艺术出版社
地　　址　北京市东城区东四八条52号（100700）
网　　址　www.caaph.com
电子邮箱　s@caaph.com
电　　话　（010）84057666（总编室）84057667（办公室）
　　　　　（010）84057696-84057699（发行部）
传　　真　（010）84057660（总编室）84057670（办公室）
　　　　　（010）84057690（发行部）
经　　销　新华书店
印　　刷　国英印务有限公司
版　　次　2019年9月第1版
印　　次　2019年9月第1次印刷
开　　本　710毫米×1000毫米　1/16
印　　张　18.25
字　　数　290千字
书　　号　ISBN 978-7-5039-6673-6
定　　价　52.00元

国家社科基金后期资助项目
出版说明

后期资助项目是国家社科基金设立的一类重要项目，旨在鼓励广大社科研究者潜心治学，支持基础研究多出优秀成果。它是经过严格评审，从接近完成的科研成果中遴选立项的。为扩大后期资助项目的影响，更好地推动学术发展，促进成果转化，全国哲学社会科学规划办公室按照“统一设计、统一标识、统一版式、形成系列”的总体要求，组织出版国家社科基金后期资助项目成果。

全国哲学社会科学规划办公室

目录

绪 论

本书的写作，缘于笔者长期对江西传统村落和传统民居的调查和研究，从2006年笔者进入江西高校任教起，就开始带领学生对江西乡村进行考察、调研，至今已有将近十个年头，足迹几乎遍布江西的吉安、修水、铜鼓等市县，前后共详细调查近100个传统村落。大规模的新农村建设也给村落调查带来了巨大的契机，笔者有幸主持并参与了江西省万年县、南昌县、井冈山市等地的近400个村落的新农村建设规划项目，收集到了珍贵的第一手资料，同时也目睹了传统村落的衰败，为大量村落的消亡扼腕叹息。毫无文化识别的现代材料和建筑在不断地稀释着本土地域民居文化，传统村落最典型的人居社会单元被碎片化。传统村落的传承与保护问题到底出在了哪里？宗族社会如何在空间建构中发挥作用？传统村落中优秀的价值如何去认知？空间的承载内容、建构意义具体是什么？这些疑问正是笔者选择钓源古村做个案研究的初衷。

江西省由于发展相对滞后，不少村落还保持着几百年前的状态，村落的构成要素、周边的地域环境、人们的生活风俗也没有大的改变。吉安位于江西省中部，古称庐陵、吉州。它是一座文化历史厚重的古城，孕育了悠久的“庐陵文化”，自古便有“江南望郡”“吉州福地”“文章节义之邦”“金庐陵”“声名文物之邦”之美誉。在这片拥有深厚的历史及文化的土地上，不仅有媲美中原文化的以新干商代墓葬遗址为代表的青铜文化，也拥有着以白鹭洲书院为代表的书院文化、以吉州窑黑釉天目瓷为标志的陶瓷文化、以青原山佛教禅宗“青原派系”为主体的宗教文化，还孕育了以钓源为代表的众多古韵犹存的历史文化村落。钓源古村是吉安地区现存最为完整的庐陵古村落之一，村落内遗留大量历史文化价值很高的明清建筑，基本保留了古村落的整体空间形态与街巷结构、古民居的造型与风格。

钓源是一个被列为中国历史文化名村的千年古村，位于吉安市吉州区兴桥镇，是北宋著名文学家、政治家欧阳修后裔的聚居地，距今有

1100多年的建村史。钓源由庄山、渭溪两个自然村组成，东为渭溪，西为庄山，均以东西走向的S形长安岭为屏，两村分别位于长安岭类似太极图的“少阴”位和“太阴”位。现今的钓源仍保留着明清古建筑150余幢，上可追溯至宋元，下则延续至明清。其中有祠堂9座，庙宇1座，石桥2座，书院5座，别墅式庄园1座，古民居120余幢。房屋既有普通的单檐屋顶，又有罕见的重檐屋顶；既有遍及南方民居的马头墙，又有建在前后瓦檐上的骑瓦风火墙。钓源不仅保留了明清时期的建筑格局，而且建筑构件也极为精美。为了最大限度地适应围祠而居的氏族管理要求，大胆破除南北朝向的建房常规，根据当地的风场气流变化，巧妙运用堪舆理论，大量使用夹角，形成了“墙折、路弯、巷曲、分房向祠，四面为大”的村落形态。以一个特有的模式，表达了钓源先人对地理环境、气候条件以及堪舆理论的理解，体现了追求自然与人为、天道与人道完美交融的境界。钓源作为庐陵古村落的典型代表，具有突出的特点和极高的研究价值。

人们对古村落的关注始于20世纪30年代，真正重视古村落的研究，则是20世纪80年代的事，特别是城市化进程的加快、社会主义新农村建设的崛起和古村落旅游的快速发展，使大批古村落遭到破坏，这引起了政府和学术界广泛的关注。近年来，关于古村落保护、开发、利用方面的书籍、论文等科研成果越来越多，关于这方面的研究探讨也更加深入。经过各学科的不断尝试，在形态研究方面取得了重要成果。20世纪90年代以来，文化人类学、空间社会学、考古学、文化地理学等研究方法的借鉴，开启了以往环境艺术和建筑学在村落、建筑空间形态分析中的新篇章。古村落的研究不再是单一的分析体系，自然地理环境、农耕生产文化、村民行为逻辑、社会秩序、经济体制、仪式信仰等被持续地重视和研究，对社会形态的追溯和探讨也在逐步加深。但多偏向对村落的民族志式的描述与还原，对村落的形态特征、建筑及装饰相互之间的文化影响等的归纳总结还未全面展开。

目前，对于古村落保护的研究成果大体可分为四大类。第一，从文化遗产角度出发，对古村落的保护与管理问题提出见解和意见；第二，从城市规划和建筑学的角度出发，具体研究古村落的历史和建筑文化，探索古村落的发展演变历史和建筑技术手法；第三，从古村落的整体空间布局角度出发，研究古村落的演变轨迹与大自然之间的和谐关系；第四，在第一类、第二类研究成果的基础上，以旅游开发角度挖掘古村落的旅游文化价值，探讨古村落的可持续发展问题及随之而来的其他问题。伴随《江西民居》《庐陵宗族与古村》《走进文化景观遗产的世界》等一系列古村落研究的书籍与文章问世，对钓源村历史、社会、文化等方面的研究内容也逐步丰富，主要的研究成果如下表。

表 1　钓源村古村落相关研究现状一览表

研究时间	研究成果	研究行为主体	研究内容与意义
1990 年	《吉安市志》	江西省吉安市地方志编纂委员会	从吉安地区整体研究角度出发，对包括吉州区在内的各县历史、文化、环境、人口、交通、经济等各方面内容做出详细记录。对了解吉州区兴桥镇钓源村区域环境与研究背景具有较高的参考价值和参考意义
2000 年	《吉州区志》	江西省吉安市吉州区地方志编纂委员会	从吉州区域历史角度出发，对包括钓源村及其所辖乡镇沿革区划、人口资源、自然环境、经济条件等综合内容做出详尽记录。对不可再生文化资源的探讨，是研究钓源村及其周边地区各时期历史事件、经济条件、人文背景不可或缺的资料
2001 年	《欧阳修自述》《续修安福令欧阳公通谱》	江西吉安市吉州区兴桥镇钓源村宗谱编纂委员会	以吉州区所辖地区欧阳氏族群为记录、研究对象，对包括钓源村在内的各村落欧阳氏族的迁徙历史、人口世系、文献著作等内容做出记载，研究了钓源村空间形态、传统宗族空间、宗族景观节点等内容
2007 年	《吉安城市总体规划（2007—2020）》	江西省吉安市人民政府、南昌市城市规划设计研究总院	对以兴桥镇钓源村为代表的重要区域做出总体规划，强调忠孝节义，以突出钓源村宗族文化特色为重点，对钓源村及其周边地区的未来发展提出了规划框架
2009 年	《吉安钓源历史文化名村保护规划》	卢世主	根据古村落现存的聚落空间格局、自然环境、历史建筑遗存、历史环境要素等分布现状，将传统古村落划分为核心保护区、建设控制地带、环境协调区，进行历史环境保护设计，对传统古村落采取合理可行的保护利用措施，进行严格保护、合理开发和持续利用
2012 年	《庐陵宗族与古村》	李梦星	从整体角度出发，对吉安市中包括钓源村在内的庐陵地区现存的重要古村落、古建筑、建筑周边环境与其宗族文化来源与发展做出对比分析，对明确钓源村当下历史文化资源与历史文化意义具有重要参考及讨论价值

传统村落的研究方法，主要集中在地理学领域、社会学领域以及建筑学领域，相关研究大多是停留在民居延伸的层面上。本书试图以钓源为研究个案，从艺术设计学的角度出发，将设计艺术的思维方法、设计分类方法纳入古村落研究中，用艺术设计的观点去审视古村落的整体保护。在跨学科的研究过程中，将人类学、社会学、民俗学融入研究实践当中。系统研究村落形态地域性表现，深入浅出地分析村落的选址、空间的构成、要素、结构、建筑、民居室内陈设装饰以及村落保护的相关问题等，揭示村落空间形态与宗族文化之间的联系。宏观层面，紧扣村落的整体形态的构成与宗族文化之间的关系；微观层面，深入建筑类型、界面、尺度、宅院的构成等细节，详细探讨了民居室内陈设装饰与百姓文化风俗礼仪之间的联系，深层次剖析古村落保护规划设计中的问题、村落运行机制与可持续发展问题。

2009 年，笔者主持了钓源古村的保护规划，通过对钓源古村的实地调研和勘察测绘，综合分析了钓源古村的保护现状及其存在的问题，编制了古村保护规划，几年来又数次回访、跟踪调研，这些为本研究提供了良好的开端并打下了坚实的基础。本书写作过程中，注重理论研究与社会实践并重，内容安排如下：

第一章，对庐陵地区的历史文化背景及相关要素加以分析，并通过对赣中地区自然环境、历史文化的研究总结出该地区传统民居独特的地域特点及相关要素。通过对民居的历史沿革的概述了解当地发展的现状及文化对该地区的历史影响。以钓源古村为主线，分析欧阳氏的家族成因、家族发展及家族现状，并对相关材料进行整理，为了解钓源古村民居建筑的信息提供了依据。

第二章，以宗族文化为研究视角，对钓源古村落空间形态展开实例研究。在明确钓源村宗族文化形成原因、背景、历史等特征后，以宗族文化三大构成要素为主要研究途径，即宗族精神文化、宗族制度文化、宗族行为文化，对应钓源村选址布局，空间形态以及景观节点三方面内容进行研究。明确宗族文化构成因素对钓源村空间形态造成的影响及作用，指明宗族文化与空间形态二者之间存在相互联系、相互影响的作用。

第三章，主要是对钓源古村的传统民居建筑形制进行分析研究。钓源村现存的建筑类型有住宅、祠堂、书院、钱庄、牌坊等，按其规模大致分为“天井式”民居与中小型民居等。其中住宅建筑按平面布局可分为中小型直进式、边宅式、两厢两进式等，其基本格局是以“一明两暗三开间”的布局进行建造的。通过对钓源现存的民居建筑的基本信息的统计和整理，分析其建筑的平面布局形式、空间各部分的使用功能及特征。同时对钓源村落的艺术特征做了分析。通过比较方法，以西递古村对比钓源古村来归纳异同，并探讨钓源民居的价值对现代建筑的借鉴作用。

第四章，首先，从钓源古村的空间形态、建筑形态与室内陈设和装饰的联系入手，分析钓源民居室内陈设与装饰分类方式，并逐一表述室内界面、室内家具、室内饰品的类别。其次，根据室内装饰类型，主要从装饰的图案纹样、文化寓意、材料技法、表现形式等方面来深层挖掘装饰艺术特征。进而对钓源室内陈设与装饰艺术中蕴含的功能演进观、庐陵文化观和民俗艺术观加以分析并总结。最后，尝试建立了民居室内陈设与装饰认知和评价系统，分别以色彩、形象、功能和寓意作为认知元素，以装饰类型、艺术特征和审美观念作为评价元素去分析整个民居室内陈设与装饰的认知评价系统。

第五章，研究古村落的保护问题，从保护设计问题、可持续发展问题、资金的融资方式问题、保护与开发实施主体问题出发，发现古村落保护面临的问题，提出问题的解决对策，阐述古村落保护的价值和意义，为古村落的保护与开发、利用提供理论上的支撑。

第一章　钓源村历史文化概述

第一节　钓源村地理空间概况

一、地域空间

吉安市位于江西省赣江中游部分，章水、贡水在赣州合流成赣江，从南向北贯穿江西全境。土地面积约为 2.53 万平方千米，属于典型的江南丘陵地带。东、南、西三面环山，北面较低，形成面积约为 4500 平方千米的“吉泰盆地”。俯瞰苍茫大地，吉安整体地形由高低起伏的山峦环抱，零星点缀的山野村庄，将土地、丘陵、河谷、山川相互串联起来，像是遗留下来的历史文化记忆。

吉安市的中心城区吉州区，古称庐陵，1670 多年以来都是州、府、市、城区的行政驻地和赣中的政治、经济、文化中心。吉州区现辖 6 个街道，5 个乡镇。其中兴桥镇位于吉安市城区西郊，距市中心 10 千米，国土面积 136 平方千米，是吉州区国土面积最大的乡镇。该镇耕地面积达 3441 公顷，其中水田 3215 公顷，旱地 226 公顷，山地面积 6600 公顷，森林覆盖率达 43.4%，辖区内有规模宏大的国家级井冈山农业科技示范区。赣粤高速、武吉高速在镇区交会，吉福公路穿境而过，形成四通八达的道路交通格局。

钓源村是中国历史文化名村，属兴桥镇管辖。地处吉安市城区西部，距城区 18 千米，距离镇政府 8 千米，村南 3.5 千米为省道吉福公路，途经安福县，通往萍乡、宜春，以至湖南，是重要的交通枢纽。钓源村包括庄山、渭溪两个自然村落。同时钓源村内有 350 余户，1500 多人；其中村中居住 210 余户，1000 多人。村中有祠堂 9 座、石桥 2 座、书院书社 5 处、寺庙 1 座。钓源村是北宋文学家、政治家欧阳修后裔聚居的古村落，为唐末博士、欧阳修高叔祖欧阳弘肇基，南宋年间，欧阳修七世欧阳腾继嗣钓源。

赣江中游西岸的支流泸水河，以赣西的武功山为发源地，向东经安福县、吉安县，在吉州区的曲濑镇与禾水合流，注入赣江，是赣江的一级支流。钓源村在泸水河中游北岸，距泸水河约 5 千米，流经村庄的溪水，注入泸水。村落腹心之地为钓源欧阳氏祠，东经 114° 50′，北纬 27° 11′，海拔高程 96 米。

钓源村古时由庐陵县管辖。秦王政二十六年（前 221），秦兵挥戈南进，沿赣江而上征讨岭南，在赣江中游设立庐陵县。汉建安四年（199），孙策将庐陵升格为郡，辖数县。隋文帝开皇十年（590）置吉州。元仁宗皇庆元年（1312），改府为吉安路，明清为吉安府。两千多年间，不管是设郡州还是路府，庐陵县名一直没变，而且是郡、州、府治所，1914 年改为吉安县。钓源村一直由庐陵县和后来改称的吉安县所辖，直到 1987 年，兴桥镇从吉安县划归县级吉安市，钓源村包括其中。2000 年，吉安撤地设市，成立新的吉州区，钓源村也随之归吉州区兴桥镇管辖。尽管如此，钓源村与吉安县仍存在许多联系。

钓源村是庐陵颇具特色的古村落之一，拥有丰富的历史文化。该村始建于唐代末年，祖先欧阳琮为吉州刺史，称吉州始祖，直至第五代祖先欧阳万，为安福县令，其子嗣迁徙安福黄石、庐陵钓源、永和岗头和永丰沙溪等地，而称为一世祖。因而钓源欧阳氏与沙溪欧阳修、永和欧阳询等为同宗氏裔。如今钓源村内，仍留存文忠公祠，即欧阳修祠堂。古樟、古柏环村的布局令人向往，村落文化内涵深厚，引人入胜。漫步在钓源村的长街短巷与民居祠堂里，会给人们一种穿梭时空隧道的体验，似乎有徜徉在明清时期建筑中的别样情怀。

二、地貌特征

（一）地形

钓源村属于吉泰盆地，整体地形由四周向内聚拢。庄山自然村为南北高中间低，东西走向的“带状盆地”，常年冬暖夏凉，干爽宜人。渭溪村则是西南及东部高、中部向北倾斜的“坡谷地”。村落中间形成一条由南至北的狭长深溪，将两个自然村分为高低错落的特色村落。

（二）地貌

庄山村与渭溪村分别位于钓源村的西部与东部，在两村之间形成东西走向的“长安岭”，庄山与渭溪分别坐落在“长安岭”两侧。长安岭呈S形，构成独特的空间形态，将庄山与渭溪环抱其中。同时，两村依山傍水而建，整体村落布局错落有致，根据当地地形、地貌特征，构成独具特色的村落布局模式，因此，“太极八卦”空间布局形态也是钓源村最具特色的形态特征之一。

庄山村西南部最低处海拔为76.1米，渭溪村东部最高处海拔为95.3米，整体水流呈东西走向。此地也因水而生，因水而盛，不仅村内有池塘环绕，村外也有参天古柏，樟树环绕，钓源村周边山峦起伏跌宕，众山环抱，水塘密布，极具庐陵古村落空间特色。

三、气候特征

钓源村的自然生态环境，适宜人类生活及居住。从开基祖欧阳弘在唐代末年选址定居以来1100多年，繁衍至今，从未迁移。只是因宗族派系较多，人口日益增长，有人为了生存所需迁徙外地，但都以钓源为祖居地。

（一）气候

钓源村及周边地域属于亚热带季风湿润气候，常年气候温和，雨水充沛，四季分明，光照充足，十分有利于农作物生长。全年月平均气温为18.3℃，村内冬暖夏凉，夏季气温较村外及周边村落低2℃左右。村中少蚊蝇，其中村民欧阳增祥的现居房屋背朝长安岭建造，是面积达1200平方米的清代三进屋。古建筑的排水系统至今畅通，使全村街头巷尾无洪涝等水漫之灾。良好的生态环境，是钓源村千年长存的最主要原因。

（二）日照与降水

钓源村全年日照时数平均为1814.5小时，占可能日照时数的41%，每月日照时数多在120小时以上，其中七、八月都有250小时以上，平均每天有8小时的日照时间。初霜日一般在11月下旬末，终霜日在2月中旬末。雨季集中在5月~6月，干湿季节明显，因受季风影响，一年内的降水分配极不均匀，3月~6月的降水量占全年降水量的58%，7月~9月雨水较少，仅占年降水量的21%，历年平均降水量为1457.5毫米，全年降水日数平均为157天。

（三）风向与地表水

夏季盛行南风或偏南风，冬季盛行北风或偏北风，年平均风力2级~3级，最大定时风力达8级。该地域自然条件甚好，森林资源丰富，水源充足。南侧有麻下小型水库，东侧则有高家小型水库，还有村内水塘近百口。上游5千米处的银湾桥中型水库输水渠道直接通往钓源村水域，规划地域内水面面积860亩左右。

（四）植被特征

吉安的气候土壤很适合樟树这种大型常绿乔木的生长。几乎凡是年代稍久的村庄，都有一两棵巨大的樟树，成为庐陵古村落的标志物之一。赣江支流禾水、泸水、富水、乌江河畔，大片的古樟随处可见，尤以泸水上游的安福县为盛。于是，吉安有“樟树之乡”之称，还有“无樟不成村”之说。

四、经济现状

兴桥镇位于吉安市西面，是吉安市现代农业示范区，农产品资源丰富，其中包括水稻、蔬菜、水产养殖等，是钓源村的上级直管镇。

（一）农业发展

钓源村农业生产条件优越。农业是主要的增值产业和村民生活收入的主要来源。该村是以种植水稻为主、渔业及其他产业为辅的耕种养殖基地，同样也是兴桥镇的主要粮食产地，拥有大片耕地及水田，其中耕地300多亩，水田约860亩。村委会耕地面积2085亩，山林面积5700亩。其中庄山、渭溪两村共有耕地1504亩，山林面积3262亩，按农村户口算，人均有 2 亩良田。村里的田地属红壤，是低丘、流水冲积物形成的堆积地，土层较厚，质地较为肥沃，适合种植水稻、油菜、大豆和蔬菜等农作物。

渭溪村北山坡间有一长形田垄，庄山村西向也有一片农田，两村的南向是开阔的田野，基本上是旱涝保收的良田。因不临江河，除了偶尔山洪暴发，靠溪流的少数田块被冲淹外，少有水患。村民多年来致力于水利条件的改善，形成了良好的灌溉条件。村北 5 千米处有 1958 年修建的中型水库银湾桥水库，灌区通钓源，但后来淤塞不畅，受益农田较少。村子周边，修筑了大大小小的水库山塘十余座，如玄云潭水库、泮田坑水库、下东门前水库与高家水库等水塘，都是为了沟渠连通农田庄稼。非特大干旱少雨的年份，能保障两季水稻的耕种。少数高坎田种植耐旱的作物，如花生、芝麻、番薯等。山地以松树为主，间有枫、樟等阔叶植物，果树、油茶树等经济树林较少。

钓源村的养殖业在近二三十年里，养猪现象逐渐减少，十余年前便已消失。村民养鸡、养鱼大多数是自育自用，规模较小。农业新科技产业机械化在钓源村不断推广和普及，如杂交水稻、薄膜和塑料盘育秧、抛秧、机耕、机收等，相对而言减轻了农民的劳动强度，提高了工作效率，也增加了农业产量和收入。

（二）外出务工和创办企业发展

有 100 余名中年村民在沿海发达地区和吉安市内的商贸企业工作，或者自主创办商贸、农产品加工、交通运输产业等。

（三）旅游业的开发与产业化发展

21 世纪初，钓源村就被开发为旅游风景区，道路、水电、通信设施等基础设施相对完善。2013 年下半年，钓源村南部的田垄开始进行田园化建设，成为较高标准的现代化农业产业园，产业结构得到较大调整，村民的经济收入也得以提高。

第二节　钓源村发展溯源

一、人口迁徙活动

著名文学家、史学家、政治家欧阳修与钓源村欧阳氏同宗，其高祖父与钓源开基祖欧阳弘是叔伯兄弟。在乾隆十五年（1750）《续修安福令欧阳公通谱》中，载有“安福府君私四世孙楚之中子也，分居庐陵宣化乡之钓源。至九世五祖分仁、义、礼、智、信五派，曰辅为仁派，居本里渭溪；其外涉者若潭州，若湖南，若益阳，若河南唐县未相通问，即注本名下；希尹迁徙富溪；立义迁徙龙口。曰实为义派，是居本里前冈，十二传而系不详。曰隽为礼派，居本里庄山；昱迁徙广济；晃迁徙神圹。曰宽曰宁为智派，同迁徙本里桂林；观、善迁徙水陂。曰宝为信派，世居本里坛前。俱循序附见本图后，总计弘祖下凡十二系，悉从宗谱不复损益云”。

1966年，“文化大革命”对“封建残渣”族谱进行了销毁，只有《续修安福令欧阳公通谱》残存下来。根据有限资料和村民口述，第五世欧阳弘为钓源开基祖，从第六世至第十世依次为欧阳敏、欧阳寿、欧阳益、欧阳超、欧阳显。传至第十三世欧阳允之子欧阳辅为仁派基祖；欧阳跃之子欧阳实为义派基祖；欧阳靓之子欧阳隽为礼派基祖；欧阳爽之子欧阳宽、欧阳宁为智派基祖；欧阳爽之子欧阳宝为信派基祖。至此，形成了仁、义、礼、智、信五大房派。后来，义、智派外迁。现居钓源为渭溪仁派、信派，庄山的礼派，为第三十六至第四十七世宗裔。其中信派仅数户，大多数属长房仁派和三房礼派。

钓源欧阳氏迁居外县、外省的后裔无法统计，可以肯定的是迁徙人群比钓源当地居住人口还多。湖南攸县有几个从钓源迁出的村庄，是仁派后裔分支的富溪村迁徙湖南的村落。他们曾于2011年清明节派代表来钓源村寻根祭祖。

现在钓源的渭溪长房仁派分为敦本堂、春公堂、聚魁堂、五有堂四房，族人称渭溪为“大屋场”，可能跟仁派为长房，是开基之地有关。庄山礼派为三房，分别为聚奎堂、三达堂、拱徽堂。

以宗族史血缘为基础的社会组织模式，是同一宗族成员构成的宗族群体。钓源村是典型的传统宗族组织结构，村中所有欧阳姓氏的村民，均为开基祖欧阳弘的子孙。经历代繁衍，分支分房，或迁徙搬离，钓源仍为祖籍地。在宗族内部，是以家族血缘为中心的宗族制度关系，不管社会如何发展，宗族血缘这一基因问题不会改变，同宗认祖的宗族观念在钓源村早已根深蒂固。（图 1–1）

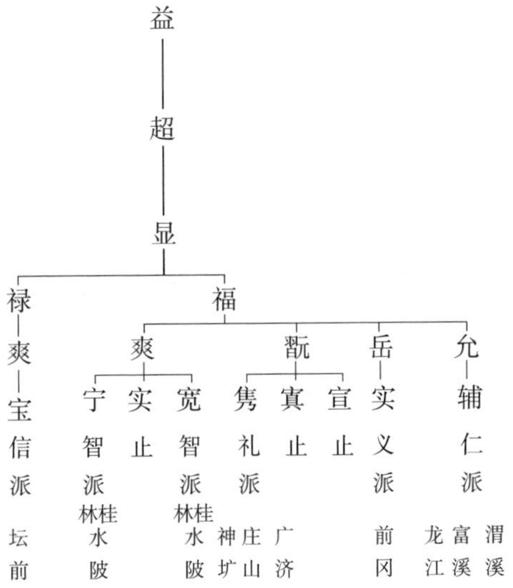

图 1–1　钓源第八至第十三世分衍图

（图片来源：李梦星《中国最美古村落　江西·吉安：钓源村》）

二、历史发展轨迹

唐代末年，烽烟四起，兵荒马乱之际，在朝廷任职的欧阳弘为远避战火，举家卜居先祖择定的分流生息地——钓源。欧阳弘由此被尊为庐陵欧阳氏肇基钓源的始祖。

（一）“钓源”一名的由来

《欧阳氏次表》中奉为一世祖的欧阳万，是为后人择定居所的先祖，同样也是欧阳弘的高祖父。唐僖宗乾符年间（874~879）曾任安福县令的欧阳万，因公务常往返于庐陵府郡与安福县治之途。路过这方山环水绕、绿树蓊郁的地域时，欧阳万常遇一垂钓老叟，彼此相谈甚欢。天长日久，欧阳万亦将这里作为旅途休憩之所，名之曰“钓源”。他许下心愿，后世子孙繁衍分徙，将钓源列为首选之地。

（二）天宝年间

欧阳琮为吉州刺史，颇得名望。他亦喜爱庐陵山水的清丽，遂定居于此，成为欧阳氏肇基庐陵始祖。钓源欧阳氏自唐末开基以来，集钟灵毓秀之山光水色，诗书传家的先祖遗泽于一体，迅速成为当地名门望族。据钓源村最近出土的一方北宋绍圣年间（1094~1098）的墓志铭记载，钓源欧阳氏“世居吉州之庐陵，为右姓”。南宋中晚期，因“拙谋公无嗣，以宋兖国公子辨六世孙讳腾继”(《明故石峰欧阳君墓志铭》)。至此，欧阳修宗亲及其直系后裔共同在钓源繁衍生息，最终建成了这座拥有深厚历史文化底蕴的千年古村。

（三）“文化大革命”

钓源谱牒、典籍等史料已近乎消失，钓源科举制度、文化之盛已难窥全貌，但“忠节第”门坊上“父子登科”“兄弟连科”的字样赫然醒目；经“文化大革命”损毁尚可辨析的清咸丰二年（1852）的“文元”匾，斑驳的字迹中依然强劲地凸显出往昔的荣耀。二十余方清代举人立以显声扬名的旗杆石，依然保存完好。

（四）明代中叶

钓源官宦迭遭党争之祸，阉宦擅权厄运，于是许多钓源人转向经商。“穷则独善其身，达则兼济天下”，成为钓源人游弋于商潮利市的至理名言。钓源同时被称为乡村闹市的“小南京”。至清嘉庆、道光年间，钓源居民达 1500 多户，人口逾万。长达 1 千米的商业区内，有纵横 16 路，每路 32 家铺面的繁华街市。

清咸丰五年（1855），太平军为筹措粮款，派军攻打钓源，却不料遭到钓源民团的殊死抵抗，盛怒之下，太平军大举灭村，并点燃商业区，大火烧了三天三夜。昔日繁华的钓源村，仅余下原村落范围四分之一的住宅区。从此，名噪庐陵的“小南京”归于沉寂，只留下那些历尽沧桑的青墙黛瓦，石板街巷和玲珑剔透的彩绘精雕，在默默地述说着往日的富贵荣华。

第三节　特色概述

一、村落格局特色

（一）自然格局

中国人自古崇尚大自然，并受中国传统文化“天人合一”“天人感应”等思想的影响。《道德经》中有云：“人法地，地法天，天法道，道法自然。”[①] 讲人必须融合于自然，顺应自然的变化，与自然同生息、共繁衍。古人通过对自然山水的分析与利用，已总结出了一套选择建筑地址和营造城邦的成熟经验。春秋时期法家代表人物管仲在《管子·乘马第五》开篇中提及营造都城选址之妙法：“凡立国都，非于大山之下，必于广川之上；高毋近旱，而水用足；下毋近水，而沟防省；因天材，就地利，故城郭不必中规矩，道路不必中准绳。”[②]

人们追求理想的居住环境，优胜的居住环境在自然景观上通常被认定为“山川秀丽”“绿树成荫”，从而形成相对独立、优美、惬意的生活空间。古村落的选址条件远比不上一个国家对山川河流等自然环境的苛刻要求，但具有异曲同工之妙。钓源古村有万千古樟环绕，整体空间形态呈太极八卦状，由S形山脉长安岭将渭溪和庄山划分，分置于太极中分线的“太极”中心区“少阴”位及“太阴”处。赣江中游西岸的支流泸水河，发源于武功山，向东途经安福、吉安，在曲濑镇与禾水相汇，流入赣江。钓源古村位于泸水河中游北岸，与泸水河相距约5千米。从中国风水上来说，钓源古村选址是山水汇聚，藏风得水之宝地，符合“枕山、环水、面屏”的风水理论，拥有山水俱佳的自然环境，是上好的择地宜居之所，百姓安居乐业之地。（图1–2）

---

① （春秋）老子：《道德经大全集》，新世界出版社2011年版，第67页。

② （春秋）管仲：《中华经典藏书：管子》，李山译注，中华书局2009年版，第20页。

图 1-2　钓源古村鸟瞰图
（图片来源：李梦星《中国最美古村落　江西·吉安：钓源村》）

（二）村落格局

"村隐太极八卦形；户朝北南西东向；路尽歪门斜道连"[①]，这是学者深入钓源古村考察后得出的结论。钓源古村落的格局带有浓厚的道教文化色彩，村落布局由街巷网络、民居院落、古樟树、古石桥、牌坊、宗祠、书舍、池塘、山体等要素构成，整个布局形成枕山面水、巷道交错的自然肌理美与人居环境的高度统一。庄山村中间由东高西低的十余口池塘一字相连，北部有对门山横陈屏列，使庄山村以二山夹一水，形成了传统八卦中的"离"卦。村落布局紧凑，体现出村民高度的凝聚力，同时又没有完全封闭，是一种开放的态度，是对外界新奇美好事物的包容，体现出村民积极向上、乐观开朗、包容外来新鲜事物的特点。（图 1–3）

（三）街巷空间特色

街巷空间是钓源古村重要的元素之一，街巷纵横交错影响着古村落的整体形态。街巷是人们日常生活、物品交换、信息沟通的重要公共空间，复杂多变的结构形态，是先人建筑智慧的体现，同时也是古村风貌最直接的表现。人们通过街巷建立了淳朴的社交网络，促进了邻里乡亲的友谊，促成了居住、生产、贸易等多重功能交织的相互联系的空间组

① 李烨、周世玉、邹晓明主编：《欧阳修后裔聚居地——钓源寻韵》，中国文联出版社 2002 年版，第 60 页。

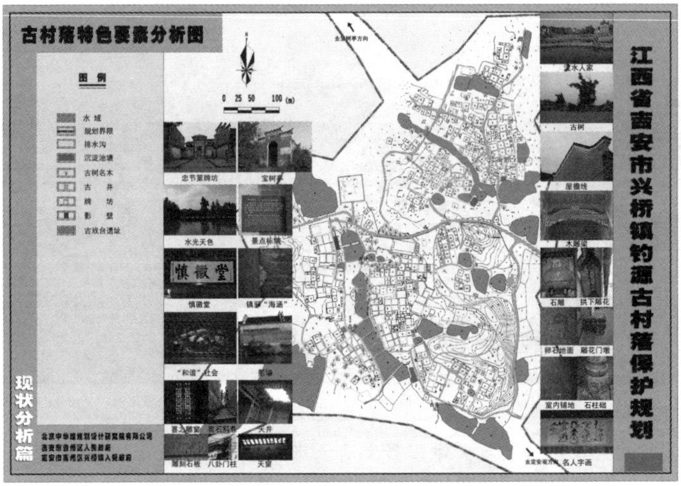

图 1-3　古村落特色要素分析图

合形式。

受村落自然形态和建筑布局的影响，钓源古村的主要街巷呈由南向北走势，平面形态自由多变，最令人啧啧称奇的便是“歪门斜道”。何谓“歪门”？就是有的房屋大门不与墙面平齐，门框、门柱稍有偏向；所谓“斜道”，就是房子之间的巷道两头，不是一样大小，路面稍呈斜形。[1]《钓源寻韵》一书中对“歪门斜道”有这样的描写：“而尤能表达古钓源人独特的思维理念，且至今尚不被人破译的古建筑之谜，就是那遍及钓源村头巷尾，触目所及，那无处不有的‘歪门斜道’。钓源不存在任何一条笔直的路，没有一条直筒的巷；甚至每幢房屋的四边，也寻觅不到四方皆直的四沿……无论是千年沿袭下来的鹅卵石古道，还是铺砌于清代鼎盛时期的青石街巷，均以两侧房屋或斜列、或偏向、或墙院折角等多种方式，使之形成楔形、梯形、喇叭形等多种巷道。”[2]

钓源古村村民对这样的布局并无忌讳，大量民居都没有按照传统风水所说的坐北朝南的规矩建设，先存的“异形”反而成了钓源古村建筑独有的特点。时移世易，现在也只能通过留下的门窗砖石加以揣测、分析建设者的初心了。想必是先人在建房时依山而建，顺其自然，尊重自

① 参见李梦星《中国最美古村落　江西 · 吉安：钓源村》，中国文史出版社 2014 年版，第 196 页。

② 李烨、周世玉、邹晓明主编：《欧阳修后裔聚居地——钓源寻韵》，中国文联出版社 2002 年版，第 87 页。

然规律，才形成各院的独特形体，最终形成了“歪门斜道”。(图 1–4)

图 1–4　歪门斜道

(四)建筑群体特色

钓源古村的建筑历史可追溯到明代，经过风雨洗礼，村庄内有保护建筑 189 幢，其中 102 幢为明清时期所建，其他建筑均为民国或中华人民共和国成立后建造，整体风格外貌与原建筑较为和谐统一。古村中有价值的明清古建筑类型众多，如书舍、宗祠、牌坊、戏台、古石桥、民居院落等，构成了钓源古村浓厚的人文居住环境。(图 1–5)

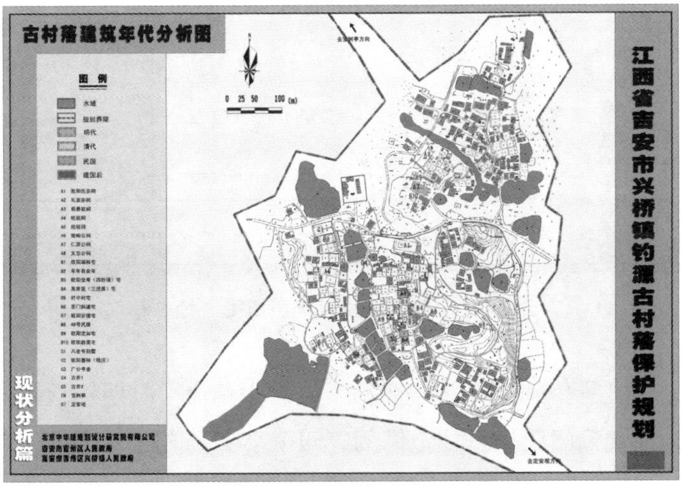

图 1–5　古村落建筑年代分析图

钓源古村整体风貌保持完整，民居院落高度保持原始风貌，绝大部分质量尚可，还有常驻村民，少部分建筑已年久失修，在风雨侵蚀下受到不同程度的破坏，因而对古建筑的保护迫在眉睫。民居建筑以编号为 M3 的“村中村”群宅为代表。“村中村”群宅门牌编号为庄山村 23 至 26 号，建于清嘉庆年间（1796~1820），是一幢二层穿斗式木砖混构建筑。“村中村”位于庄山村西面，连排水塘南边，坐南朝北。占地面积 698.3 平方米，建筑面积为 1064.94 平方米，是钓源古村最规整的组合式住宅群[①]。古宅由 4 幢房屋组成，呈“田”字形，由青石板巷道相连，巷道口各有院门，关上院门就是一个大家庭，关上屋门就是一个个小家庭，各家互不干扰。这座设计巧妙的组合式院落，是村中富商“八老爷”为四个儿子所建，这样巧妙的设计足以体现“关门一家，拆门别居”的居住理念，体现“礼让传家”的思想。（图 1–6）

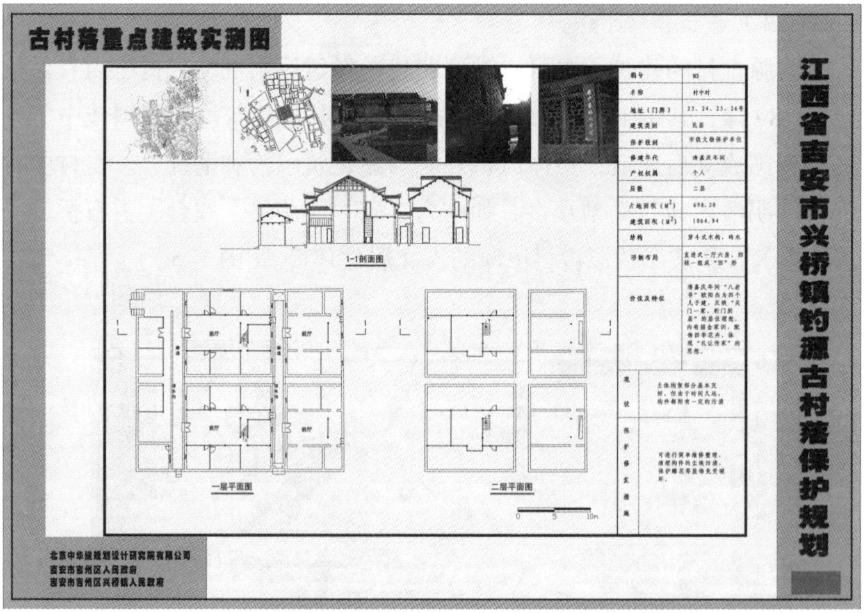

图 1–6　古村落重点建筑实测图 · 村中村

文忠公祠是专祀欧阳修的祠堂。“文化大革命”时期祠堂的牌匾被付之一炬，祠堂偏门门楣石柱上镌刻着四个小字：文行忠信。祠堂檐梁下

① 参见李梦星《中国最美古村落　江西 · 吉安：钓源村》，中国文史出版社 2014 年版，第 271 页。

有一排清晰可见的彩绘图案，二门楣各处书写着“文化大革命”时期的各种标语，标语下面覆盖着精美的绘画，为了不破坏壁画，至今未清理标语，同时为壁画保留至今提供了生存空间。堂中挂有一匾，上书“惇叙堂”，村民说此匾为杨万里所书，“文化大革命”时期匾的背面用来登记社员工分，因而免遭“粉身碎骨”。匾下的桌子上、地上堆放着几十块先祖列宗的牌位。现在每逢娶妻嫁女，村民都在这里办酒席。[1]（图 1–7）

图 1–7　文忠公祠匾及祠堂局部

① 参见李烨、周世玉、邹晓明主编《欧阳修后裔聚居地——钓源寻韵》，中国文联出版社 2002 年版，第 24 页。

二、人文特色

（一）圣贤之风

繁盛时期的钓源古村是远近闻名的“才子之乡”。从现存史料来看，可知姓名的进士就有6人，举进士[①]2人，举人、岁贡、拔贡1人[②]。古村现存清代举人旗杆石20余块，遗留书舍、书屋古建5处。因谱牒于“文化大革命”时期被毁，古村全部圣贤名单难以复原。（表1–1）

表1–1 钓源部分历史名人表

朝代	姓名	身份	职位
唐	欧阳弘		博士
南唐	欧阳季东	进士	屯田郎中
宋	欧阳通	进士	
宋	欧阳叔豹	举进士	
宋	欧阳仲熊	举进士	
宋（元）	欧阳原功		翰林学士
宋（元）	欧阳德器		翰林院侍讲
明	欧阳重	进士	都察院右佥都御史、云南巡抚、三边总督
明（正德）	欧阳盛		云南按察司经历
明	欧阳季彦		太平府通判
明	欧阳理	举人	兴化教谕、淮安同知
明	欧阳策		朝仪大夫
明	欧阳季乾		奉政大夫
清（康熙）	欧阳齐	进士	翰林院庶吉士
清（康熙）	欧阳天惠		内阁中书
清（康熙）	欧阳庵清		宁州学正
清（康熙）	欧阳衡		宁国知府
清	欧阳模		兵部郎中
清	欧阳萦		内阁中书
清（嘉庆）	欧阳枽		内阁中书、资政大夫
清	欧阳慎		兵部职方司郎中、奉政大夫
清（嘉庆）	欧阳杰		国子监监臣

① 举进士：在宋代，并非在进士考试中被录取成为进士，而是被推荐参加进士考试。

② 岁贡、拔贡：明或清科举制度中由地方贡入国子监生员的一种。

（续表）

朝代	姓名	身份	职位
清	欧阳煦		光禄寺署正
清	欧阳动生	进士	平乐推官、宝坻县令、武昌同知
清	欧阳新	进士	苍远县令，连州知州，庆远、镇安知府
清	欧阳徽柔	岁贡	广信教谕
清	欧阳爆生	拔贡	云南马龙州知州

注：族谱等史料大多在“文化大革命”时期被毁，此表据零散族谱和出土文物拟制，空白处存疑待考。

（二）宗教文化

古村中原有寺、庵多处。相传由明代大学士解缙题额的定安寺，现外围墙体结构保持尚好，但内部结构破损严重，观中庭院杂草横生。[①]“文化大革命”前期，寺中尚有僧人居住，并供奉着江西唯一的肉身和尚“生漆鎏”，但最终不幸于“文化大革命”时期被毁。古村曾多次请僧人欲延续寺中香火，但都不了了之。

（三）民俗风情

每逢春节、元宵、端午、中秋等重要的传统佳节，钓源古村节日氛围浓郁，并依旧延续着传统佳节习俗。比如端午节要吃“五子”：鸡子、鸭子（古村把禽蛋类都叫作“子”）、蒜子、菖子、粽子，还喜欢用彩丝带织成网袋，装个鸡蛋或鸭蛋。有民谚曰：“吃了端午子，砣锤打不死。”[②]

古村民风淳朴，依然保存着相对完整的传统婚嫁习俗。据古村老人回忆，以前婚姻讲究很多，先是仪亲“问名”、“合八字”、行聘过礼、通日子；女方有嫁娘“开面”、哭嫁、辞堂、辞嫁等程序；男方行暖轿、暖床、迎新娘、对轿门、送利司、接轿、抱新娘、拜堂、合卺、吃“鸡头米饭”、闹洞房等仪式。[③] 随着时代的变迁，有些过于繁复的步骤被忽略，

① 参见李烨、周世玉、邹晓明主编《欧阳修后裔聚居地——钓源寻韵》，中国文联出版社 2002 年版，第 66 页。

② 参见李梦星《中国最美古村落　江西·吉安：钓源村》，中国文史出版社 2014 年版，第 263 页。

③ 参见李梦星《中国最美古村落　江西·吉安：钓源村》，中国文史出版社 2014 年版，第 271 页。

但古村传统的民风民俗却不曾被遗忘。

三、价值分析

（一）历史价值

钓源古村是著名文学家、史学家、政治家欧阳修后裔聚居形成的自然村落，古村融自然山水、历史文化、人居文化于一体。钓源古村保存了大量明清、民国时期的建筑群体，如“村中村”群宅、欧阳总祠、“八老爷”别墅、定安寺、古戏台等民俗宗教建筑，其完整程度实属罕见，整个村落极具历史、科考、文化、旅游价值。

（二）科学价值

钓源古村建筑历史悠久，明清民居建筑保存完整。古村内有文忠公祠、欧阳总祠、歪门斜道、宝树亭等一批景点，是缅怀历史、科学考察的首选之地。钓源古村作为古代村庄管理模式的重要范本，对研究古代氏族村落管理具有重要的科学价值。

（三）旅游价值

钓源古村独特的自然风光和山水人居环境，特别是其风水环境，是江西为数不多的。钓源古村的古民居，古朴秀美、精雕细刻、错落有致，从古至今历史文化底蕴深厚，具有很高的旅游观赏价值。钓源古村保护良好、历史文化深厚，有民居院落、古石桥、宗祠、牌坊、戏台、书舍等十分引人入胜的古物古迹，旅游资源丰富，旅游价值颇高。

钓源古村被列入第五批“中国历史文化名镇（村）”，具有以下几方面的特色与价值。

1. 古村落选址、规划布局艺术的价值。选址体现了古人尊崇“天人合一”“天人感应”的自然理念，以及道家思想太极八卦图的影响；规划布局则受自然形态的制约。

2. 古村落空间结构的历史变迁价值。街巷的结构、营建方式等间接地体现了在不同的发展阶段，村落的生长脉络以及每个阶段的建设历史及建筑艺术。

3. 建筑艺术价值。体现了明清历史阶段的建筑艺术。

4. 构筑物的历史价值。通过分析民居院落、古石桥、宗祠、牌坊等构筑物的建设、内涵、背景，可以知晓古村在历史长河中所发生的重要的历史事件。

第二章　宗族文化影响下的钓源村空间形态

第一节　钓源村宗族文化内容与特征

一、钓源村的共同崇拜

（一）共同崇拜的条件

1. 外在条件：以社会为背景。在整个社会群体的状态下发生，对于个人的影响极大。个人在群众中受社会群体态度的影响，感情极易兴奋，常在无意识的情况下为社会群体的神秘所感染，从而共同做出宗族行为。

2. 内在条件：以信仰为前提。是指人类内心深处的思想所激发出的人文情怀，信仰的发生是由于某种特殊的心理状态而产生的。研究表明，儿童在其心理的发展中，会觉得大人的举动及情感为他人所不能捉摸，因而生出依赖心理对其产生好奇感，甚至模仿。人类对于自然界也是一样，他们觉得自然界不可捉摸，因此也萌生出好奇感与求知心理，把自然界视为奇异的难以捉摸的事物，从而产生对自然界的崇拜之情。

（二）共同崇拜的目的

1. 物质层面：血缘关系与地缘关系的进一步融合，加强宗族的凝聚力。

2. 精神层面：加强族内成员心灵上的崇拜，祈求神灵保佑，延绵子嗣。共同崇拜通过当地传说与故事，渗透到村民日常生产及生活中，有利于地方崇拜的创造；立碑、建祠，镌刻宗族历史，制定族谱、族规等制度要求，将历史故事与神灵庇佑相结合，形成宗族文化的灵魂家园，其类型可分为两种。

（1）神灵崇拜：是中华民族多神崇拜结合的产物，宗族对神灵的崇拜是从人类幼年时期对客观世界和人类主观精神追求认识的一种表现和结论，不会随人类主观意识转移。神灵崇拜同样也是道教中的重要内容，渗透到日常生活中。道教重视个人存在的自我价值，尊重甚至鼓舞人们体验长生不老之道。因为对于社会而言，成功者毕竟占少数，即便成功也是在不断失败中积累经验从而获得成功的。长此以往，失意者也需要精神上的关怀与慰藉，因此普通百姓期望健康平安地度过每一天，尽量避免遇到挫折与磨难，得到精神上的安慰。

（2）祖先崇拜：宗庙祭祀是祖先崇拜的一种行为方式，人类对神灵崇拜是在祖先崇拜影响下的必然结果。“祖”字的造字本义为，用石块或树干作为祖先的灵魂居所，子孙流血在其上，则祖先通过血液感受其后代，庇佑子孙。“天地者，生之本也；先祖者，类之本也”，把天地与先祖视为生命之本，“万物本乎天，人本乎祖”，是中国古人对自然生命及万物造化的最根本认识。祖先崇拜在民间广为流传的主要原因，首先是其代表中国人的寻根问祖及落叶归根的精神意识，也是对祖先养育之恩的回报；其次是祈求祖先庇佑，保佑子孙趋吉避凶、幸福安康；最后是希望能够和睦宗族。

林惠祥教授在《文化人类学》中阐明：“祖先崇拜是鬼魂崇拜中特别发达的一种，凡人对于子孙的关系都极密切，所以死后其鬼魂还是冥冥中视察子孙的行为，或加以保佑，或予以惩罚。”①

在钓源村的宗祠建筑中，营造时间最早、规模最大的是祭祀欧阳修的文忠公祠。文忠公祠始建于北宋末年，历经元、明、清三代，曾多次修葺，建筑风格丰富多样。受祖先崇拜的影响，钓源村民采用“启蒙礼”的方式，将对祖先的崇拜之情寄托在此行为上，具体做法为：孩子上学第一天，要在文忠公祠举行“启蒙礼”，开导蒙昧，让人明白事理。此种做法表达出后人对祖先的崇拜之情，起到积极的教育作用。

---

① 参见何飞燕《周代金文与祖先神崇拜研究》，硕士学位论文，陕西师范大学，2007年。

二、钓源村宗族精神文化与崇拜

宗族精神与祖先崇拜相结合，二者相互渗透，相互联系，创造共同崇拜的精神文化意义。在宗族信仰中突出由血缘关系而产生的祖先、神明崇拜理念。

（一）宗族精神与祖先崇拜的关系

1. 宗族精神的核心内容为儒家文化的传播，儒家伦理精神不断渗透到封建道德观念之中，同时具备遵奉意识，是一种特殊的传统信仰，具有宗教性、政治性、崇拜性。儒学以入世的精神实质和利他的价值趋向，成为教育他人兼济天下的主要思想。民间祖先崇拜中也不断体现儒家伦理的报本返祖、尊祖敬宗的精神。

2. 祖先崇拜最初是在民间信仰中形成的，且自古以来一直普遍流行。究其根源主要有四点：一是对报本返祖、落叶归根的感情的寄托；二是对祖先恩情的回报，感谢先人们的养育之恩；三是期望得到祖先的庇佑，希望获得长久的幸福安康；四是和睦宗族，借祖宗崇拜的仪式感，形成延续各宗族长久结合的期望，也可使宗族感情得以升华，形成和谐统一的状态。

（二）祭祖活动

隆重的祭祖仪式充分体现了封建伦理的宗族观念，展示了礼教规范制度，有效地起到教化后人的作用，同时也能成为钓源村独具特色的人文思想。

万历《吉安府志》卷一一《风土志》记载：“故家世胄族有谱、家有祠，岁时祭祀必以礼。”宗祠祭祖灵，是最为重要而隆重的宗族活动，钓源村有冬至祭始祖、立春祭先祖、秋分祭月，以及忌日祭等特祭，每逢年节还有年节祭。欧阳氏族祭祀祖灵时，全族男子会集于宗祠，拈香行礼，极其严肃。每次祭祀，都由族长主祭，并以年辈、官爵较高者为陪祭，另外安排执事人员负责赞礼和奉献各种祭品，有时还配有钟鼓和歌诗礼生。其余族人则依辈次的先后和身份的尊卑，井然有序地跟随主祭、陪祭之后，在赞礼声中如仪跪拜。①欧阳氏宗祠上堂的地面上，刻有脸

---

① 参见王韡《徽州传统聚落生成环境研究》，博士学位论文，同济大学，2005年。

盆大小的圆圈图案，就是用来区分长幼辈分的。参加祭祀活动时衣冠需整洁，行礼时长者在前，幼者在后，形成尊卑有序的制度模式。祭祀完毕后，依次饮用祭酒，享用祭肉。相传食用祭品会沾有先人的福泽之气，对运势及家人健康都极有利。

（三）表现形式

钓源村的崇拜意识早已根深蒂固，民间神灵信仰的对象与其他地方基本相同，属于多元化的神灵崇拜，虽然很多传说大多以讹传讹，但却均与宗族观念相互联系，具有一定的“宗族意识”。宗族精神文化的根本目的是加强祖先与神灵的间接联系，将祖先神化后产生精神依托，获得族人的精神认同及思想崇拜。是以团结宗族成员为核心，以提升宗族凝聚力为目的的。主要表现形式为：

1. 对自然神的信奉。所谓自然神，是指自然现象被神化后的实体神。村落信仰中有很多自然神，如玉皇天尊或元始天尊等。其主要目的是突出村民对自然的崇拜与信仰，期望达到人与自然和谐统一。

2. 对行业神的信奉。钓源村在民间传统思想中极为强调尊师重道的理念。在住宅上方供奉的祖先牌位上，题字“天地君亲师”，村民们所崇拜的“师”不仅包括传道解惑的老师，还有各行各业传授手艺及经验的师傅。这反映出钓源村村民劳动至上的思想，祈求能够通过自己的努力劳作，收获美好幸福的生活。

3. 对杂神的信奉。杂神是在道教的概念下，不断从民间信仰中神化的得道仙人，如关帝、玄武文昌帝君等。人们期望通过祭拜神仙获得帮助，解决自然灾祸、生老病死等问题。

将祖先崇拜与神灵崇拜相结合，一方面通过使人们神化祖先而产生崇拜之情；另一方面在自然条件恶劣的状态下，使人们期望获得祖先与神灵的庇护，保佑子孙免受自然灾害与疾病的困扰，也形成潜移默化的崇拜理念，深入村民心中。制造庇护假象的根本目的是期望从思想上影响人们，改变人们悲观的情绪，使村民们有所希望与寄托。从精神文化方面来讲，是增进当地宗族祖先的神圣性，从而加强宗族声望，达到和睦宗族的根本目的。

三、钓源村宗族制度文化与其等级礼教性

（一）宗族制度文化形成的原因

庐陵宗族最初是由汉末以后为了躲避北方战乱而南迁的人们组成的。唐末五代开始，世家大族式家族组织开始瓦解，形成了以祠堂、宗族、族田为主要特征的“新型家族”模式。钓源村具有较为典型的庐陵宗族特点，宗族制度文化倡导以道德伦理为前提，以父系血缘为连接，以宗族内部为根本的制度体系。儒家礼仪与教化伦理概念，随着封建制度的不断深入，渗透钓源村内部，表现出明显的以道德伦理为核心的等级制度及等级礼教观念。

（二）制定家训与族规的目的

宋朝著名思想家朱熹，曾提出“敬宗收族”的家族组织模式，同时以血缘为纽带，将同一姓氏的子孙相连，通过对宗祠的设立、族田的划分、族谱家规的建立等构成宗族物质结构形态，形成固定的宗族社会群体。

钓源村欧阳氏宗族以儒家伦理道德为依据制定家训与族规，将“尊祖”“敬宗”“收族”作为核心内容深入宗族内部。其中，“尊祖”是以对祖先的认同与尊敬为前提，以共同祖先为崇拜对象，完成一系列尊祖的行为模式；“敬宗”是将对祖先崇拜思想进一步升华，通过族人对先辈的追悼之情，强调现实对传统的追忆，建立宗族之间尊卑有序的血缘关系；“收族”是将不同分支世系及同一宗族兄弟相互团结起来，而通常“收族”是通过“尊祖”的方式完成的，二者相互影响，相互联系。

如钓源村“忠节第”牌坊镌刻：“存成谱致，发先人书受今文，诗崇本义，敦旧典以无忘丕承家学；礼义不愆，思上世分支渤海，派衍钓源，环庄山而聚处垂裕后昆。”两侧的楹联“忠节寸心足万古，文章一字值千金”，则直言“文章节义并重”的主旨，此类祖训族规将忠孝节义思想深刻融入祖训族规之中，反映了兴文化、重孝义的人本追求。

（三）发展族权与其等级礼教性

钓源村将宗族与传统儒家思想相结合，在封建社会的背景下，强调阶级差异性，将宗族制度与教化理念建立在血缘关系之上。东汉何休曾

说过："族所以有宗者，为调族理亲疏，令昭穆亲疏各得其序也，故始统世世继重者为大宗，旁统者为小宗。"① 宗族族权的建构主要是对亲疏远近及宗族上下等级尊卑的绝对认同，将宗族血缘设为族权基础，贯穿于整个宗族成员之中。将宗族族权稳固于宗族组织内部，强调族权与家长制度的至高无上性，增强宗族内部的向心力与凝聚力。家长制度的建立，既传承了古代宗法制度，又适应了当代理学的思潮模式，同时在甄选族长的同时，不论贫穷愚昧，辈分最高、年龄最长者为宗族首领。

族长权利主要有四点：主持祭祀等相关典礼活动、管理宗族内部产权问题、维持村内赏罚制度、处理族内纠纷及争端。通过强调族内道德及行为规范，同时对有违反道德伦理及扰乱族内秩序人员进行严厉处罚，达到收族、睦族的目的。

欧阳氏总祠在装饰上极其古朴典雅，但族人却把总祠当作心灵中最为神圣之地，身临其境会产生至高无上的敬畏之情。中厅悬挂的"惇叙堂"匾额，为祠堂的命名，取自《尚书》中"惇叙九族"一词，"惇"为敦厚，"叙"为勤勉。希望通过"惇叙""勤勉"来告诫族人应该端正思想，正直做人。正堂的"主席台"，好比宗族内部的事务管理和道德规范的批判台，不孝不忠或作奸犯科之人被责令下跪向祖先认错，听族长训斥。如有严重违反族规及道德之人，则予以开除祖籍等严重处罚。宗族的制度文化与等级礼教性具有相互联系及相互影响的特点，用以警戒后人，希望村民既要有品行，又要有品性；既能端端正正做人，又能正正经经行事。（图 2-1）

图 2-1 钓源村惇叙堂

① 陈赟：《尊祖—敬宗—收族：宗法的结构与功能》，《思想与文化》2014 年第 2 期。

四、宗族行为文化与其地域民俗表现形式

（一）宗族行为文化

宗族行为文化具有明显的地域性与民俗性，其中包括居住、迁徙、饮食、着装等方面，以及农业、手工业、工艺制作等生产方式，依靠氏族力量的传承性与宗族信仰的约束性，形成宗族行为文化。我国较早地认识到宗族行为文化的重要意义，如周谷城先生在《传统蒙学丛书》中指出："我们研究文化史，应当着眼全民族和各阶层人民宗族文化的发展过程，着眼以往各时各地社会上多数人的宗族文化状况。"我国幅员辽阔，民族众多，所拥有的社会宗族文化极其丰富。地域民俗文化是宗族文化构成中的重要组成部分，我们应当在保护村落空间形态的同时，保护活态的生活方式和传统的民俗文化。

（二）地域民俗性的表现方式

1. 节日祭奠——下元宵节

在庐陵地区一直流传着下元宵节的习俗，而下元宵节的主要活动是"送大神"。送神活动的时间为正月十六至二月初二，每晚都有祭神活动，直到二月初二结束。"送神"中所祭的神明是由道教祖师爷张天师所造，其中分为"请大神"与"送大神"两部分：一为"请大神"，相传是由张天师从水路将大神带回江西；二为"送大神"，再由张天师将大神送回洛阳。其中村民所述的"大神"是人们凭借想象描绘出的巨幅人物神像图，表达出村民对神灵的崇拜与敬畏。如此规模浩大的请神、送神活动彰显出村民对神灵的崇拜及对美好生活的向往，期望得到神灵的护佑。

2. 待客之道——"一炮三响"

"一炮三响"有两种说法，一种说法是在节日和庆典时居多，代表着热情待客之道。"一炮三响"的意思是客人进村后放鞭炮迎接，同时在家中接待宾客时吃三种不同的东西。另一种说法对"三响"的解释为："第一响"是泡茶，首先主人用铜壶烧水沏茶，用七籽盘或七只瓷碟盛好茶点给宾客享用；"第二响"是喝过茶水后，换上餐具，端上九籽盘或九只瓷碟，同时瓷碟中的下酒菜以腊味为主；"第三响"是酒过三巡后，主人为宾客煮好三个水煮蛋，吃罢后"三响"结束。钓源村的待客之道随着

时代的不断发展，菜色也都在不断地变化，但不变的是钓源村民们的热情好客。

3. 民间戏曲——采茶戏

生活在乡村的人们，生活文化及休闲娱乐设施较少，因此戏曲文化深受当地村民的追捧，戏曲的传承与表达阐释出心中别样的情怀。采茶戏是庐陵最具当地特色的戏曲之一，钓源村最具代表性的采茶戏为“矮桩戏”与“裙子戏”，相传是由唱戏人身穿齐膝短裙，坐矮桩，走矮子步而得名。每逢宗族族内庆典或是村内嫁娶、寿宴等活动，均会请采茶戏班子进行表演庆祝，同村及邻村人相继前来观戏，场面极其热闹。采茶戏曲内容大多源自生活，由多个日常小故事串联而成，生动且富有意义，不管是老人或是儿童都喜爱采茶戏的戏曲内容，这也反映出当地村民们的淳朴与善良。

4. 民间灯彩——赏花灯

灯彩对于钓源村有着非常重要的意义，既是广泛流行的民间活动，也是参与人数最多的观赏活动，更是最受民众喜爱的文娱活动。灯彩的功能转变分为三个阶段：一为实用照明；二为宗族祭祀用具；三为观赏游艺装饰。灯彩本身代表着光明与美好，表达出社会底层人们积极乐观的生活态度与人生抱负，寄托了当地村民对未来生活的向往。据《庐陵县志》记载，“元宵向有灯节名”，“元宵城内外张灯作乐，日午扬旗捶鼓，游于街衢；夜则有鳌灯，剪彩镌刻颇工致。灯火烛城内外，月尽乃止”。

钓源村通过各具特色的节日庆典和民间戏曲、灯彩文化的传承，增强了宗族凝聚力，促进了当地人文特色的发展，是当代社会发展进步过程中迫切需要的精神文化内容。随着保护宗族行为文化的实践及探讨的日益深入，文化遗产的传承性成为当下主要讨论的内容。除了那些固有的建筑类遗产，大量存在的是文化类的、活态的文化遗产，它们代代相传，生生不息，在人类社会的发展中具有重要的作用。

第二节　钓源村选址布局中的宗族环境观

一、祖宗崇拜影响下的村落选址的神性圣化

圣化是指对人的一种理性选择结果的非理性肯定，或是在人的选择结果上所附加的神圣光环，以增加这种结果的权威性、感召力和说服力，实现文化心理的控制作用。钓源村对其聚居地的圣化，就是一个较为典型的例子。在钓源，“神性”这一概念早已深入到钓源的选址布局中，通过祖宗崇拜及神灵崇拜之间的相互联系及巩固，形成了浓厚的“神性”色彩。（图 2–2）

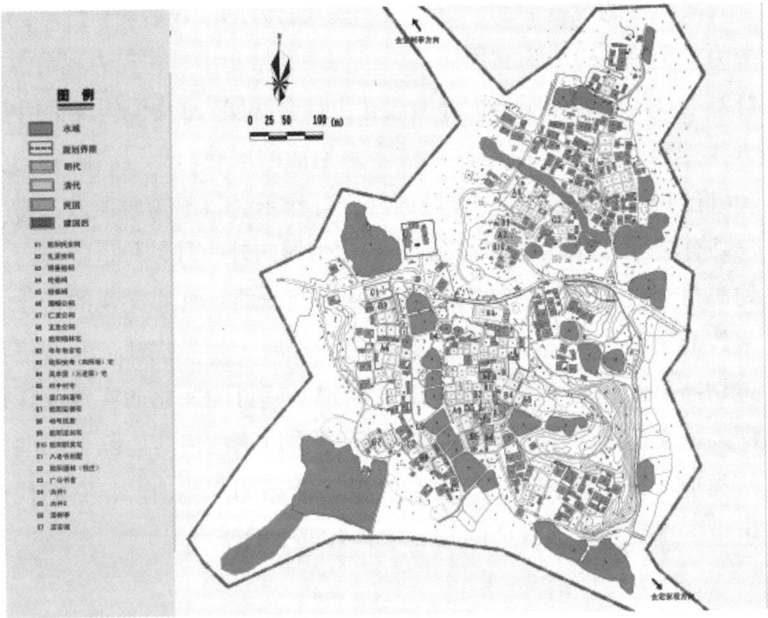

图 2–2　钓源村总平面图

钓源村位于吉安市西郊 18 千米处，是北宋大文学家欧阳修后裔的聚居地。钓源村由渭溪和庄山两个自然村组成。万千古樟环绕其中，整体空间形态呈太极八卦状，由中分线 S 形山脉——长安岭划分，将渭溪和

庄山分置于太极中分线的“太极”中心区“少阴”位及“太阴”处。庄山村拥有七成以上的古建筑，中间由东高西低的十余口池塘一字相连，北部有对门山横陈屏列，使庄山村以二山夹一水，形成了传统八卦中的“离”卦。[①]《周易·说卦传》云：“离，丽也。”表现出钓源祖先祈求吉祥安康的美好愿望。（图 2-3）

图 2-3　钓源村航拍图
（图片来源：李梦星《中国最美古村落 江西·吉安：钓源村》）

庄山村处在二山夹一水中，代表村落对水的依赖性极高。以水为切入点，突出宗族的“神性圣化”，以水为纽带，强调选址布局、空间形态、景观节点三者相互联系与共生的关系。建村之初，钓源人遵循风水理念，在村西南端的进村古道上筑起三道人工堤，三座大牌坊，人工堤后建起定安寺与浮屠塔，形成钓源村水口的“三门两锁”。[②]人工堤与牌坊的设立是运用风水理念中“破”的方法，意为“乾卦”，阻挡暴戾之气。而定安寺与浮屠塔形成“两锁”，是“锁住”村里财气的意思。村落选址与布局中，重点强调钓源先人在择居过程中希望子孙后代能够世代顺利，盼望吉星高照，带来富贵祥和的美好愿望。因此，“神性圣化”观念尤为突出。

当今古村落选址布局中，“圣化”现象尤为普遍。而为什么需要一个村落，村落形成的原因是什么？刘易斯·芒福德（Lewis Mumford）曾说过：“稳定的村落形态与由小型人口组成的松散的、游动性的空间形态相比有一个很大的优点，它能为人类的繁衍、生长和防卫提供最大的便利条件。共同生活、共同分担对幼儿的照料，人口规模才得以逐渐扩大。在此

① 参见潘莹《江西传统聚落建筑文化研究》，博士学位论文，华南理工大学，2004 年。

② 参见丁功谊、李梦星《钓源古村的建筑文化特征》，《井冈山大学学报（社会科学版）》2014 年第 5 期。

基础上，人类许多更高级的发展才成为可能。”[①] 说明即使在“神性圣化”这一概念内，也包含了村落形成的初级含义，那就是以宗族文化为发展动力，以宗族血缘为互助力量，才能使村落空间形态不断发展变化。

而村落选址形成“圣化”的原因可解释为：人类赖以生存的聚落及村庄是最初的集中形式；人与人之间的互助与团结是村落形成的基础；“神灵”崇拜与“祖先”崇拜是村落的精神文化与思想寄托，是加强与巩固族内团结的重要标志；以“神性”为依托，以“宗族”为前提的信仰模式不仅加强了族内人群的凝聚力，同时巩固了“圣化”这一思想观念，提供了一座拥有无尽凝聚力的精神场所。借助神灵的力量，实现人们对村落生活的美好愿望。

二、宗族理想化思想影响下的村落空间分隔

村落产生的主导因素是通过当地居住者根据地形及地貌采取空间划分及空间整合所产生的结果。在钓源村，先人们受宗族文化的影响，通过风水堪舆理论，将空间形态有意识、有秩序地合理划分，进行组合安排，赋予行为与活动空间的定义。在钓源村，可将此种空间分隔行为称作“为神明、人、牲畜、庄稼寻找处所”。

刘易斯·芒福德曾说过：“无论在什么地方，这些远古村庄都是由一些家庭结成的小群体组合而成，人们讲着同一种语言，到同一株大树或峭岩的庇荫下集会，沿同一条小路外出放牧。”[②] 这些历史悠久的村落空间形态，大多数已与自然相融合，但村落内宗族文化仍广为流传，不断地发展与延续。

（一）宗族理想化思想

三大思维意识：宗族意识、行为意识、等级意识。

宗族意识：包括祖先崇拜、神灵崇拜，以儒家文化为传播，以儒家伦理精神不断渗透的封建道德观念为主，同时具备遵奉意识。

---

① 参见刘肇宁《建筑师·乡土建筑·现代营造——建筑学专业技能和地方民居有机更新嫁接的尝试》，硕士学位论文，昆明理工大学，2005 年。

② 参见刘肇宁《建筑师·乡土建筑·现代营造——建筑学专业技能和地方民居有机更新嫁接的尝试》，硕士学位论文，昆明理工大学，2005 年。

行为意识：影响日常生产与生活，具有明显的地域性与民俗性，对当地传统空间构成营造氛围。

等级意识：倡导以道德伦理为前提，以父系血缘为连接，以宗族内部为根本，表现出明显的等级制度及礼教观念。

（二）空间分隔的形成与发展

钓源村村落空间分隔的概念是：当地宗族及族人产生行为的空间聚集地。其空间性质依族人思维意识来确定，并由宗族组织代表进行分割，可理解为"枕山""环水""面屏"的意向性空间形态。（表 2-1）村落空间分为以下两种。

精神空间：以宗族文化为前提并且给予圣化含义的空间，即"环水"区，以礼仪活动为主要目的的空间。

世俗空间：包括"枕山"区与"面屏"区，与宗族人员日常生活相关的空间环境，具有居住、休闲、耕作、放牧等活动方式，是钓源村空间构成的基本组成部分。钓源村空间的秩序性分隔，表达出当地居民对宗族理想化思想的美好向往。

表 2-1　钓源村镇空间形态三段式结构示意图

	自然空间	所处位置	人为分隔	指定功能
1	枕山	长安岭以北	渭溪村	人畜共处的地方
2	环水	长安岭所在	树木、宗祠	神、祖先在的地方
3	面屏	长安岭以南	庄山村	人畜共处的地方

三、与其他庐陵古村落选址布局的比较

随着时代的发展，古村落的环境与面貌在不断地更替变化着，村落作为一种聚族而居的生存模式，是满足人们生活及居住的自然体系。以自然为基础，经人工加工后形成的居住空间，承载了一定时期内的宗族村落及地域空间的丰富文化内涵。庐陵古村落选址开基的重中之重是地理环境的选择与风水玄机的运用，古村落的选址与规划在功能分析上一定程度地追求人与自然和谐相处的可持续发展原则，是一种生态的择居理念。庐陵古村落定义了不一样的宗族文化传统与风水空间形态。以下

通过对庐陵渼陂村、塘边村、燕坊村进行对比研究，深入了解村落选址布局的共性。（表 2–2）

表 2–2　庐陵古村落选址布局比较示意表

	渼陂村	塘边村	燕坊村
生产方式	以农业为主	以农业为主	以农业为主
自然环境	属带状盆地地貌，亚热带季风湿润气候，海拔高度为 93.2 米，年均气温 18.3 ℃，年降水量为 1443.2 毫米，全年日照时数为 1803.5 小时	属丘陵盆地地貌，亚热带季风湿润气候，海拔高度为 92.6 米，年均气温 17.8 ℃，年降水量为 1553 毫米，全年日照时数为 1813.5 小时	属带状盆地地貌，亚热带季风湿润气候，海拔高度为 98.9 米，年均气温 18.8 ℃，年降水量为 1527 毫米，全年日照时数为 1802.7 小时
人文环境	信奉儒家、道教、佛教	信奉儒家、道教、佛教	信奉儒家、道教、佛教
村落选址	顺应山势及平地走向，属于自然生长型古村落空间形态	不靠山，不临河，地处丘陵盆地，属于自然生长型古村落空间形态	村庄依地势呈带状分布，属于自然生长型古村落空间形态
空间形态		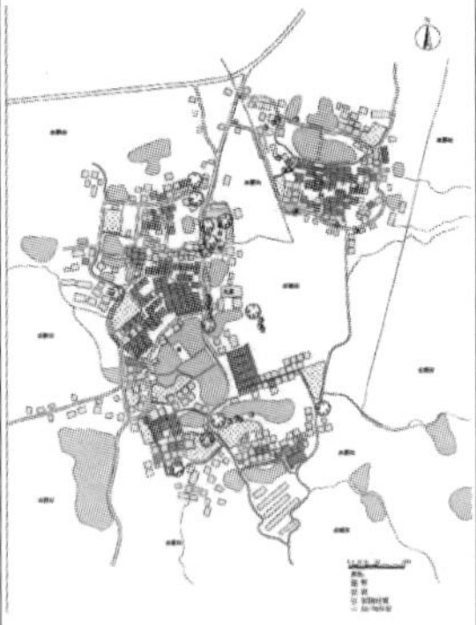	
村落节点			

（续表）

	渼陂村	塘边村	燕坊村
宗族节点影响图示	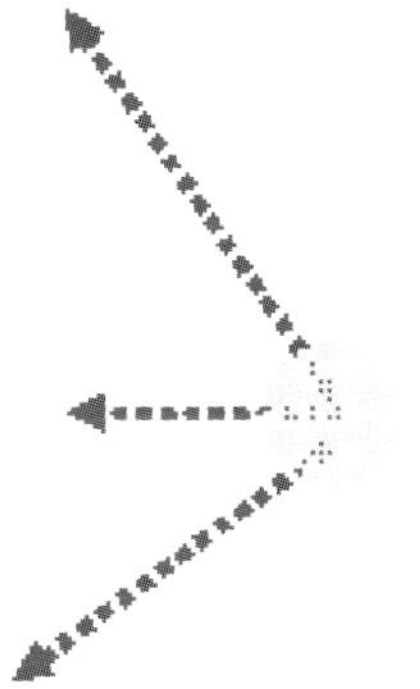	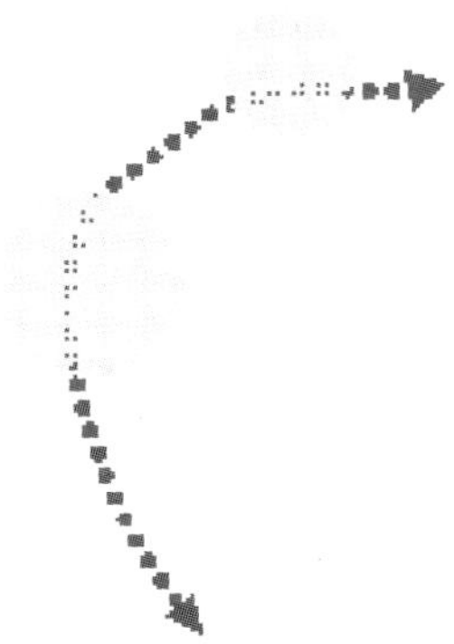	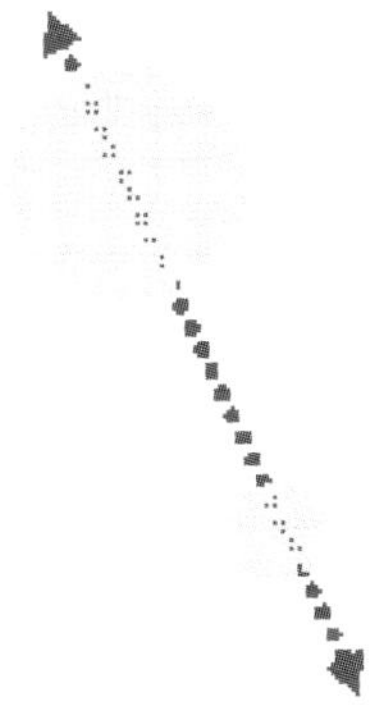
村落生长方式	以宗祠为村落生长中心，自由式向外生长	以宗祠为聚落的核心，同时受祖宗崇拜的影响，形成宗祠相连的生长模式	以宗祠而发展起来的村落形态，宗祠位于村落制高点，统领全村。村落以宗祠为公共活动空间中心，向两侧自由生长

通过以上的对比分析可以看出：在村落选址上，在丘陵盆地为主的庐陵古村群落中，本着“天人合一”的村落选址理念。在村落布局中，遵循“围祠而居”的收族睦族要求，“明厅暗房”的隐秘居住理念。重视宗族文化对空间形态的影响作用，形成一种向心性的村落布局形态。宗祠在平面布局中并非一定处在整个村落的中心腹地，但一定在视觉上统领村落，形成一种由内而外的生长状态。（图 2–4）

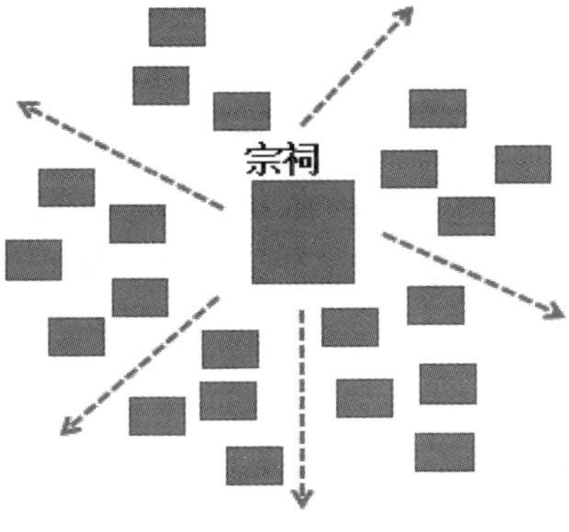

图 2–4　庐陵古村落空间布局示意图

庐陵古村落的整体空间形态都各具特色，受宗族文化影响，期望得到祖先庇佑而造福于后代。“天人合一”的选址理念也是遵循先人们一直追捧的思想，蕴含着庐陵人对自然的向往与热爱，也体现出先人们对生态环境的重视及保护理念，构筑了一大批具有历史意义的庐陵古村群落。

第三节　钓源村格局模式与居住理念

一、“天人合一”的村落选址理念

“天人合一”思想在钓源村选址布局中具有指导作用。村落选址时，讲究顺应“人法地，地法天，天法道，道法自然”的思想理念，表达出人与自然应和谐相处，尊崇自然，因山就势，尽量减少对原有空间地形的改变，“辅相天地之宜”。

中国哲学将天人关系理解为人与自然界应和谐共生。远古时代，由于人类认知水平及生产能力低下，从而产生对自然界的过度依赖，大多表现在生产方式与生活状态上。人们无法掌控变幻莫测的自然界，只能以祈祷的方式来得到庇佑，从而产生自然神圣的崇拜观念。祈求通过祭祀祷告等活动来减少自然灾害的发生，因此自然界在人们心中被赋予了人的情感与意志，此种意志形态是传达上天的旨意，人们称之为“天意”。反映出旧社会时人们心中受“天命”等自然界不可抗力的外在力量影响而形成的束缚力量。

中国传统哲学从三大角度来阐明“天人合一”这一哲学概念，分别为：“天人合德”“天人一体”“性天相通”。

“天人合德”是指天和人有着相同的德性。“天”指大自然本身，“德性”是指自然界恒久不变的运行法则，人类坚持不懈的传统美德。“天人合德”即人与自然相互适应、相互协调，在“先天”与“后天”之间遵循自然变化。

“天人一体”则可理解为“外在之天”与“内在之天”，分别指大自然与人的天性。“天人一体”要求人们充分认识人的天性，意识人与自然具有同一性，要做到精神上的自然回归。

“性天相通”是指孟子将天道与人道相联系，“尽其心者，知其性也；知其性，则知天也”。人必须顺应自然，强调人要尊重生命，“原天地之美而达万物之理”。（图 2-5）

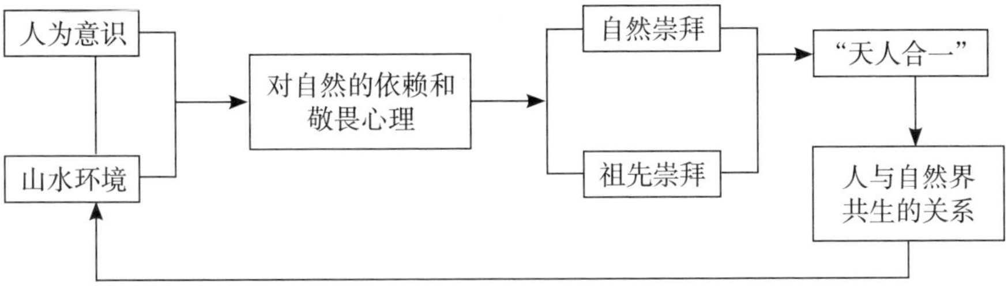

图 2-5　宗族与村落选址关系分析图

在村落选址中，既要满足自身基本生存条件，又要满足繁衍条件，同时遵循“天人合一”理念，追求天人之协调、和谐与统一的理想境界，将天道与人道相结合，形成和谐统一的共生关系。

堪舆《黄帝宅经》曾记载：“宅以形势为身体，以泉水为血脉，以土地为皮肉，以草木为毛发。”[①] 而钓源村恰巧做到了村落选址中的“身体强健”“血脉丰盈”“皮肉殷实”“毛发茂盛”的极佳状态。（图 2-6）钓源村民也对先人择基此地赞不绝口，认为正是遵循“天人合一”的选址理念，顺应自然地理环境，才使钓源村风调雨顺、人丁兴旺。

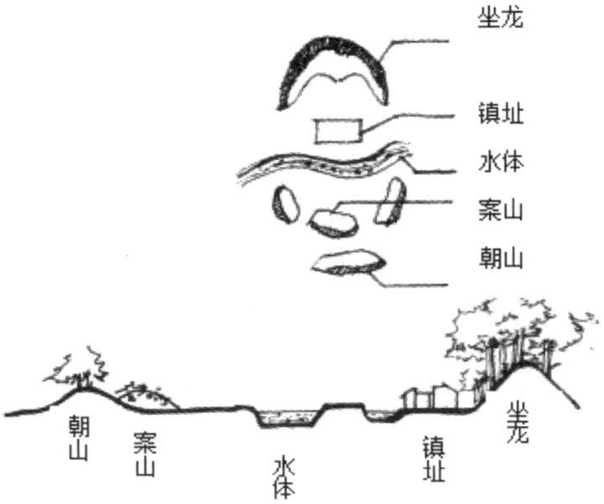

图 2-6　我国传统堪舆观念中城镇选址的理性空间模式演绎
（图片来源：李百浩、万艳华《中国村镇建筑文化》）

① 焦燕：《生态村镇建设要在传承中创新》，《中国农村科技》2013 年第 12 期。

从人对环境保护的角度来看：人与自然必须和谐相处，共同建立一个美好的生态环境。人类生存所处的建筑环境与自然界息息相关，且建筑与环境存在两面性：生态性与社会性。生态性是指城市和建筑在满足人类生存这一基本要求上仍要具备生态性，人与自然和谐相处；社会性表现为风俗习惯、人文历史等，丰富人类的精神生活。随着社会的不断发展，人们对自然环境的不合理开发及利用等问题日益严重，造成自然环境不断被破坏。我们应该在保证不破坏自然环境的前提下去建造人类居所，因为只有人与环境和谐共生，才能达到“天人合一”的生态理念。

从自然环境的特殊性来看，自然环境是任一自然因素形成的总和，自然因素是指会影响人类生产及生活的各种天然的或人工的因素。涉及范围包括大气、水分、动植物、土地等，同时对人们也产生危害性，属不可知力量。任何自然环境都是不断变化发展的，给人类带来的影响有利有弊，具有特殊性。

从传统哲学的思想来看：《黄帝内经》中提出“人与天地相应”“天人合一”，说明人与自然相生相克的关系，表达出人与环境是相互制约、相互依存的共生状态。对于生态这一概念的认知，我国在古代就有一定见解，如中国道教的阴阳太极图曾指明“阴阳需互补，虚实应并存”，这种阴阳调和的思想理念符合生态学意义。中国传统学说中注重“因地制宜，藏风聚气”的村落选址理念，突出以自然环境为前提的择居理念与选址原则。钓源村也受其影响，遵循“天人合一”理念，坚持人与自然和谐相处。

二、“依山就势，靠山面水”的格局模式

对于人类而言，地理环境是未知及可变的能量，存在于万物之中，变幻于事物之上。但这一影响的可变之处在于人类本身。人类发挥主观能动性，有意识地选择地理环境，因地制宜，改变村落空间布局，建造适宜人类居住的生态家园。从古至今，先人对村落的选址及布局相当严谨，并且会根据地形、地貌来选择栖居地，而地貌类型多样，能被居住及使用的土地面积有限。“依山就势，靠山面水”就是一个典型的格局模式，具有一定的规律性及延续性。

传统村落依山而建是最自然的事，但并非所有山都可依。古人对传

统村落所依之山的选择是非常严谨的，有三大必要条件，分别如下。

茂盛草木之山，周边有丰富的自然资源。所依之山必须具备丰富的供给资源，提供人们可食用的野果及野菜，同时也有动物供人们猎取，即使村镇所处位置偏僻，但也会选择草木茂盛之山，因为其自然资源丰富。

矮落之山，而非高峭之山。中国名山何其多，但为何古人大多选择小山岭或丘陵作为村落聚居地呢？这是因为具有瑰丽景色的俊美山川大多丛林险峻，且交通不便，不易于人们长期居住；相反，那些矮落之山，便于人们日常生活及劳作，同时，中国风水中崇尚所依之山必须低于祖宗山的思想广为流传，所以所居之山较为低矮。

多石之山，而非松软山土。松软山土易发生地震及水土流失等意外事故，对人类生命造成极大威胁。中国传统村落选址中大多选择倚靠多石之山的原因，一方面是以安全为主，多石之山较牢固，通常极少发生坍塌及地震等自然灾害；另一方面是便于日常生产及劳作。

重视地理环境而不受具体方位的限定。钓源古村的村落朝向是在建村之初就已测量勘定的。村落的朝向可以从四周地理环境的状态中得出，同时受朝山与靠山的影响。朝山与靠山作为整体村落朝向的界定线，具有重要的影响作用。根据当地山形地势来推断房屋朝向，并非所有朝向都满足坐北朝南这一理想状态，如钓源古村的朝向模式较为特殊，既有坐北朝南又有坐南朝北，形成独特的多面朝向风格。看似教条的风水理论实则包含了遵循自然的生态理念，古人们在长期与自然共处中得出的宝贵经验指导着人们与自然保持和谐关系。

钓源古村所遵循的原则为“后高前低”，实际意义为“靠山要硬”原则，切忌水流直冲房屋等禁忌。一方面有利于防止山体滑坡所引起的自然灾害，另一方面符合人们的视觉审美观念。钓源古村内的S形长安岭为“穿越式龙脉”，形成渭溪村大多坐西朝东，庄山村大多坐东朝西的不同朝向。因地制宜，村落朝向大体根据当地山形地势而变，以高耸峻岭的山岭为靠山，地势较低的秀山为朝山，尽可能遵循“后高前低”的形势要求。[①]

村落布局中的“靠山面水”模式。水是万物之源，没有水就没有生命的延续。傍水是人类生存发展的必要条件，水是农业灌溉的命脉。钓

① 参见潘莹、施瑛《论江西传统聚落布局的模式特征》，《南昌大学学报（人文社会科学版）》2007年第3期。

源村对水利的治理也从未间断，我们将根据傍水的外延与远近来分析当地的水利情况：傍水的外延。傍水泛指傍河流、傍湖泊、傍泉水。中国人追求傍水的生活环境可以从两方面考虑：一是为了取得足够的水源，汲取实用水；二是易于猎捕水生动物。水为满足人类生活的源泉，广义上的傍水也看作风水上的“财源”，即“聚水为财”。傍水的远近。中国传统村落傍水的远近，反映出古人的生存及活动空间的大小。中国自古以来为农耕大国，村落早已成为人们心中的久居之地。因此，傍水的远近对村落聚居而言显得尤为重要，水源的远近直接影响人们的生活水平及生活状况，过远的水源将对人们的生活及生产带来极大的不便，所以考虑水源的远近也成为村落布局的重要因素。

钓源村在择居选址中，利用当地地势特征，将村落的民居建造在两边较高的微陂岭上，而在中间低洼地段，依东高西低走势，人工开凿出数口相串联的池塘，完成了所谓的“靠山面水”择居模式。串联的池塘不仅起着全村集水排污的作用，还有聚集废水、废料的功能。既能在枯水季节引水灌溉，又能在雨水季节防水泄洪，为村民的生活带来极大的帮助。(图 2–7)

图 2–7　钓源村航拍图

(图片来源：李梦星《中国最美古村落 江西•吉安：钓源村》)

三、“围祠而居”的收族睦族要求

（一）“围祠而居”中的“祠”

祠堂：钓源村先祖欧阳弘定居钓源后，传至第五代，共有五子，分为“仁、义、礼、智、信”五个房派，其中长房“仁”派守居祖地，称为渭溪村，因数代后无嗣，由欧阳修第七代后裔欧阳胜过继，繁衍至今；三房“礼”派移至庄山村；其余三派迁居外地。

图 2-8　钓源村文忠公祠

欧阳文忠公祠是钓源古建筑中营造时间最早，规模最大的祠堂，是一座欧阳修专祀祠。该祠堂位于渭溪自然村东北向，建筑占地面积约623平方米。始建于北宋末年，历经元、明、清多代修缮。祠堂内有天井、回廊、串楼、殿堂等多样的建筑群落，大体布局井然有序，气势磅礴，具有当地特色的庐陵建筑风格。大门两侧上方镌有“文、行、忠、信”四个楷书大字，门廊外侧的梁柱间，各饰一幅“将帅戏狮图”，大厅左右的枋柱内，则各嵌一只回首昂视的鳌鱼雕饰，象征“独占鳌头”。（图 2-8）

建筑构件中的藻井漏窗往往寓意吉祥如意，万事祥和。建筑装饰造型百变，桌椅及门窗雕刻通常以动植物与文臣武将为风格元素，烘托出别具一格的装饰意味。牌坊横梁石雕中大多蕴含着深刻的儒家伦理思想，作为庐陵文化的道德典范。如“岳母刺字”“乳姑不怠”“孟母教子”“关公护嫂”分别表现出“忠贞”“孝道”“节训”“义行”的伦理意义。

钓源村提倡“文章节义并重”的精神，崇尚道德文化教育，先后出现 9 名进士与 20 多名州级以上官员。欧阳修曾在自述中介绍：“自宋三十年，而吾先君、伯父、叔父始以进士登科者四人。后又三十年，修与丽兄之子乾、曜又登于科。今又将三十年矣，以进士仕者，又才二人。”[①] 如此可以看出钓源村秉承着诗书传家的优良传统，发扬文忠家风，崇文重教是钓源村保留至今的思想典范。

（二）“围祠而居”中的“居”

古希腊哲学家亚里士多德曾说过：“场所中存在力。”他认为所有事物都应具有原本存在的场所，而事物回到这一场所也就意味着回归到原本的面貌。居所的大小是无法用空间来衡量的，现代人的思维里大多以“居所包含一切”的思想为前提，人们认为一个宅院内必须拥有满足多样性原则的场所，能够具备读书、写字、游玩、休憩的使用原则。简而言之，那是一个“居所中的城市”。以居住为前提，满足心理需求为目的的多样化场所。居所包含一切，所有的城市与村落的形成都是以居住为目的的，居所的集合就是城市，就是村落。

钓源村现有明清古建筑 150 余幢，沿东西南北向分布，房屋中间由青石板小巷相连，街巷距离大多为两米。房屋内一般为一进两厢、二进四厢。针对庐陵地区，家庭成员较多，通常居所为二进四厢，进深空间较大，所以多宅相连的组合方式不易于交通。钓源村大多以横巷贯穿的组织方式将居所相连，巷道多为弯曲、折角。具有“巷道不对称，歪门又斜道”的街巷特征。（图 2–9）

钓源村重视村落的小气候营造，这也是应“形势派”风水要求。所谓“形势派”是在风水理论中将“形”与“势”这两个概念运用到选址择地之中。以因地制宜为前提，观察村落整体空间形态。钓源村从选址到布局都遵循“形势派”理论，村内气派点的屋内大多为单元组合庭院，多进多幢，还有花园式别墅，如“八老爷”别墅。“八老爷”别墅最早为祠堂，清嘉庆年间，由八老爷大财主在祠堂遗址上兴建庭院。别墅前庭是一座花园，栽种着一棵四季飘香的丹桂。别墅的前庭花园设置与江南古建筑风格大不相同。别墅在“文化大革

图 2–9　钓源村街巷

① 邹晓明：《欧阳修自述世系文》，《寻根》2002 年第 3 期。

命”期间因一场大火毁坏，空间复原后不及原貌的三分之一。（图 2–10）

图 2-10　钓源村“八老爷”别墅
（图片来源：李梦星《中国最美古村落 江西·吉安：钓源村》）

（三）“围祠而居”的根本目的

收族睦族：宗族和血缘是维系村落人际关系的重要力量，简而言之为“熟人社会”，其根本意义为“长期稳定的力量”。宗族对村落形态的影响是一种向心力的影响，由内而外展现的是在同一宗族成员居所中以宗族祠堂为内容的向心型布局模式；由外而内，展现的是对非宗族成员力量的抗衡，使得与外界宗族保持距离，形成一种相对独立的制约力量。

收族睦族的根本核心是借助祖宗崇拜的仪式感团结宗亲成员，形成长久的家族凝聚力。封建社会的教化思想如同枷锁般禁锢钓源村民，不仅从生活中，更从精神上制约人们。

钓源村为了遵循围祠而居这一氏族要求，打破常规的南北朝向原则，将房屋大多朝向祠堂。根据钓源村内的小气候变化，运用风水堪舆理论，在巷内及房屋墙角处使用折角，同时利用照壁达到藏风聚气、风和圆满的目的。村内没有一条笔直的小巷，也没有一幢四周直角的房屋。更为惊奇的是安置歪门，将道路修建成斜道，形成“歪门斜道”这一具有当地特色的村落形态。这也从另一方面看出钓源村民们追求天道与人道相统一的生态原则。

祖先崇拜：“围祠而居”将社会意识物化成空间形态，将宗族的建立投射到居所的围合之中，使崇拜等敬仰思想成为影响空间形态的重要原因。钓源村对祖先崇拜观念极为重视，悼念逝去的父母，追悼祖先，让族人们更加明白忠孝传家的思想。宗祠的建立一方面体现出对逝者的尊重，另一方面体现出人本思想，在祭祀祖先的同时增加了钓源村族人的凝聚力与归属感。

社会意识决定着社会形态，社会形态影响社会意识。宗祠是精神文化的居所，也是共同价值观的产物。宗祠的建立与祭祖等活动的开展也增加了宗族文化的辐射面，使宗族观念深入人心。钓源村的主要管理方式分别为基层自治与道德约束，“围祠而居”一方面能形成道德约束，起到收族睦族的目的；另一方面在基层自治上，能使族人自发地对祖先形成崇拜感及归属感，将祖先遗训视为真理及行为准则。“围祠而居”的空间理念影响着人们的日常生活及发展，形成主要的空间布局模式。

四、“明厅暗房”的隐秘居住理念

“明厅暗房”是一明两暗三开间的基本平面布局类型之一。钓源村的“明厅暗房”受当地宗族制度文化的影响，对居住理念产生持久性作用，表现在平面形制与空间组织中。宗族制度文化对宗族成员生活、家庭以及社会的不断影响，使钓源村民在无灾荒兵乱等未知自然、社会因素影响的状况下，不会出现迁徙情况。宗族的建立会起到简单的循环与再循环作用，形成一套相对稳定的居住理念，投射于建筑空间组织中，大多表现在传统民居平面形制上，通过“明厅暗房”的基本平面形制来串联出整体村落的空间组织模式，任何大型及复杂的居住空间都由此形制扩展衍生而来。

尊卑观念的等级礼制思想对建筑起到了极大的制约作用，并直接影响到我国建筑意识形态的形成。儒家《礼记》记载，“社会一切都存在尊卑等级理念，称之为礼”。钓源村的整体空间形态是一个向外敞开，四面环山的典型盆地。“依山就势，靠山面水”为钓源村的基本格局模式。贯穿村落的水流与赣江相连，钓源村先人在择基选址中一般选择近水源靠山脉的地理位置。

建村之初，大多先搭置简易居所，等周边环境稳定后再固定居所，就地取材，因地制宜地兴建房屋。那时的建筑样式五花八门，各地临近村社争相模仿。明清之际，钓源村经济繁荣，众多商贾之士返乡兴建住宅，所建住宅多以闽派、徽派为主，并且结合当地特色，遵循风水理念，形成别具一格的建筑特色。钓源村山冈坡地土层较厚，松树杂林多，制砖较为便利，因此民居多为砖木结构。钓源村层层叠叠的清水墙与风火马头墙大多延续了明清风格，兼容并蓄，形成独特的建筑群。（图 2–11）

图 2-11　钓源村马头墙

中国传统村落的居住空间反映出封闭内向性特点。钓源村的宗族文化遵循家庭伦理观念，家族的本质是既要相对独立，又要相互联系，亦是在大范围内独立、小范围内团结的观念。这种观念反映出不论是家庭的大小还是宗族成员的多少，均由一面墙隔开，形成独特的天井式住宅，从而构成单体建筑群，形成村落的基本居住形态。

整体庐陵民居受儒家中庸内敛的思想影响，强调建筑内外的坚固实用性，不论是外形粗犷还是内部精巧，都恪守“三间五架”的建筑格局。钓源民居在建筑上尤其注重天井这一建筑元素，天井在功能上具有通风、采光、排水等作用，在造型上以元宝形状为原型，具有万事祥和等象征意义。（图 2–12）钓源民居建筑以天井为中心展开，成为串联式群组，形成以“进”为空间的基本单位，

图 2-12　钓源村元宝形状天窗

完成串联式空间组合，形成巨大的民居建筑群体。

“明厅暗房”的隐秘居住理念对钓源村居住空间具有影响作用，二者之间存在相互联系与相互制约的关系。前者对后者形成制约力量，后者对前者具有影响意义。“明厅暗房”既是一种简单的且便于组织的循环再利用空间模式，又是一种尊卑观念明确的社会意识形态，二者相辅相成，共同构筑钓源村封闭、隐秘的居住理念。

第四节　宗族思想对钓源村空间形态的影响

一、钓源村空间构成要素

（一）居住空间

钓源村村内，许多在外经商的族人会将所赚钱财用于兴建祖屋及宗祠上，但其实本质上是受宗族文化的影响。宗族为稳定族内人群，表示不许携带家眷外出。因此，在外经商的族人都会带钱财回乡里，促进村落经济发展。在此背景下，钓源村内的居住空间得以延续发展。明朝中期，随着江南各地经济水平的稳健提高，市集贸易迅速发展，朝廷内外实行海禁，发展内河航线运行，因此突出了鄱阳湖的重要地理位置。钓源村借助交通便利以及地理位置的优势发展海上贸易。明朝末年，钓源人经营的商铺遍布两湖两广，出现众多富商豪贾。声名显赫的钓源村拥有近百家商铺，有钱庄、赌场、戏台和跑马场，成为当时名声赫赫的乡村都市——“小南京”。

钓源村外出经商的人口众多，明清两代极为富裕，在当地兴建了大批设计精良、做工精致的房屋建筑。此类建筑空间造型结合多种元素，注重内部构架和陈设摆饰，在民居外建筑装饰中有部分精湛的雕饰艺术，外挑用斜撑而非斗拱。房屋大多以青砖为主，既有单檐屋面，又有重檐瓦顶（图 2–13）；既有马头墙，又有建在瓦檐上的骑瓦风火墙；既有一进两厢、二进四厢、数进数厢式厅房，又有庭院式、院墙式居住空间。但在清末咸丰年间，太平军攻占钓源村，将钓源村西北部繁华的商业街全部烧毁，村内建筑毁坏面积达 70% 以上。如今的钓源村也只残存当时规模的四分之一，留有明清古建筑 150 余幢。

图 2-13　钓源村重檐屋面

遗存下来的历史建筑多由钓源村在外经商人士所建，反映出当时族人的生活方式及生活品位，同时也表现出上、中、下三等人的房屋建筑特征。钓源村作为“文章节义之邦”的代表，受庐陵文化的深厚影响，从四方面表现出来。第一，从生存所需出发，讲究朴实而非繁华。从古至今，庐陵人走的是商、耕、读三者相结合的发展道路。他们相信耕可致富，读可荣其身的道理。既要会农耕经商，又要能读书写作，耕读文化由此得来。第二，受道家思想影响。道家重视自我价值，尊重甚至鼓舞人们体验养生长久之道。庐陵地区道观众多，突出道教思想的盛行。第三，具有包含多种思想文化的兼容并收的特点。庐陵的繁荣发展与外来人口的迁入有很大关系，为其发展注入了文化因子。第四，具有阶级性的大众色彩。庐陵文化包含万千，但却有独特的文化内涵，形成真正大众的、人文的形态模式，讲究社会的、民众的大同思想。受庐陵文化影响，居住空间逐步形成具有当地特色的建筑风格，钓源村内居住形制与闽北地区相似，采用封闭、内向型天井，解决了院落内采光、通风等问题，同时又具备其自身特点。

内向型天井特点为天井上端由屋顶、屋檐和墙壁组合而成，井口面积小于底部面积，天井具体作用为集水、纳阳、通风、采光等；在空间尺度上以间为基本标准，整体空间形态与明堂、厅堂融为一体，是一个

图 2-14　钓源村“天井式”民居

无具体界面的类井状泛空间。[1]同时具有象征意义，雨水通过四周的水渠流入阴沟，俗称“四水归堂”，意味“肥水不流外人田”，体现出钓源村民们敛财、聚财的思想观念。

“天井式”民居分为两种类型，第一种类型为：舍弃室内天井。将天井安置在室外，改造为天井院落的布局模式，出现一种既“天井”又“聚落”的“天井式”民居建筑（图 2–14）。第二种类型为：舍弃群居模式。设立单体住宅，形成统一的建筑群。但单体住宅住房面积有限，趋向中小型住宅模式，也称为“小天井式”民居建筑。“天井式”民居解决了早期天井所带来的潮湿、寒冷等多方面问题，为庐陵地区普遍运用。

钓源村在大门入口上方开出一个元宝形状的天窗，俗称“天眼”。站在屋内，抬头可见元宝形天窗，一般尺度为一尺八寸深，一尺二寸五分宽，一丈多长。元宝形天窗的作用不仅仅是通风采光，还有利于燕子的进出。元宝形天窗象征着财富，具有敛财、聚财的象征意义。

钓源村居住空间丰富多彩，其建筑形制既有中国传统文化的封闭性、礼制性、等级性，也有与相近省份建筑吻合的共性，居住空间相互渗透、相互发展。由于钓源村居住空间以家族血缘为纽带，作为维系村落发展的重要内容，根植于地方环境之中。因此，一个村落的形成，不会轻易地改变其规模和边界，以围合为主要目的。正是这一原因，使中国传统村落产生一种复合式空间状态，它是将生产、生活相结合的多功能居住空间。

钓源村多以家庭为单元组合模式，出现了三合院、四合院等围合空间。如钓源村内的村中村（图 2–15），清嘉庆年间建造，位于庄山村西，连排水塘南边。整体朝向坐南向北，面向水塘，占地面积约 698.3 平方米，是钓源村复合式住宅空间的代表。其前有院墙，进门右侧为廊

① 参见崔昆仑、徐颖《传统民居中的模糊空间》,《浙江建筑》2011 年第 5 期。

舍，称作“倒宅”，也叫“对门厅”，作为厨房和杂物间。四栋连排，呈“田”字形对称排列，此幢复合式住宅是富商“八老爷”为四个儿子所建。整体住宅围绕着主轴线，以水平对称的状态向中间围合发展。沿轴线呈“田”字形围合的建筑群落及空间形态都与宗族血缘的延续性相一致，体现出钓源先人在居住空间中期望家族和睦、人丁兴旺的围合居住理念。

图 2-15 钓源庄山村 23~26 号“村中村”群宅（图片来源：李梦星《中国最美古村落 江西·吉安：钓源村》）

（二）交通空间

利用交通道路连接重要的居住空间与宗族空间，形成统一完整的轴线模式，体现出交通道路的另一重要功能。交通空间的基本做法是以一条或若干条街道将村落中各个主要节点联系起来，把原来孤立的房屋建筑串联在一个统一的网格中。欧洲传统村落也是运用网格交通，如在巴洛克时期形成的笔直、放射性街道，整齐的街区模式和几何状的公共活动空间，使村落在长期改造中形成以轴线为单位的几何空间形态。钓源村整体交通空间并不规整，而是错落有致，相互交织的空间状态，极大地丰富了村落面貌，造就了村落空间的宏伟气派。

交通道路是我国古村落在环境规划中尤为重要的工程，交通是维系传统村落的重要纽带。钓源村交通道路发达，如今钓源村的位置在通往安福的公路之北的丘陵间，偏离省道 4 千米，但在古代，吉安通往湖南的驿道，也就是商道，从钓源村中的山冈中经过，交通极其便利。赣江的支流泸水河，距离钓源仅四五千米。因为庐陵县城一直是吉州或吉安府的行政驻地，途经 6 条主干道通往各县。其中一条出西门，经十里庙、望城冈、过钓源往固江达安福县城，全长 60 余千米。经安福再往西，至永宁冈，通湖南；往北经武功山，通宜春。钓源处于吉安西线主干道旁，东侧就是著名的“二十七里铺”，当年的重要驿站之一。出城约半天路程就可抵达钓源。至今，仍可在钓源村的中山冈上看到古驿道残存的鹅卵石和青砖路基，这代表的是对过往的回忆与对未来的展望之情。（图 2–16）

钓源村的主要出入口，布置在村落的西侧一端，与原古道相连，保证来访居民的便利性。（图 2–17）钓源村的次要入口则位于村落的东侧一端，此处道路北上分岔，可通周边各个村落，在交通网络上也极为便利。其中，两处村口都有池塘与香樟树相互呼应。据当地村民回忆，这是钓源村所谓的“香樟留住半口塘”风水理念的体现，形成“无樟不成村”的地域风水景观。

图 2–16　钓源村古驿道

图 2–17　钓源村主出入口

钓源村现有街巷在结构上体现出“一横”“两纵”“五条巷”与“一边界”的街巷空间特征。（图 2–18）因年代久远，钓源村街巷名称大多遗失。从图中可看出，“一横”就是所谓的长安岭，呈东西走向，西起高家村，东北向至兴桥镇，在南宋中期至元代中期出现，现为区分庄山与渭溪的主要分水岭，属村落主要生活通道。“两纵”沿南北走向展开，由河流走势自然形成，于明代中期至清代早期出现，也为村落主要生活通道。“五条巷”呈东西走向，宽 0.6 米~2.2 米不等，长不越百米，现为钓源村内小范围区域活动的主要联系通道。“一边界”指的是沿数口池塘所形成的水道边界，沿南北走向，贯穿街巷池塘。

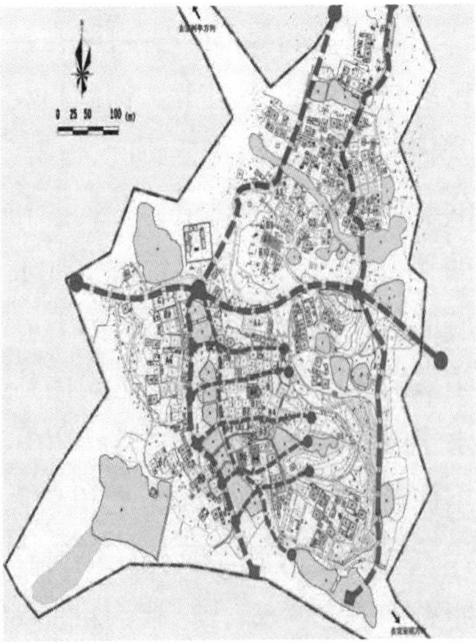

图 2–18　钓源村街巷构成分析图

街巷与池塘相串联，形成清晰

的“井”字形街巷结构，连接着村落日常生活与发展，东西向街道主要以村民日常生活道路为主，南北向街道主要以整体交通网络为主，被划分地块内可小范围联系，“井”字形街巷结构，能够缓解街巷空间形成的拥堵现象。

钓源村以横、纵两线方式将村落划分为若干个小空间，又在街巷与池塘周边设立步行通道，逐层递进边界、街道、巷道三者的关系，使交通空间极为丰富。在钓源村，“五条巷”均为连接住宅与池塘的重要生活通道，形成时间较早，底界面为碎石掺土，承载面较窄，后期修整后改为青石板铺面。（图 2–19）村内建筑布置紧密，“一边界”串联的多为民居建筑立面或是祠堂建筑立面，整体空间流畅，公共性强。曲折而狭窄的巷道，整体空间较封闭，私密性强，甚至只能通过一人，成为狭窄巷道空间。（图 2–20）

图 2–19　钓源村临池塘住宅

图 2–20　钓源村折角巷道

钓源村的廊桥，呈东西走向，横跨于池塘上方，形成连接宗族空间至居住空间的重要节点，也是村落的公共活动中心。廊桥是人类创造的最古老、最壮观的建筑工程之一，它不仅具有民族性、地域性，还具有风水象征。钓源村建造廊桥，遵循形式派理论，呼应“七星伴月”的空间形态，廊桥所建方向为东西走向，顺应“水向西流”的风水理念，起到闭地户的作用，不让财气外流，从而达到村落人丁兴旺、财源广进的目的。（图 2–21）

钓源村先人在建造廊桥时，大多经过精心考虑，既要满足审美观念，又要满足实用功能，使之成为具有视觉效果的人造景观。如今，遗留下来的廊桥也经过修葺，仍具备重要的交通功能。廊桥本身为架空结构，

图 2-21　钓源村廊桥

除了本身所具有的实用功能以外，也具有连接空间的功能，表现出与建筑物之间的协调统一关系。钓源村的廊桥具有其独特的人文特点，为优美、安逸的环境增添了风采。

街巷空间是钓源村交通空间的重要组成部分，主要从两方面表现：对外，是钓源村内的交通主要轴线，也是连接周边地区来往的交通枢纽之地；对内，是联系钓源村日常生活空间的主要通道。在汽车、摩托车等现代交通工具出现以前，传统村落都以步行或马车等人力交通为主要方式。物资的搬运通常使用扁担肩挑，步行运输，对于体积过大或大量物资的运输则依靠马车、牛车。总而言之，钓源村的步行或非机动车行驶均为慢速交通代步方式，直接增加了村民交往沟通的机会。交往与沟通往往发生在人慢行或停留的时刻，具有实质意义的社会活动通常以交流为主要表现方式。当人们穿梭于村内巷道时，既可观赏街巷两边风景，又能与村民闲聊纳凉，完成社会活动的交流意义。这种流传下来的慢文化使得钓源村呈现一种安逸、祥和之美。

（三）宗族空间

从古至今，中国古村落以宗族文化为主要影响因素，形成村落空间形态。中国南方，尤其是江、浙、沪及闽南一带，有大量村落聚族而居，整体以宗族血缘为基础，从而构成宗法制度的社会群体。宗族制度成为维系村落发展的客观条件，使血缘村落能够延绵数百年而不破散。宗祠是表现宗族凝聚力量的核心之地，它是以礼制为中心、以宗法为制度的组成模式，承载着宗族成员的无限归属感及凝聚力。

“礼”与“宗”的关系极为密切，“宗”是以血缘关系为基础，起源于原始父系社会的祖先崇拜；而“礼”的最初意义为拜神，两者都是以对祖先、神灵等至高无上力量的崇拜与敬仰为前提产生思想依托的。“宗”同时与建筑房屋有直接的联系。《说文》曾记载：“宗为尊祖所信奉的庙宇。”“宗”字本身包含房屋庙宇等字面意义，也就是将祖先神化，所以“宗”也被称为在房屋中神化的祖先。这一认识对建筑空间影响极大，宗族观念离不开家庭赖以生存的建筑空间，宗族的血缘关系将父与子团结在一起，不离不弃，这就决定了宗族空间是必须将许多居室合并在一起的房屋建筑群。然而，土地是宗族繁荣发展的根本，所以建筑就必须亲近土地，将神化的祖先定居此地，必定得先建宗祠，举行祭祖仪式，宗祠的创建与发展由此而来。

宗祠又称为氏祠堂，是供奉先祖及进行祭祀的场所。宗庙制度产生于周代，初始仅限于天子，庶民无建宗祠之权。后来随着社会的不断发展，宋代朱熹提出宗族制度的平等化，使宗族制度得以广泛发展，村落大兴宗祠庙宇建设。宗祠一般建于村落腹心之地，靠近主出入口。在一些宗族文化发展较快之地，宗祠数量较多。宗祠的建设可以更大力度地推进宗法理论的发展及进步，从而使宗族空间成为弘扬家族精神的重要精神空间。

钓源村欧阳氏宗祠，属于封闭型天井式院落。整体朝向坐南朝北，平面趋于长方形。明正德时，氏族后裔三崖公修建祠堂，主堂有五开间，宽五丈五寸，长十二丈九尺，前造大坊。康熙年间，宁州学正清公提倡重新修整。现祠堂宽为 18 米，二井三进，进深长达 43 米，占地面积为 774 平方米。整体建筑装饰颇为古朴传统，无过分装饰与雕刻。（图 2–22）

欧阳氏宗祠在等级划分上也表现明显，在青砖铺面的地面上，有几排脸盆大小的圆圈，依次排列，有规律地分布在两层，上层为三个，下层为中间两个，两边各分布三个。（图 2–23）圆圈主要用于祭祖活动，按照族人辈分依次排列。上层分布位置为：中间为族长，左右为长者；下层主要为各房各长的主要位置。以此类推，由中厅到下厅按辈分排列，

图 2–22　钓源村欧阳氏宗祠

图 2–23　钓源村欧阳氏宗祠等级圆圈

井然有序。

宗族活动每逢正月初一或清明及冬至节日，全族男人集中到祠内，按辈分依次排列。案台上供奉着“三牲”和香烛。族长是村落里的领导人物，主持祭祀活动，在村民心中同样秉着公正的处世态度，维持村内大小事务。欧阳氏宗祠另一建筑特色为“品”字形天井。前厅大天井与周边上厅的两个小天井，一大两小，形成“品”字形天井。“品”字形天井只有居庙堂高位的世族大家才有资格建造。“品”字的根本意义是怀念先祖的同时，也在告诫后人，“品”为道德之初，行为之本，无论是经商还是为官都应注重自己的品德，追求品行端正、刚正不阿的处世态度。

二、钓源村空间布局类型

(一)“藏风聚气”的地理位置特征

“风水之法，得水为上，藏风次之”，出自《藏风聚气得水为上》。风水学强调“藏风”这一概念，我们可以通过避风来理解。何为避风呢?“外山环抱者，风无所入，而内气聚。外山亏疏者，风有所入而内气散。气聚者暖，气散者冷。”[①] 避风的主要目的是维持当地小气候，小气候的形成是避开寒风，聚集暖风。面向东南称之为阳风，是温风与暖风；反之为阴风，是凉风、寒风，需要有山脉阻挡，否则人丁衰败。我们可以看出，风水学对风向的回避与利用有着独特的定律。

在村落选址中风水学对“藏风”的阐述是指为防止生命之气消散，需要周边山川环抱，达到“聚气”与“避阴气”的目的。村内紧靠长安岭的庄山与渭溪两个自然村是靠环境形势来达到“藏风聚气”的目的，村落内部则是靠水流来“聚气”，从而达到“藏风”的目的。

“藏风聚气”原则，从两方面得出：一方面是基于中国古人对不同地理环境所积累的宝贵经验而得出需避寒风之气而聚暖风之气；另一方面是判断不同方向的风向属性而得出，通过山势得出风向，从而判断其属性。

钓源村中“藏风聚气”的理想环境模式是以抵挡偏北风为主要目的，使得东、北、西三面群山环抱，南面地形稍敞开的“功能性”环境模式。

---

① 张耀天:《〈禹贡〉堪舆考》,《船山学刊》2013 年第 4 期。

对于低山丘陵，风向与降水大多受坡向的影响。丘陵的不同部位，风速的大小也不同。而山坡上的降水大多与风速有关，风速越大，降水越少，因此，迎风坡降水少。任何地方的风水都受地形、地貌与主导风向影响，同时对居住环境的整体位置也有影响。

长安岭栽有大片樟树林。村落的四周形成一片纯天然的绿色屏障，散落在村庄周边，直接阻挡寒风进入。东西两面的风向由樟树群阻挡形成反射风，吹至村落的各个角落，形成阳风，使得村落里常年冬暖夏凉且极少蚊蝇。村中数口池塘相连，能够调节村内的小气候。（图 2–24）

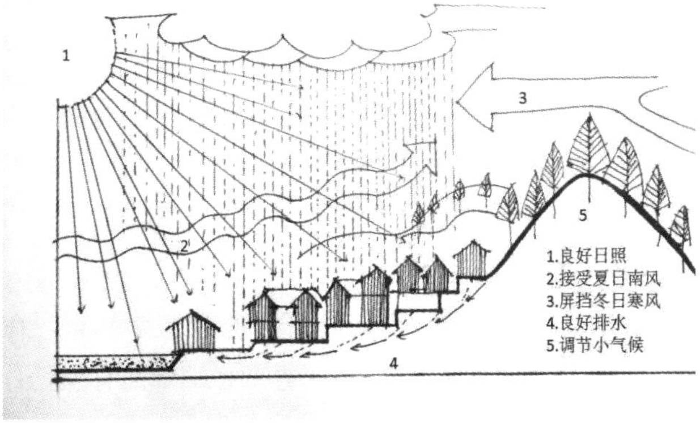

图 2-24 “藏风聚气”理想环境模式分析图
（图片来源：王其亨《风水理论研究》）

（二）“太极八卦”的平面布局形态

八卦本身是由“阴阳”学说衍生而来的。《周易·系辞》曰：“易有太极，是生两仪，两仪生四象，四象生八卦。”这是有关阴阳衍生出八卦的过程。从而就得出天（乾）、地（坤）、雷（震）、火（离）、风（巽）、泽（兑）、水（坎）、山（艮），其中“天”和“地”为根本，各个事物从发生到变化都由此衍生而来，后来又发展成宇宙幻化的模式。风水学运用此种宇宙幻化的模式，推断出自然界的发展和社会的变化，判断吉凶祸福。太极八卦图又分为先天八卦图与后天八卦图。（图 2–25）

先天八卦图又称伏羲八卦图，以乾坤代表天象地位，形成判定轴线；以坎离代表水火界限，作为横轴纬线。后天八卦图又称文王八卦图，以震卦为起始点，位列正东。如象征节气，则震为春分，巽为立夏，离为

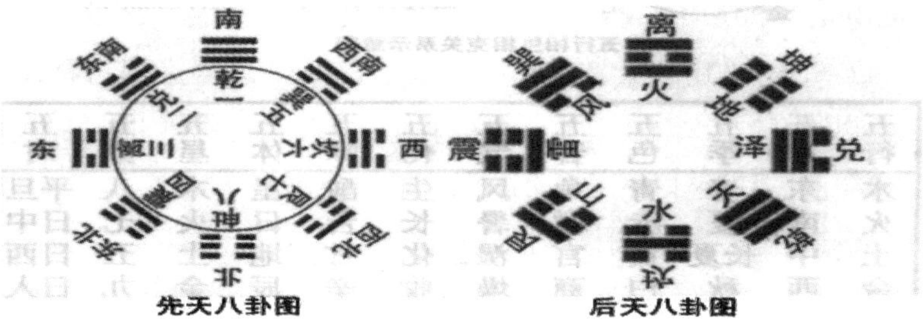

图 2-25　太极八卦图
（图片来源：李梦星《中国最美古村落 江西·吉安：钓源村》）

夏至，坤为立秋，兑为秋分，乾为立冬，坎为冬至，艮为立春。[①]

“太极八卦”在村落布局中的运用：村落依山傍水，宗族派系明了。据钓源村资料记载，整个村落布局以太极八卦为平面布局模式，由高 9 米的 S 形山脉——长安岭将渭溪和庄山分置于太极八卦中“太极”中心区的“少阴”位和“太阴”位。位于“太阴”位的庄山村，中间由东高西低的十余口池塘相连。池塘用青石板堆砌而成，水塘按北斗七星状依次排列，将村落划分为南北两列。钓源村的所有建筑都围绕池塘分布。在东南“巽位”是欧阳氏宗祠，原占地面积为 1200 平方米。祠堂前有操场，形成活动空间。操场前段有依次排开的旗杆石，都是村里的名门望族捐赠的。（图 2-26）祠堂建筑宏伟大气，但在朝向上并没有遵循坐北朝南，而是多朝向分布。远观村内与欧阳氏宗祠相连的还有两处，分别为“离位”上的礼派祠堂与出祠堂大门外 20 米的“忠节第”牌坊，形成一个完整的庭院结构。

图 2-26　钓源村欧阳氏宗祠旗杆石

① 参见申弘道《黄元御一气周流学说研究》，硕士学位论文，广西中医药大学，2013 年。

街巷住宅中的运用：为了迎合太极八卦的村落布局形态，防止“风水”的直冲，钓源村巷道多建成弯曲的斜向歪道，门也建成歪门，流传下来的有“弧形壁”（图 2–27）、“拱形院”“歪门斜道”。宅与宅之间都是由青石板铺装的小巷相连，纵横交错。钓源村街巷结构均由巷道与池塘相连，形成清晰的“井”字形态，七口池塘贯穿村落空间。村中住宅大多围祠而居，靠近池塘的民居为生活主发展区，南北巷道与主道相连接，被划分开来的民居在小范围内连接，与主道相连。钓源村整体交通空间由边界、巷道相连，层层递进，形成丰富而有趣的空间组织结构。在钓源，街巷为村民们的生活通道，地质界面由碎石、泥土承载居多，形成时间最早，重要的街巷由青石板铺面，建筑布局紧凑。（图 2–28）

钓源村中古建筑皆有八卦图形，传统民居的排列也呈八卦图形，如庄山村“忠节第”西侧的九幢清代民居，是三幢房屋横排一列，三屋即组成“乾”卦。“乾，健也”，从此可以看出钓源先人对祈求村落祥和平安的美好期望。（图 2–29）钓源村出土的欧阳祥墓志铭记载：“社官之北，中岭之原，艮山坤向，龙虎盘旋。鬼神守护，不骞不崩，保佑尔后，攸久丰享。”

钓源村平面布局中的民居建筑并不排列整齐，表现出钓源人对命运的彷徨与不安，精读研究《易经》八卦等学说，是希望能够在太白七星中找到长久富裕与长生不老的奥秘。他们将村庄刻意修葺为太极八卦的形貌，村落分成庄山与渭溪，同时被 S 形长安岭划分开，形成太极八卦

图 2–27　钓源村弧形壁

（图片来源：李梦星《中国最美古村落 江西 • 吉安：钓源村》）

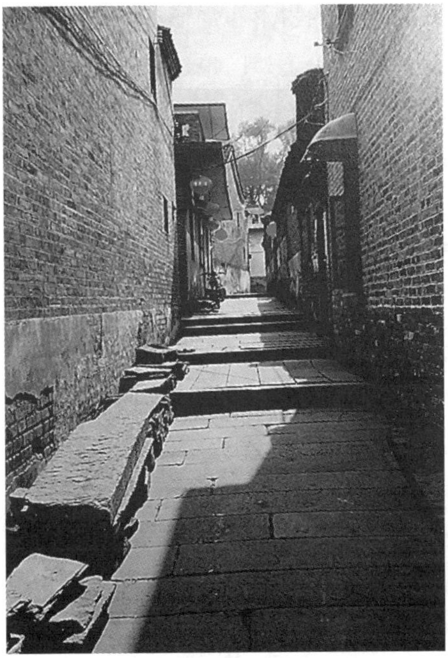

图 2-28 钓源村青石板巷道
（图片来源：李梦星《中国最美古村落 江西·吉安：钓源村》）

图 2-29 钓源庄山村 14 号三连栋院落
（图片来源：李梦星《中国最美古村落 江西·吉安：钓源村》）

一般。村落中的弧形照壁更是对应八卦形制，期望达到藏风聚气的作用。

（三）“水向西流”的水体流向趋势

1. 水的作用

水在自然界中扮演着极其重要的角色，人类的生产生活都离不开水资源，水资源对气候的调节，环境的净化具有重要作用。风水学中强调水的作用及流向，有水的地方就表明此地生气极旺，适宜人类居住、村落发展。因此，风水以水为首要。“吉地不可无水，寻龙择地须仔细，先须观水势。”[①] 风水家们极其注重水的作用，他们认为，水是山峦的血脉，山环水聚之地，两河交汇之处，必定为安居之宝地。

2. 水体流向趋势

水体主导着村落和建筑物的排列。水体有决定社会存在方式的无穷

① 参见丁可、伍建峰《浅谈中国皇家园林的造园手法》，《辽宁行政学院学报》2009 年第 6 期。

力量，还有左右文化风格的力量，城市和村落的起源也依靠水资源的发现和保护。水在地球上分布极不均匀，水资源过多会造成困扰，水资源过少则会造成自然危害。水资源的分布脉络影响着村落的选址与分布，并以水体流向趋势为排列主体，依次排列。

水流随着山体分布，山无则水止，代表山水之间相辅相成的重要关系。山体中形成藏风聚气才能达到水体聚气的作用，有水无山则气散而无法聚，山峦若无水则气寒无法理，山为实体存在的气，水为虚无存在的气，说明水与气是息息相关的。[①] 一个坐南朝北的地形，水是自东向西流，继而转向南，从而形成一个向南环抱的形式，表明所抱南面为聚气之地，风水学中水讲究弯曲环抱，忌讳直去无回。

3.“水向西流”的水口理论

水口是在某区域内众多水流进出村落的总水口，水流进入村庄的地方称为“天门”，流出的地方则称为“地户”。风水学说称水为主财之源，所以“天门”宜开，来水要宽大，财源滚滚而至；“地户”宜闭，去水狭窄缓慢，内财不易外泄。此外，村落的水体设计十分注重下水口“地户”的处理。[②]

钓源村内“水向西流”也可从风水学中找到依据。古代风水学善用五行学说来设计村落的水体分布，讲究阴阳协调。金、木、水、火、土称之为五行，各有其意义。金星主西方，也称太白星，主宰着金钱与富贵。钓源先祖在择地之初，正是看中西流之水，围水建村筑宅，盼望太白星给村民们带来富贵祥和的美好愿望。

风水学中的水口理论在村落景观构造上具有重要作用。下水口应狭窄曲折，降低流速。村内水流缓慢，便于村民们日常使用，风水学中称为“聚财”。为了达到“聚财”的目的，往往在下水口处搭建廊桥、亭宇、河堤、寺庙等，为的是锁住水流出口。如若村内水流湍急，可通过开沟引水、兴桥筑堤来防止水流外泄。钓源村内也将下水口处理得当，在长安岭北面的山冈设置高于两边地面的田垄，水流自东向西流动，达到锁住水流出口的目的。

---

① 参见金戈《华夏环境观与水（一）》,《海河水利》2004 年第 3 期。

② 参见杨柳《风水思想与古代山水城市营建研究》，博士学位论文，重庆大学，2005 年。

三、钓源村建筑构件的文化内涵

（一）图腾崇拜的传承

1. 图腾与图腾崇拜的含义

“图腾”一词的最初意义为“家族”“亲人”“兄弟亲属的关系”，其含义是“一个民族的标志或图案”。图腾崇拜则被认为是人与动植物或无生命迹象的生物之间，存在的一种特殊的难以捉摸的血缘关系。“图腾”作为人类历史上最古老、最独特的文化现象之一，具有两种代表意义：一种代表氏族文化，即远古时期的历史记录意义；另一种是经过外在加工而具有的“象征”意义。[①] 作为民族文化传承的图腾，既是一种象征符号，也是一种文化精神和宗族信仰，更是最早出现的区别于不同宗族的标志。所谓图腾崇拜，就是膜拜人类与动植物或无生命迹象的生物之间存在的“血缘”关系所形成的一种独特的信仰模式。图腾崇拜是一切人类民族在生存之初的狩猎阶段普遍存在的一种最原始的崇拜模式。[②]

一个氏族的图腾对该族成员来说都是神圣不可亵渎的，人们之所以崇拜图腾，是觉得图腾能够保护氏族成员免遭自然灾害。因此，人们对图腾常怀有敬畏及膜拜的心理。

2. 图腾崇拜的运用

中国古村落最广为流传的是“龙图腾”“凤图腾”。在村民心目中，龙、凤、麒麟、龟被称为“四灵图腾”，它们是极具灵性的动物，被村民崇拜。[③] 龙图腾崇拜文化在我国流传千年，龙产生于原始社会，龙是根据闪电的物理形象创造出来的自然之神，能够呼风唤雨，有无穷的力量。由于龙是一种沟通人与天地之间的神奇灵物，钓源村至今还保留着“招龙”的祭祖风俗，同时还有划龙船、赛龙舟等娱乐项目。钓源村认为龙是拥有无穷力量的神物，又对家族具有保护的意义，所以在公共建筑装饰中多用龙形。“凤”也就是凤凰，是原始社会时期人们描绘出的神灵形

---

① 参见胡云青《图腾在中西方美术中的研究》，《城市建设理论研究（电子版）》2013 年第 27 期。

② 参见胡晓靖《从图腾崇拜到英雄崇拜——论图腾崇拜的起源、发展与衰落》，《天中学刊》2002 年第 4 期。

③ 参见蒋栋元《动物・图腾・崇拜》，《大连民族学院学报》2004 年第 2 期。

象，认为凤凰能够带给人类吉祥、安康。凤图腾起源于鸟。钧源村内的许多明清家具中都刻有“双凤呈祥”等图案，表达出人们美好的希望与崇高的信仰。（图 2-30）“麒麟”，也是古人崇拜的图腾，被称为“祥瑞之兽”，也是吉祥的象征，钧源村内的“麒麟送子”就是出自此典故，期盼为房主增添子嗣，延绵香火。（图 2-31）乌龟被认为是长寿的象征，有“延年益寿”之寓意。钧源村内的图腾标志着人们对宇宙的认知，对自然的理解，代表着人们期望美好生活的愿望。

（二）对动植物的模拟与象征

1. 建筑构件模拟动植物的原因

市井文化的影响：明朝市井文化流传至今，使钧源村家具与市井文化相联系，钧源村先人对自我和生活乐趣的不断追求，与不同社会阶层人员相联系，更加自主地去推崇儒学与道教理念。这种思想传播也表现在建筑构件中，表现出人文化与世俗化。村内家具装饰中的图案大多取材于动植物等元素上：大多有石榴、牡丹、灵芝、喜鹊、老鼠、鹿、鱼

图 2-30　钧源村家具装饰——双凤呈祥图案

图 2-31　钧源村饰——麒麟送子图案

等。也有许多追求文人雅士的植物图案，如莲花、梅花、高竹等。这些装饰图案衬托出家具的古朴典雅，更加直观地展现出儒家与道家思想相结合的发展趋势。

儒学思想的影响：明清时期，儒家思想在传统文化中占主导地位。儒家思想推崇“天人合一”的理念，崇尚人与自然和谐相处。“天人合一”的儒家思想更加凸显出中华文化的博大精深。在家具雕刻及装饰方面，对“天人合一”的追求大多表现在图案装饰方面。手工匠们通过对自然界的理解和对日常生活的美好向往，追求人与自然的和谐相处，期望人与自然、理性与感性、物质与心灵的交融和统一，赋予家具自然、淳朴的设计理念。在家具装饰中的图案元素大多选取动植物，如花草树木、飞禽走兽、山川河流等，将人们丰富的美好愿望贯串其中，如钓源村中一幢明代初年的古宅中，窗棂下方的花格板上用镏金雕饰的三只活灵活现的老鼠，“鼠”谐音“许”，“鼠多”代表着“许多”。在十二生肖中，鼠为首，以天干、地支计，则为“子”，有着“多子”的美好寓意。（图 2–32）

图 2–32　钓源村装饰图案——老鼠

2. 建筑构件对动植物模拟的象征意义

象征“忠孝传家”：钓源村古建筑群展现的是青墙黛瓦的古朴之情。但建筑内的各种雕饰，却采用镏金彩饰，展现出古建筑的别样风情。村内建筑装饰构件大多以浮雕、镂雕、透雕为主要装饰手法。透过多种丰富精彩的雕饰彩绘可以看出村民的率直大胆的性格追求。村民欧阳瑞林厅堂的墙壁上悬挂着两幅宽度为 2.7 米的镏金壁画，分别为“访贤才于渭滨”“求富贵亦寿考”，其主要意义是借“姜太公遇周公”的典故，暗指欧阳氏在渭溪开创基业的辉煌事迹。（图 2–33，图 2–34）而厅堂两侧的“为亲负米”“戏彩娱亲”“恣蚊饱血”“卧冰求鲤”等“二十四孝”雕

图 2-33　钓源村镏金壁画——访贤才于渭滨
（图片来源：李梦星《中国最美古村落 江西·吉安：钓源村》）

图 2-34　钓源村镏金壁画——求富贵亦寿考
（图片来源：李梦星《中国最美古村落 江西·吉安：钓源村》）

刻，反映的是“忠孝传家”的象征意义。

象征吉祥如意：钓源村的传统雕饰彩绘寓意以太极八卦的图形寓意镇妖辟邪；以花草林木寓意万事吉祥；以宝剑、花瓶寓意岁岁平安；以鼠、兔、猴、蛇象征“封侯拜相”“延年益寿”。村民在期冀吉祥之外，同样也希望激励、鞭策后人积极向上，将“耕读传家”的思想理念流传下去。

四、“趋吉避凶，繁衍后代”的期望

“吉凶”者，利害之谓也，“趋吉避凶”又被称为“趋利避害”。中国文化将利于人类生存及身心发展的健康思想看作“吉”，把有害于人类生存及身心发展的思想看作“凶”，从而要求人们在创造有利条件的同时，将不利条件降至最低，中国建筑构造也同样遵循此种原则。

在中国传统思想观念中，建筑是连接自然界与人类的重要媒介，《黄帝内经》记载：“人因宅而立，宅因人得存，人宅相扶，感通天地，故不可独信命也。”[1]因此，中国古村落建筑构件中暗藏着吉祥如意的风水寓意，表达出古人对美好生活的向往。直至今日，依然流传着对风水寓意的追求与热衷。

（一）“趋吉避凶”的实用原则

中国传统村落的风水构造及八卦布局都是通过古人在生活中不断积累与发掘得出的。人们通过生活的积累与经验总结出来的理论，不具备科学性，而是以某种口述及预言的方式出现，也正是因为它的不科学性，才能符合当时中国村民的实际需求与文化需求，才能最有效、最直接地实现“趋吉避凶，繁衍后代”的实用目的。

太极八卦图案运用于庐陵的许多古建筑中，有的刻在大门门楣之上，有的则刻在藻井之中或窗台、门框之上，是房主躲避灾难，祈求平安健康的意义。钓源村内除了在空间布局中遵循八卦形制，在建筑构件中也常常以八卦图形为主要图案，设置在门扉、窗框、墙壁、隔扇等房屋构件之中。如此普遍的八卦图形运用，成为钓源村重要的建筑构件特色之一。（图 2–35）

图 2-35　钓源村八卦图形

（二）八卦图形的“趋吉避凶”意义

八卦图形源于《易经》，用来占卜吉凶运势。钓源村先人相信以自然为主导的社会意识形态，认为自然中的不可知神秘力量在冥冥之中指导或影响着人们的生存及生活状态。遇事均想以八卦来占卜吉凶，形成一种思维上的依赖。八卦图形雕刻在建筑构件中的根本意义为“天人感应”，人们认为天地万物的自然变化与人类的生存法则息息相关。[2]于是，在风水学中，将八卦和五行、干支、四象相结合，形成实用型的风水八

① 刘辉：《鲁北地区乡村住宅的节能研究——从层高相关因素分析》，硕士学位论文，西安建筑科技大学，2006 年。

② 参见于民雄《“道法自然”新解》，《贵州社会科学》2005 年第 5 期。

卦图。其中先天八卦主“生”，用于预测人类的衣食住行及生老病死；后天八卦主“克”，用于预测人类的祭祀、婚丧嫁娶及乔迁等事宜。风水学还设计出具体的八卦图形和九宫八风图，将金、木、水、火、土五行和天干地支、四季节气对照到表格之中，就可了解所居之人的吉凶祸福。

（三）八卦图形在钓源村建筑构造中的运用

钓源村内的八卦图形，就是根据房主的命相与天象，相生与相克的关系所编制的。每幅卦画都有特定的内容与警示意义，如在一民居门楣上挂有卦画，卦的形状上下排列整齐。上面三爻称“震”，下面三爻称“坎”，是八卦中的两部分，组合起来的卦名为“解”。每爻的意义都不同，整副卦画的意义为：告诫户主应往西南方行走，有利；如没有明确目的地，请原路返回；如目的明确，就早去早回，吉利。古人将自己的行为意识神圣化，对神灵占卜等行为具有依赖性。选择将其卦象刻在房屋建筑构件中，一方面是对“趋吉避凶，繁衍后代”的象征，另一方面是寻得心理的自我安慰。（图 2-36）

图 2-36　钓源村明代古民居隔扇
（图片来源：李梦星《中国最美古村落 江西・吉安：钓源村》）

钓源村内的“海涵坛”也是刻有八卦图形的辟邪之物。钓源民居大多厅堂之上位于前梁正中之处或大门上方处，会嵌入一块外凸的半圆形木盘，一寸多厚，外形像半莲花状。所处位置又像是方便燕子筑窝的木盘，仔细观察，不难看出上面篆刻的八卦图形。“海涵坛”上会固定一个瓷坛，在瓷坛中盛放生米及一块白布、一包茶叶和几个铜钱，还有一道平安符。此“海涵坛”也象征着风水学中的“山海镇”桃木剑，有辟邪的寓意，只是稍加改进，在外形上更加精致及具有建

图 2-37　钓源村海涵坛
（图片来源：李梦星《中国最美古村落 江西·吉安：钓源村》）

筑构造意义。（图 2-37）

“趋吉避凶，繁衍后代”这些美好思想，都属于文化心理方面的自我调节，表达出人们对美好生活的期望。在实际生活中仍存在客观因素，并不能保证人们一定万事吉祥，幸福安康。正如今天人们的和谐相处，与日后的实际结果不一定有必然的联系一样，“趋吉避凶，繁衍后代”是当时人们在房屋建筑构造中所表达出的强烈愿望与执着追求，代表的是对生活的美好期望与对自然的崇拜精神。

第五节　宗族文化在钓源村景观节点中的反映

一、“七星伴月”的美好寓意

（一）“七星伴月”的形态特征

庄山村内有座连接南北民宅的仿古廊桥，桥东有一口水塘，桥西则分布六口水塘。中间稍大的水塘，用青石板做成外挑台阶，供人们日常生活用水，旁边有两口古井供村民们饮用。七口水塘与两口椭圆的古井，共同组合成“七星伴月”的形状。也有另一种说法，“七星伴月”不是指这七口水塘，而是指七块大小相等的斗形水田（“文化大革命”期间改为池塘），排成北斗形状，水田西北口的古井，则象征月亮。以上两种说法，都可推断出古人追求天道与人道、自然与命理相通的思想，试图根据天象和星辰的运动轨迹来推测子孙后代的吉凶祸福。钓源祖先将天象与地理环境相结合，营造出“七星伴月”的风水景观，寄托着村民对家族后代的美好期望，希望钓源村的将来能像北斗星一样永恒，繁荣兴盛。（图 2-38）

（二）蓄水集污的重要作用

图 2-38 钓源村“七星伴月”中的古井
（图片来源：李梦星《中国最美古村落 江西·吉安：钓源村》）

为了适应当地的自然环境，钓源先人通过对八卦《易经》的研究，将村落与水塘相串联，力图达到“天人合一，负阴抱阳”的和谐统一的境界。利用钓源村的地理环境，因地制宜，将村落的房屋建筑树立在两边较高的山坡上，而在中间低洼处依东高西低走势，人工开掘出七口水塘，再通过池塘间的通道将两边村落联系起来。而这七口水塘在村落排水中起着重要作用。第一，水塘是全村排水集污的中心枢纽，由于钓源村三面环水，背靠长安岭，雨季时大量山水可依地势顺坡排入池塘，使村内较少产生积水，形成“大雨不积水，小雨不湿鞋”的排水特征。最西头的池塘装有总闸门，水流过大、水量过多之时可放水泄洪；枯水季节，可从东面较高池塘引入池水，灌溉农田庄稼，所以池塘既可蓄水灌溉，又可放水泄洪。水流的不断注入，使池塘水源多为活水，水质清澈，对村民生活及耕作极为重要。第二，水塘是串联两边村落的污水肥料池。村内池塘的有机成分较高，营养物质丰厚，适合栽种莲藕及水生植物。秋收后农闲之时，村民们可把西头池塘的闸门打开，待水流干之后既可摸鱼、摘莲蓬、挖莲藕，又可利用池内肥料灌溉庄稼，可谓一举多得。第三，钓源村落池塘面积占村落面积的三分之一有余，可起到调节村内“小气候”的作用，使村落形成冬暖夏凉的良好气候特征。

二、“三门两锁”的风水景观

（一）“三门”——牌坊

牌坊是古代社会为了表彰先人获得功勋、科举、忠孝仁义所建立的标志性建筑物，后来为了扩大其影响力，常设置在进村入口处或村镇街道的中心地带，营造出庄严肃穆的氛围。牌坊也为了弘扬科举制度，文章节义精神，通过赞许先人的英雄事迹和高尚的气节，来提升整体村落的文化背景和文化品位。

钓源村民遵循风水理念，将村落周边的山野环境进行改造。在村西南端的低洼稻田中，自三里开外筑起三道人工堤，竖起三座横跨古道的大牌坊，这三道人工堤似风水学中的“乾卦”，利用“破”的方法，挡住直冲。

1. 牌坊的宗法理论

牌坊中的“坊”字来源于里坊制度中的“坊”。如闽南的三坊七巷，就是里坊制度的代表。隋唐末期，里坊制度将人们按照区域分开管制，坊与坊之间设立墙体相互阻隔，呈封闭空间，并且各坊均有一门牌，用以张贴考取功名或有丰功伟绩之事，以示表彰。但是里坊制度严重阻碍人们的相互交流与商业活动，人们常翻街打墙，置里坊制度于不顾，后来墙体被拆，但门牌留存至今，成为纪念性建筑，渐渐成为牌坊。广泛应用为歌颂功德、标榜荣耀之意。牌坊是具有历史意义的纪念性建筑，具有深厚的文化意义，反映出我国的礼教道德观念与封闭的文化思想。在等级制度森严的古代社会，设立牌坊是一件隆重又极具约束力的事情。根据当时记载，只有获得举人与进入国子监读书的人，才有资格向官府申请设立，官府经过审核后才出资修建。

2. “忠节第”牌坊

古庐陵被誉为“文章节义之邦”，先人们将耕读传家、忠孝节义作为钓源村的宗族文化思想，传承至今。将“忠节”二字作为警惕后人的核心思想。庄山自然村的“礼派祠堂”前，有条鹅卵石铺装的通道连接着“忠节第”牌坊。枕山面水，东西民居簇拥，建筑构造为三檐单门，砖砌双面，正面歌颂的是近代科举名贤，家乘风范；背面追悼的是丰功伟业，支派延绵。牌坊前的璎珞柏又名香扁柏，为钓源后裔元代时从广西引入栽种的，历经五百余年，见证了欧阳氏族的兴衰存亡。古老的祠堂、牌坊以及水塘和松柏绘成了淳朴、美丽的乡村画，同时也是钓源村最具特色的景点之一。现今所看到的“忠节第”牌坊其实只是半座，它于“文化大革命”时期，被强行拆去坊顶，只剩与民宅相连的下段。

牌坊名为“忠节第”，有纪念价值。两边侧匾分别刻有“父子登科”与“兄弟连科”字样，表明科举制度的盛行。资料记载，“忠节第”牌坊标榜的是父子三位同在清代中举后入朝为官。欧阳模为兵部郎中，欧阳慎为兵部职方司郎中，欧阳萦为内阁中书。父子三人为官清廉，品行端正。牌坊的正面立柱对联是：“存成谱致，发先人书受今文，诗崇本义，敦旧典以无忘丕承家学；礼义不愆，思上世分支渤海，派衍钓源，环庄山而聚处垂裕后昆。”主要意义是表明礼派宗族的发展沿革和继承诗书礼仪的传统。两侧的楹联为“忠节寸心足万古，文章一字值千金”，直指“文章节义并重”的主要意义，彰显着庐陵先人的忠节义气。（图 2–39）

图 2–39　钓源村“忠节第”牌坊
（图片来源：李梦星《中国最美古村落 江西·吉安：钓源村》）

（二）“两锁”——定安寺，浮屠塔

“两锁”由定安寺和浮屠塔组成，阻挡了财气的外泄。定安寺始建于元、明之际，寺中以供奉真身菩萨而得名。真身菩萨是由僧人坐化之时以生漆淋漓而成，称之为“生漆鎏”。安放在殿堂上的这座“生漆鎏”双手交互平悬胸前，身微向前倾。其双目睁圆，有一种凌厉之感，使村民衍生敬畏心理。相传该僧人年轻时为窃匪，杀人、抢劫无恶不作。直到中年醒悟，出家为僧，广传佛教道义。由于他改邪归正，弃恶从善，故数百年来，定安寺内香火鼎盛。但相传“文化大革命”时期，恶霸地主将“生漆鎏”偷偷搬离，埋置荒野。此后，江西境内唯一的真身浮屠毁于一旦。（图 2–40，图 2–41）

图 2-40　钓源村定安寺遗址

图 2-41　钓源村浮屠塔遗址
（图片来源：李梦星《中国最美古村落 江西・吉安：钓源村》）

三、“歪门斜道”的庇佑文化

（一）“歪门”——65 号民居古宅

所谓“歪门”，就是房屋大门不与墙面平齐，门框、门柱与墙面偏向。“歪门”与我国风水理念相关，《黄帝宅经》中记载：“人因宅而立，宅因人而存，人宅相扶，感通天地。”反映出天地、人运、住宅三者之间相互联系、相互影响的关系。风水学家按后天八卦的方位推算出人的命理及住宅的卦象，确定东西四宅法。按住宅方位和五行推算出人的命相和住宅的卦象是否相生或相克。如若相克，必要“避煞”，最直接的方法是改变房门的位置。因为门是决定住宅风水的重要因素，所谓“阳宅三要素”中，“门”为首。钓源村 65 号民居的大门，在建房之初有明显的改造之迹。或许是

房主遇到灾祸认为“命相”与“宅相”不符，故将大门朝向故意改造偏离至西向，来达到“吉宅”的心理需求。（图2–42）

图2–42　钓源村65号民居“歪门”（资料来源：李梦星《中国最美古村落 江西·吉安：钓源村》）

（二）“斜道”—— 多斜巷、喇叭巷

钓源的“斜道”很多，但巷窄路斜为何如此普遍地存在于钓源村内，则是因为钓源先人信奉“顺其自然、因地制宜”的“斜道”理念。钓源村的整体地势由东西走向的S形山冈环抱，房屋依山势而建，有的坐落在低洼处，地势较平；有的建在山冈上部，地势陡峭，房屋依山就势，所以分四面朝向。渭溪村坐落在S形上部，所以大部分房屋坐北朝南或坐西朝东。庄山村则相反，在下部弯环里，四周水塘环绕，北面为山坡，南面为山冈。于是，水塘之北的房屋，坐北朝南；水塘之南的房屋，坐南朝北。风水学中，房屋的不同朝向都有吉凶之分，所以在不改变依山就势的择址环境下，只能改变房屋的建筑布局，于是出现了房屋折角，巷道歪斜的现象。另外，山冈坡度与走向的不同，使房屋依山势而建，形成宽窄路面。

无论是从古至今沿用下来的鹅卵石还是青石巷道，钓源村均向房屋两侧倾斜或偏向，墙面折角多、直角少，街巷多为梯形、喇叭形道路。钓源村建筑布局暗含先人们内心深处美好祥和的心愿，可以从巷道中体现。村民欧阳金寿的民居中有清代院落，西北方向的墙壁向内弯折，形成四处转角；村民欧阳新祥居住的明代房屋，有巨型青条石门框，左侧嵌入墙壁约20厘米；与“纶祖祠”相隔的圆弧形照壁，是长22米，高5米的巨型照壁。这些钓源人所建的独特建筑及巷道历经数百年的时光留存下来，钓源人追求自然与人为、天道与人道的完美结合，形成纯生态理念。（图2–43，图2–44）

喇叭巷北宽南窄，青石板铺砖，路面平滑少泥泞，各出水口相连，形成下雨不湿鞋的干净道路。两边折角墙壁相连，还有钓鱼窗的设立，反映出钓源村村筑鱼尾，依山就势，靠山面水，四面为大的建筑理念和路斜、墙折、巷曲，围祠而居的村落布局形态。

图 2-43　钓源村折角墙
（图片来源：李梦星《中国最美古村落 江西·吉安：钓源村》）

图 2-44　钓源村三角墙
（图片来源：李梦星《中国最美古村落 江西·吉安：钓源村》）

钓源村蜿蜒而至的大街小巷均有特色小景。在建筑的阁楼侧墙上，开出一条巨石砌架的长方形洞口，这一洞口是能在家里观望远处戏台的家用观戏窗，戏台多位于村落的中心，距离住宅较近，方便周边村民观看（图 2-45）；而在短巷的外墙边缘有一面方形的小洞，洞口由青石墙挡住，原来这个洞口是方便住宅主人向外垂钓所设立的钓鱼台。（图 2-46）钓源村落的精致，所到游客，无不交口称赞。吸引人们的是钓源

图 2-45　钓源村民居看戏窗台
（图片来源：李梦星《中国最美古村落 江西·吉安：钓源村》）

图 2-46　钓源村钓鱼巷
（图片来源：李梦星《中国最美古村落 江西·吉安：钓源村》）

先人为后人所留下的谜一般的“歪门斜道”，传承下来的是告诫子孙应永不懈怠，奋勇向前，开拓进取，与时俱进的积极向上的精神。

四、钓源村空间形态价值分析

（一）钓源村空间形态文化价值分析

1. 钓源村选址布局中的宗族环境观

钓源村选址布局中讲究的是“天人合一”的村落选址理念与“依山就势，靠山面水”的布局模式。前者在钓源村的营建过程中具有极大的指导作用，在村落选址时，讲究顺应“人法地，地法天，天法道，道法自然”的思想，所表达的含义也正是人与自然应和谐相处，尊崇自然，因山就势，尽量减少对原有空间地形的改变，“辅相天地之宜”。后者尊崇的布局模式是以发挥人类主观能动性为前提，有意识地选择地理环境，因地制宜，改变村落布局，建造适宜人类居住的生态家园思想。钓源村落空间的分隔，也受宗族理想化思想的影响。

2. 宗族文化在钓源村景观节点中的反映

由宗族信仰聚集的村落形态在地域发展中占据一定空间。世界各地的自然状态与环境发展中，都有各自的宗族信仰与文化传承，形成不同的文化积淀。宗族作为一种文化现象，它的形成和文化内涵的鉴定与地理环境有着直接的联系。这些文化景观与宗族信仰及宗族文化具有同一性，成为当地最具特色、最具魅力、最具影响力的文化特征。钓源村空间形态的形成与发展离不开地理环境这一重要因素。同时，体现出钓源先人在择居选址过程中的因地制宜，顺应自然环境的生态理念。通过对自然的崇拜而形成对宗族的崇拜，客观上起到了保护自然生态的作用。钓源村景观节点中体现出的文章节义精神，保留着庐陵固有的忠、孝、节、义思想，具有其本土性与社会性，成为社会生活的一部分，具有极其重要的文化价值。

（二）钓源村空间形态保护价值

1. 钓源村因地制宜的空间形态具有保护价值

钓源村的空间形态特征为“依山就势，靠山面水”，最基本的布局模式为“围祠而居”。平面形制多为一明两暗三开间，单元组合则暗藏风水玄机。钓源村由庄山、渭溪两个自然村落组合而成，东为渭溪村，西为庄山村，以东西走向的S形长安岭为屏，两村分别位于太极八卦中的“少阴”位和“太阴”位。“围祠而居”为钓源村落居住空间的最大特点，改变坐北朝南的朝向特征，形成多种朝向，适应“围祠而居”这一布局模式，大胆破除南北朝向的建房规则，根据当地气场变化，巧妙运用形式派风水原则。在村落墙体上，大多使用折角、斜角，形成“巷曲、路弯、四面为大”的街巷特征，此种独特空间形态模式，表达出钓源先人因地制宜，遵循自然条件，追求人与自然和谐相处的生态原则，极具保护价值。

2. 钓源村典型的乡土建筑样式具有保护价值

钓源古村在历史发展过程中，经历过太平天国运动和近代革命战争。至今仍保留明清古建筑130余座，其中包括祠堂、庙宇、书院，以及别墅式庄园。在建筑结构中，祠堂大多保留天井合院式平面形制。民居建筑大多改变天井模式，在大门上方采用“元宝”形作为“天眼”，进行采光与通风，不但节约了空间环境，也改善了屋内潮湿的状态。从天井到“天眼”突出了建筑样式的不断更新与改善，体现出钓源村民追求建筑与自然的和谐统一的愿望。在外观上采用青砖灰瓦马头墙、石条门，还有重檐边宅式、海涵坛等极具当地特色的建筑构造，形成了典型的赣中建筑样式，具有保护价值。

钓源村因地制宜，暗藏太极八卦的村落布局形态，反映的是“天人合一”、遵循自然的生态思想；“围祠而居”反映的是收族睦族的迫切要求；“明厅暗房”反映的是隐秘居住的生活理念；多姿多彩的民风民俗体现出多种传统思想的融合发展。这些极具当地特色的宗族文化，是物质化的思想观念，表达出钓源村独特的人文特色，在当下的社会中具有极其重要的历史意义和极高的保护价值。

第三章　钓源古村的民居建筑

第一节　钓源古村的民居建筑形制研究

“形制”一词在《辞海》中的解释有两个意思：一是占据有利地形从而制服对方；二是指形状制作。当然在这里“形制”是用于建筑领域，取其二之意。“建筑形制”是建筑造型及其内部生成的机制，是建筑最基本的特征。中国的民居形式按照类型学可分天井式民居与合院式民居。

江西地处北回归线附近，为亚热带湿润季风气候。全年气候温和，雨水充沛，光照充足、四季分明。在长期的经济与社会的发展进程中，江西民居的建筑形制有其地方特色，虽然尚未形成具体的“江西风格”，但在全省的民居数量上来看，“天井式”民居成为江西地区的主流建筑形制，除了赣南的个别地方外，几乎覆盖全省。迄今为止，此类型民居保留最为完整，形式最为丰富。合院式建筑的来源基于北方中原地区，其形态特征是以一个中庭的空间部落为中心。东西南北四面朝向用房屋围绕起来形成一个封闭的庭院。庐陵地区出现了将天井与合院结合在一起的民居类型——“天井院”式民居与中小型的独立民居。

一、钓源村落的建筑类型分析

建筑类型的发展可以追溯社会的生产与发展，由于聚落的形成，人类的劳动模式从简单到复杂，社会的分工是由粗略到精细，建筑也就配合着人类的这种进步逐步发生变化。意大利类型学派认为，类型具有时间属性，在不同的时间段，受当时社会、政治、文化、经济条件的影响，每个地区会产生不同的类型。“在同一地区，类型随着时间连续演变的过程称为类型过程（Typological Process）。”[①] 由于各类建筑在社会生产中的分工不同而导致其功能形式发生改变，越来越多地展现出它们不同的特点（Character）。在建筑学上就产生了分类的概念，按功能大体分为：居住建筑、宗教建筑、公用建筑和工业建筑。按地域划分，我国传统民居的类型则被划分为南方“天井式”与北方“合院式”。

江西民居的布局形式大部分是以天井式格局呈现。江西一些地方把天井称为“明堂”。民居的单位是以“进”为单元构成庭院，狭义的“一进”是指以天井为中心，环绕其周围的上堂、下堂、上下方及厢房等生活居室为单位。因此，在江西民居的建筑形制中“井”与“进”的关系是相互联系，不可割裂的。“天井式”院落种类多样，尺寸大小考量较少，一般都是一、二层结构，城镇多为一层，农村多为两层。

除了天井式的基本格局外，我们还要强调一下平面布局的基本形式。“一明两暗”型是民居布局的基本型，这种简单的形式也是其他类型平面格局的基础，可以说是其他所有平面形制的原型。[②] 早在西汉时期，“一堂两内”的民居形式就已经普及。《晁错：募民相徙以实塞下疏》中记载：“臣闻古之徙远方以实广虚也，相其阴阳之和，尝其水泉之味，审其土地之宜，观其草木之饶，然后营邑立城，制里割宅，通田作之道，正阡陌之界，先为筑室，家有一堂二内，门户之闭，置器物焉，民至有所居，作有所用，此民所以轻去故乡，而劝之新邑也。”通过晁错的论述我们知道“一堂二内”在当时已经非常普及。“一堂二内”（图 3-1）的布局形式分为两种，一种是“前堂后内”，即厅堂在前，面积较大。两内房并列于前堂的后面，面积相加与前堂面积相等，平面形式基本对称。另一种是“中堂旁内”，即厅堂在中间，两内房在左右。平面形式可以看作大小相同的横向三开间。

钓源古村在文化与建筑营造上很大程度地体现了赣中地区传统民居建筑的特征，从功能与使用角度可把钓源的民居建筑分为住宅、祠堂、书院、钱庄以及牌坊等，并按其形制特征进行深入分析。

---

① 陈飞：《一个新的研究框架：城市形态类型学在中国的应用》，《建筑学报》2010 年第 4 期。

② 参见李晓峰、谭刚毅主编《两湖民居》，中国建筑工业出版社 2009 年版，第 210 页。

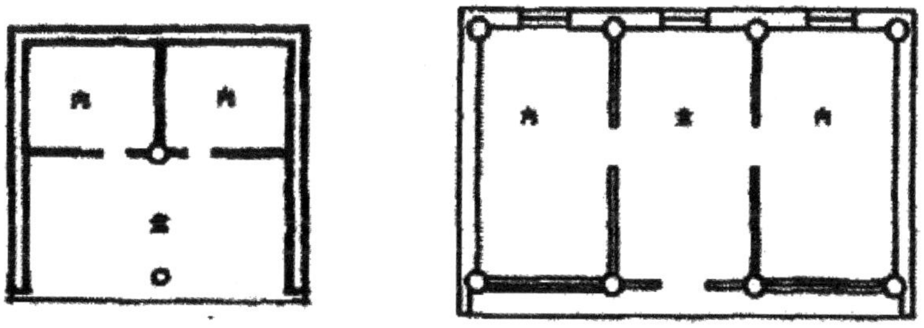

图 3-1 “一堂二内”示意图
（图片来源：刘致平《中国居住建筑简史》）

（一）住宅

最为基本的建筑类型住宅是人类起居的基本活动空间，它们遍布各地，凡是有人活动的地方都会出现住宅，因为自然环境与历史环境的千差万别，住宅需要适应各种不同的自然条件、社会条件与文化传统。美国建筑评论家阿摩斯·拉普卜特（Amos Rapoport）在《宅形与文化》中指出：“用于居住的房屋不仅仅是一种物质形态的建筑，而且是一种组织形态的制度（Institution），这种制度产生于一整套复杂的目的和信念。”[①]这句话充分表达了阿摩斯·拉普卜特对于住宅作为原始空间的一种肯定。住宅又是各类公共建筑的原始模型，无论寺院、宫殿、祠堂、书院，它们的基本格局与结构方式均是以住宅为蓝本的。

“天井式”住宅的平面形式在江西比较稳定。由于明朝等级制度森严，对住宅的规模都有明确的规定。《明会典》(卷三·六十一部）记载：“庶民所居房舍，不过三间五架。”因此，明代的江西住宅都遵守这一规定，整个房屋平面呈矩形，布局紧凑，天井的长宽比例约为 1∶1，廊与墙围绕天井中轴对称，形成封闭庭院。有利于次间的采光。其中，三开间一进一井的天井式民居是最为基本的平面类型，它围绕中心天井布置正堂、倒座、后堂和多个房间，正堂与倒座有通道式的轩廊，轩廊两侧开设侧门，可通向外街。其平面紧凑，简约而不简陋。部分民居根据户主的财力与功能的需要以三开间多进式或多开间多进式呈现。可以说，天井式民居成为江西民居的主流类型。

---

① ［美］阿摩斯·拉普卜特：《宅形与文化》，常青、徐菁、李颖春、张昕译，中国建筑工业出版社 2007 年版，第 3 页。

除了天井式民居的基本形制外，庐陵地区的中小型独立民居的建筑格局呈现较多，这些民居多是以“三开间，一厅四房”的独立式格局呈现的。宅基面积小，巷道空间窄，室内不设天井，高位采光，使用“天眼”，院落呈现独立住宅形式。由于院落单元的组合方式保留着深层的空间结构，在院落单元空间转换的同时不涉及具体的空间形式，再加上空间的组合模式在当地人们的自发意识中也较为固定。因此，住户在改造时只加进深长度，保留了前后堂的规模。

钓源民居的平面结构是庐陵中小型民居的典型代表，“一明两暗三开间”格局使明间为厅，暗间为房，前厅宽大，后庭较小，称作一厅六房，当然也有一厅四房的，布局与结构紧凑自由。除了这种规整的形式外，还根据户主身份、地位、财力的不同使住宅的样式各异，其形式大致分为：两进四厢式、前庭后院式、左院右宅式、数进数厢式、边宅式与倒宅式。但“三开间，一厅四房”的独立式住宅居多。住宅一般都在南向设立朝门，负责进出。住宅四周由墙体围合形成封闭空间。进入朝门就到了房屋的厅面，俗称“前厅”，前厅两边由上、下房组成，两侧通道贯穿后厅，形成朝门、主序列空间、后房的序列空间。

主序列空间由厅面、后堂组成。在整个住宅中规格较高的房屋由长辈居住。并按东为贵、西次之的方式，按辈分依次排列。根据其规模，部分民居还在后堂的基础上设置过廊。如49号民居为直进式一厅六房，前厅宽大，与后堂的中间有过廊，廊前部设置排水沟。次序列空间是指沿主序列空间横向的左右空间，这部分空间可以包括上、下房及其他空间，如庭院、柴房、厕所等。形成了单线轴与多线轴规整的平面布局。

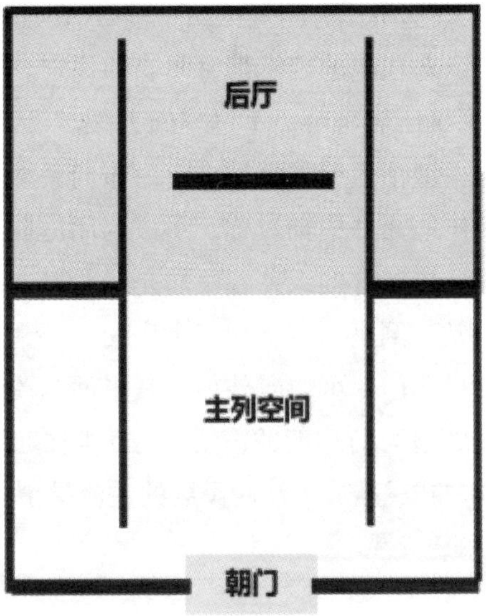

图 3-2　三开间基本模式

整栋建筑按其功能组成了朝门，前厅，后堂，上、下房。朝门即民居的大门，居中于房屋外侧，一般由三开间组成。前厅是整栋建筑中开间最大的，也是全家日常的活动中心，还是整个住宅中精神的核心所在，多数民居在前厅与后堂的交接处供放神龛。后堂为寝屋，是内眷休息的地方，与前厅相隔。左、右、上房是家眷的寝室，倒座为仆人处所。体现了封建礼教的居住理念。下面是钓源村现存民居建筑的一些基本信息统计和整理。（表 3–1）

表 3–1　钓源古村民居统计资料表

位置	年代	开间	平面基本类型	结构形式	建筑基本情况
渭溪村 1 号	明晚期	3	基地面积 135 平方米，建筑面积 215 平方米，直进式，一厅六房	砖木，穿斗式结构。平大门为眠砖，檐为两眠一斗结构	户主：欧阳群英 钓源最古老的房子之一，保存基本完好，销蚀较多，厅堂两边门均有镏金雕刻，屋旁原有门坊
渭溪村 3 号	清中期	3	基地面积 275 平方米，建筑面积 461 平方米，一厅六房	砖木，穿斗式结构。平大门为眠砖，檐为两眠一斗结构	户主：欧阳定如 原为书舍，现为菜园和养殖畜禽之处，左边宅设厨房，餐厅保留基本完好，为钓源村庭院式住宅代表
渭溪村 9 号	清道光	3	基地面积 135 平方米，建筑面积 215 平方米，直进式，一厅六房	砖木，穿斗式结构。后院有围墙，左侧边宅	渭溪村中部，钓源村大型院落式住宅，厅堂两壁板和门上方的隔扇保留完整
渭溪村 22 号	清晚期	3	基地面积 145 平方米，建筑面积 201 平方米，长 15.8 米，宽 9.19 米。直进式，一厅六房	砖木结构，砖块较大，檐为两眠一斗。楼板下方隔板为竹篱粉敷，木檩条承托屋面	户主：欧阳武生 厅堂两边隔扇无雕刻，有清代建筑特征。石窗饰镂空图案，保护较为完整
渭溪村 30 号	清晚期	3	渭溪村中部偏东，呈三角形。基地面积 135 平方米，建筑面积 190 平方米，长 16.63 米，宽 20 米（含厨房）。直进式，一厅六房	砖木结构，砖混结构，眠砖到檐	户主：刘大妹 厅堂两边隔扇无雕刻，较为简洁，前屏墙后庭院，左厨房
庄山村 14 号	清道光	3	基地面积 2127 平方米，建筑面积 2580 平方米，长 16.63 米，宽 20 米（含厨房）。直进式，一厅六房	三连栋院落，钓源村最大规模院落住宅，内部由穿斗式梁柱支撑，外部两眠一斗	又称“大屋场”，每进均有厅堂、厢房，第三进为享堂，为祭祀之处。外有院墙，内有花园，雕饰精美，冬暖夏凉，青石板铺装，排水系统通畅

（续表）

位置	年代	开间	平面基本类型	结构形式	建筑基本情况
庄山村23号至26号	清嘉庆	3	占地面积698.3平方米，建筑面积1064.94平方米，“田”字形对称布局组合式住宅群	“村中村”宅群，砖木结构	又称“村中村”，前有院墙，有倒宅，对称门厅作为厨房和杂物间。青石板铺装，巷道相连。关上房门各自有独立空间，为富商后人“八老爷”所建
庄山村68号	清中期	3	占地面积392.96平方米，建筑面积659.78平方米，单栋，直进式，一厅六房	属于连排带边宅，砖木结构，眠砖到檐，青砖为原色	户主：欧阳安德 直进式，一厅六房，内设小姐房、丫鬟房。房内宽敞，开间较大。属于上等质量民居
庄山村18号	清中期	3	占地面积275平方米，建筑面积461平方米，单栋，直进式，一厅六房	连排带前院，砖木结构，眠砖到檐	户主：欧阳安寿 大门上方饰砖质雨罩，青砖为原色。建筑质量上乘
庄山村49号	明末期	3	占地面积471平方米，建筑面积766.31平方米，直进式，一厅六房	砖木结构，前院后倒宅，后栋前廊为木质结构，木檩条承托屋面	户主：欧阳钟麟 天井清爽干净，前院后倒宅，为一厅四房。原为女眷屋，现为钟麟先生休憩之处
庄山村62号	清前期或中期	3	主房基地面积147平方米，墙长度不同，一边长12.4米，另一边长11.67米，宽11.66米	砖木结构	前院侧近院墙较矮，主房为一厅六房，厅宽敞，两边有回形木格和雕图
庄山村13号	明末清初	2	主房基地面积216平方米，前院长8.56米，主房长11.89米，宽10.57米	砖木结构，主墙两眠一斗	户主：欧阳兆云 元宝形天井保存完整，院墙立屏墙，前院侧近，右侧为倒宅，已经较为陈旧
庄山村44号	清初期	3	基地面积280.92平方米，建筑面积460.03平方米，右墙长19米，左墙长16.97米，前墙宽11.93米	砖木结构，一厅六房，两眠一斗	户主：欧阳先友 房型不是长方形，前后窄宽稍有差距，连三间后院为厨房、杂物室，屋前青石板铺装巷道
庄山村72号	清初期	3	基地面积111平方米，建筑面积186平方米，右墙长8.62米，左墙长5.22米，左侧斜角3.85度	砖木结构，墙基以上两眠一斗	户主：欧阳罗吉 房型不是长方形，左侧为长三角形边宅，主房直进式，一厅六房，较宽大
庄山村85号	明末期	1	基地与建筑面积75平方米，前墙长10.05米，后墙长9.51米，右墙长7.63米，左墙长57.77米	砖木结构，墙基以上两眠一斗	户主：欧阳永祥 房型非矩形，面临水塘。主房直进式，一厅四房，前宽，后较窄

上面的统计资料和调查结果表明，现存于钓源古村的民居建筑按开间数可分为单开间与三开间两种形式，三开间的住宅形式在钓源民居中最为常见和普遍。三开间的民居分别是渭溪村的 1 号至 30 号，庄山村的 14 号至 72 号，其中 23 号至 26 号为“村中村”住宅。85 号住宅为单开间住宅。庄山村 49 号、44 号、18 号、68 号、14 号均为直进式，一厅六房的三开间住宅。同一形式的不同住宅在建筑平面布局上又略显不同。从调研与资料查阅中我们得知，这几栋民居是明清时期的富人住所，从其平面布局来看，具有很高的相似度。下面将上述特征结合钓源住宅的特点，以独栋院落建筑“八老爷”别墅为例来进行分析。

“八老爷”别墅位于庄山村北向东部，坐南朝北，是欧阳杰的住所。八老爷本名欧阳杰，绰号“八老爷”，与宁国知府为叔伯兄弟。该院创建于清道光末年，初为家庙，后八老爷借此养老，院内布局别致，颇富雅趣，四季桂花飘香。

相传八老爷欧阳杰性情乖戾，关于他的故事有很多，村民印象最深的便是留传“逍遥床”的传说：据说八老爷年老以后，特别怕吵，为了不让家人烦，他为四个儿子分别造了“田”字形四合院宅（“村中村”住宅），自己则在别墅里面享福。八老爷特制了一张可以根据光照角度调节位置的花床。早上想睡觉，床可以背着光线；冬天想晒太阳，床可以推到向阳的地方；夏天需要凉快，可以把床移到通风阴凉处；身体哪一部位不舒服，只要按动机关，又可以调控床板的高低起伏。老百姓称八老爷的床为“逍遥床”，但床已被一场大火烧毁，如今只能看见盘于藻井顶部的转轮和部分长短不一的杠杆。

整栋别墅坐南朝北，围墙高耸，院内除别墅外，如今只有一棵开花的老桂花树。从布局判断，当年应有对称的两株四季桂，前院的空地当为花园。该庄院与一般传统庄院不同，其建筑形式具有西洋风格。主要构成元素为：院落、主体建筑（含二门、穿堂、正堂屋、卧室）、天井。这栋建筑现改为村史馆，一楼修整后已成为钓源村的文化艺术展馆。二楼损毁比较严重，部分楼板因长时间没有得到修缮，已经腐朽得不能使用。保护和修复迫在眉睫。

1. 主次分明的平面布局特征

根据调研分析：“八老爷”别墅的平面布局属于“一明两暗三开间”，整个主楼基地面积为 477 平方米，整个建筑是一个“凸”字形样式。建筑风格完全不同于其他民居建筑，属于中西结合的二层楼房，院楼规整。别墅前有大草坪种植花草，左右原各有一棵大桂花树，四季开花，芳香扑鼻，引人入胜。

从“八老爷”别墅的两层平面图（图 3–3）中可见，其形制为前进式，一厅四房，整栋建筑基本呈三开间五架。全长为 16.6 米，宽为 14.9 米。形制结构稳定，前厅开间很大，后堂较小，当心间过厅。厅中没有直接上楼的通道，出口厅堂门右侧的楼房后设立楼梯，楼上的前厅是一个较大的独立空间场所。木制的楼板上铺着方格地砖，用糯米、石灰和砂浆混合而成，酷似水泥。为了加大建筑面积，在两旁设置碉楼与外部环境相适应，整栋建筑呈独栋式，其空间结构与外部的庭院中轴对称，形成内外封闭的独立空间。从院门进入，经过甬道就进入了别墅的朝门，由堂屋、正房、天井组成。但整栋别墅对于厕所及厨房的布局却没有给予细致的划分与布局，这也是江西民居普遍存在的现象。

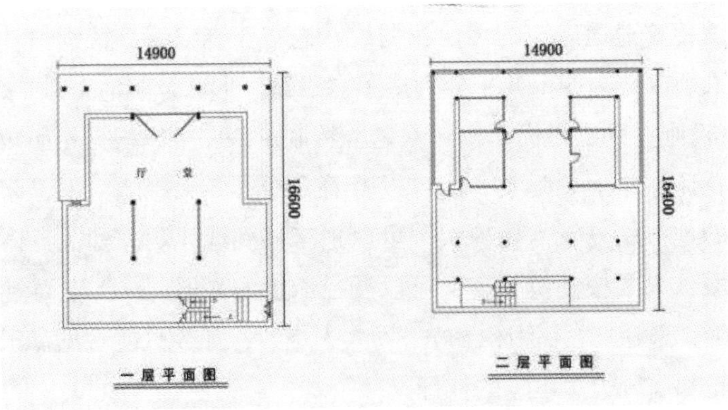

图 3–3 “八老爷”别墅平面图

2. 立面造特征

正立面由于出檐较大，立面在台基上设立柱来支撑屋顶，形似门斗。在这里要强调一下，江西民居在大门入口处向内凹处的门斗使用非常普遍，它与门廊的区别就在于门廊前沿有构置柱廊的空间，而门斗没有。因此在赣中民居中，门斗多用于民居建筑，而门廊多用于公共建筑。

由于当时建筑材料的限制，尤其是民居这样大量的建筑，当地居民也只限用砖头、土坯泥、石料、卵石等少数建筑材料，在制作工艺中质量好、规格整齐，使整栋别墅别具一格。别墅的立面墙体是以木结构作为支撑。

屋顶：“八老爷”别墅的屋顶结构并不复杂，大体上与江西天井式民居的屋顶一样，但也有区别。普通的天井式民居的屋顶是穿斗式构架，屋面的处理方式为“檩搭檩”，椽子断面较宽，出檐长，坡度大。屋顶为“人字形”硬山顶，并用小青瓦做盖瓦，缸瓦做底瓦，底瓦和盖瓦采用“三搭头”的标准进行垒叠。由于屋顶受“四水归堂”理念的影响，天井式民居的屋顶均为“内落水”形式，屋顶特征在处理手法上没有更多的形式。而“八老爷”别墅的屋顶则是四面倒水的歇山顶，四面出檐也大，由青瓦覆盖屋面。中前部位为天窗，为采光、通风、外循环做保障。楼顶中央有一个直径约2米的穹隆形藻井，逐层叠架木杆，形成不规则图形，全部榫接而成。四周镶嵌螺旋纹和小排佛像，据说下方便是“逍遥床”的位置。如今，“逍遥床”已毁，但藻井的机关还留在那里，向人们诉说着它辉煌的过去。

图3-4　“八老爷”别墅及其立面图

墙体：别墅的墙身，正面外墙青砖砌筑。侧面分为两段，上段是青砖，下段则是在青砖墙面涂抹白粉，建筑壁面大部分由白灰抹平。在部分的格栅中采用“鼓壁”来灵活组织通道与空间。

二楼的三面为木制吊楼，楼下两排木桩分割前厅与后室，在厅堂外右侧的楼房后设置楼梯，用近2米的长青石板做台阶，左右两边不等的骑楼，半圆形拱顶，别具一格，成为中西合璧的不朽风范，使整栋建筑呈现出厚重、华丽的感觉。

3. 外部形态特征

上述承担的建筑布局基本是基于整个空间内部的，由于院落的空间不具备上述功能性质，在其空间组合中我们可以大体把它划分为两个功能区域：入口与外院，这两个区域分别承担了内外过渡、对外接待的功能。

入口：别墅的宅院四周有围墙包裹，入口设在与别墅宅门平行的地方，由中间的甬道衔接，自始至终贯穿、对称整个院落。入口的位置并没有设在巽位之中，这与传统北方四合院的大门位置截然不同。

外院：进入大门，穿过入口，便进入了建筑的院落部分，这里是建筑中外部的公共空间，主体楼左右方向各有不宽的骑楼，骑楼前方两边原为花园，种植树木，成为房主休闲娱乐的场所。

（二）祠堂

祠堂是封建制度下供奉祖宗、鬼神或有功人的房屋。中国古代，无论是皇帝、士大夫还是百姓，都有祭祖先的祠堂。《考工记》[①] 特别在城市规划中记载："匠人营国，方九里，旁三门，国中九经九纬，经涂九轨，左祖右社，面朝后市，市朝一夫。""左祖右社"充分说明了祠庙对于人类意识的重要性。皇帝至高无上，其祭祖的建筑叫作太庙。一般官员的祭祀建筑叫作"祠"，俗称宗祠或祠堂，是宗族制度发展的物化产物。祠堂作为一种宗族血缘和寄托精神情感的产物，是传统聚落中一个具有重要意义的元素。为了表达对家族及先祖的歌功颂德，增强家族的凝聚力，城镇、村落都兴建了自己家族的各式各样的祠堂。常建华教授认为："明代的吉安建祠祭祖的盛行与其人文、社会以及自然是分不开的。吉泰盆地开发较早，经济与文化均较强盛，唐宋以来出了不少文人仕宦，多有世家大族。"[②] 到了清代，尤其乾隆年间，建祠之风大盛，几姓氏宗族都有祠堂，分迁移居的家族也有自己家族的分祠。因此庐陵古村最为突出的现象就是至今保留的祠堂较多，使不少研究人员、历史学家、古建筑史家惊叹不已，并不是说其他地区没有祠堂，而是相比庐陵，其他地区没有这般集中。

清代学者任启运在《朝庙宫室考》中对庙的形制有这样的描述："庙，外为门，中为堂，后为寝。"可见庙是院落式布局，前面说过祠堂

---

① 《考工记》是中国战国时期记述官营手工业各工种规范和制造工艺的文献。这部著作记述了齐国关于手工业各个工种的设计规范和制造工艺，书中保留了先秦大量的手工业生产技术、工艺美术资料，记载了一系列生产管理和营建制度，在一定程度上反映了当时的思想观念。

② 李梦星：《庐陵宗族与古村》，江西人民出版社 2012 年版，第 7 页。

图 3-5　外墙与穹顶

图 3-6　“八老爷”别墅

是庙堂发展而来的，因此祠堂基本沿袭了庙堂的“头门—享堂—寝堂”的基本模式。钓源村的祠堂基本都是两井三进的模式，即头门—天井—享堂—天井—寝堂，有的祠堂享堂与寝堂合二为一，满足聚会、议事、祭祀的功能需求。

表 3-2　钓源古村祠堂统计表

名称	年代	结构	现状	形制布局
欧阳氏宗祠	明	抬梁式砖木结构	构架、建筑基本完好	两井三进祠堂
礼派宗祠	明清	穿斗式砖木结构	地面坑洼，构架完好	中型两进双天井祠堂
仁派宗祠	明清	穿斗式砖木结构	构架完好，杂物较多	大型三进两天井祠堂

（续表）

名称	年代	结构	现状	形制布局
文忠宗祠	清道光	穿斗式砖木结构	元末始建，后多次改建，现存建筑为道光二十三年（1843）建，部分破损，内有石雕、蝉联等挂架砖、木雕完好	两井三进祠堂
经祖祠	清	砖木结构	砖、木雕有破损	两井三进祠堂
纶祖祠	明清	穿斗式砖木结构	天花、地面残旧，天井堵塞，后堂破损严重	大型三进两天井祠堂
楚畹公祠	明清	穿斗式砖木结构	天井堵塞，地面铺砖有破损。构架完整	大型三进两天井祠堂
明善祖词	清	砖木结构	砖、木雕有破损	两井三进祠堂

根据表 3–2 我们可以把钓源村落的祠堂分为总祠和分祠两大类，由于篇幅限制，笔者对祠堂的分析以欧阳氏总祠和部分分祠来做研究分析比较。

1. 总祠

钓源欧阳氏宗祠是全族的总祠，也是全钓源村最大、最古老的建筑。始建于明正德年间，隆庆、万历年间扩建，至清康熙年间，由于年久失修，宁州学正清公倡兴重修，到清嘉庆丁巳礼派靖国公三修，清末至民国五年（1916）第四次重修，现存祠堂为民国五年重修后的祠堂。其主体特征不失清代建筑风格。按照《四修惇叙堂钓源始祖弘公祠堂记》碑文记载曰："我钓源之有始祖弘公祠也，在宋元之先，祠制未创，惟有寝室。宋元之后，宗庙遍天下，明正德时都宪三崖公始大修祠堂，并及两庙，前造大坊，爰冬至祭始祖之说，每年冬至，专祭始祖弘公于族祠。自始祖而下者，左右分为两列。合祀死者于一堂，此我祠冬至祭祀所由昉也。至清康熙间日久祠旧，宁州学正清公倡兴重修焉，将远百年，及嘉庆丁巳三修，系礼派靖国公建造……丙壬向，宽五丈五，长十二丈九尺。规模如旧，寝堂略改，更见光昌。右边增修附宅，为收元运旺气，开震巽二门；左边增修一半作书堂。"

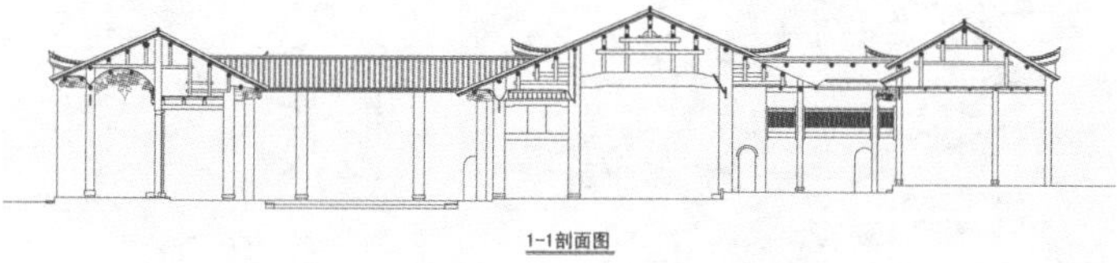

图 3-7　欧阳氏总祠立面图

整栋祠堂坐南朝北，平面呈矩形。现宗祠面阔三间，面宽 19 米，通面阔五间，其中朝门长度为 12 米，进深 45 米，加上边房占地面积共 1057.77 平方米。欧阳氏总祠的建筑形制为两井三进式，分为前厅、中厅和上厅，逐级增加高度。其建筑结构是混合式砖木结构，屋顶为人字形硬山顶，其山墙平行于屋顶正脊，不出山墙。山柱包裹于山墙之内，与高高的廊顶与廊柱支撑起整个屋面。外面阔的立面墙壁为清水墙，墙缝多用沙泥和灰浆勾填。与其他民居相比较，石构件基本没有什么装饰，简单、朴素。

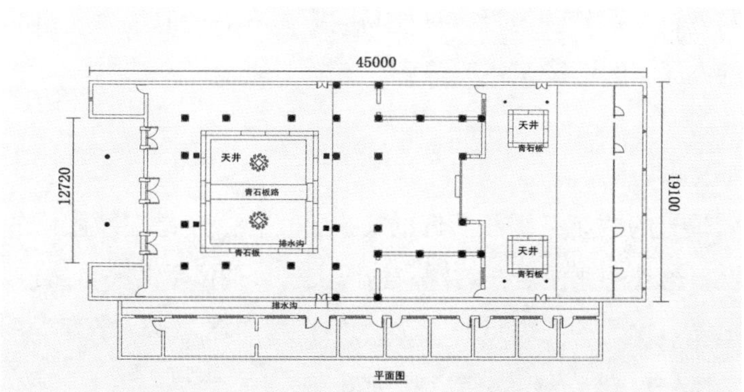

图 3-8　欧阳氏总祠平面图

钓源欧阳氏总祠要显得古老很多。进入前厅，祠中宽大的空间与粗大的堂柱给人一种苍劲的感觉，不禁使人心生肃穆。祠堂中的壁、柱、梁、枋与门楣略有简单的修饰。只是在堂壁与堂柱最为显眼的地方遗留着“文化大革命”时期的革命标语。中厅和后厅分为高、低两层平台，后厅的地板为青砖铺装，由于年久失修，青砖略有崩裂的迹象。中厅上方正中央悬挂着巨型匾额“惇叙堂”三个字，其含义取自《尚书》中“惇叙九族”一语，“惇”为敦厚之意，“叙”为勤勉之意，其

图 3-9　欧阳氏总祠室内图

目的是要教导族人端正思想，发扬族风。

总祠的左侧隔着走廊有一排小厢房，原为书舍，现为钓源村委会的办公场所，值得一提的是欧阳氏祠堂独一无二的建筑结构特色就是它的“品”字形天井结构。其分布特点是前厅下为大型“土”字形天井，与上厅两边的小型“土”字形天井遥相呼应，组成一个“品”字。而天井上方的檐口也和天井一样，共同组成“品”字形，形成双“品”结构，据当地人描述，“品”字形规格的祠堂，只有居庙堂高位、德高望重者才有资格参与建设。尽管钓源没有谁能与欧阳修齐名，但纪念先祖的初心成为每个族人深深的记忆。

2. 分祠

（1）文忠公祠

吉安现有的两座祭祀欧阳修的文忠公祠，一座是在欧阳修的家乡永丰县沙溪，另外一座便是在钓源。钓源文忠公祠位于渭溪自然村东北向，建造于道光二十三年（1843），整座祠堂占地面积为 632 平方米，面阔三

图 3-10　欧阳氏总祠

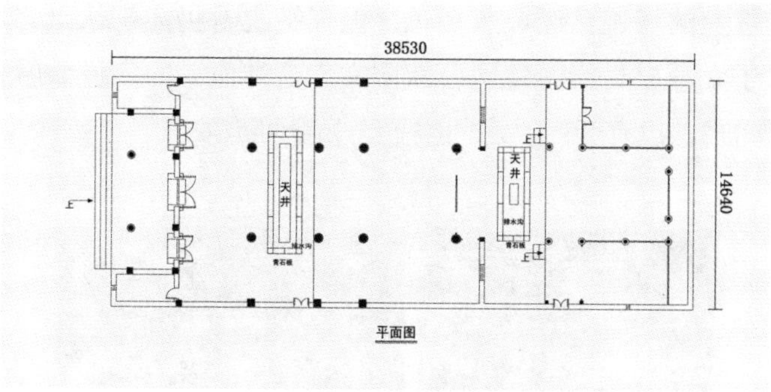

图 3-11　文忠公祠平面图

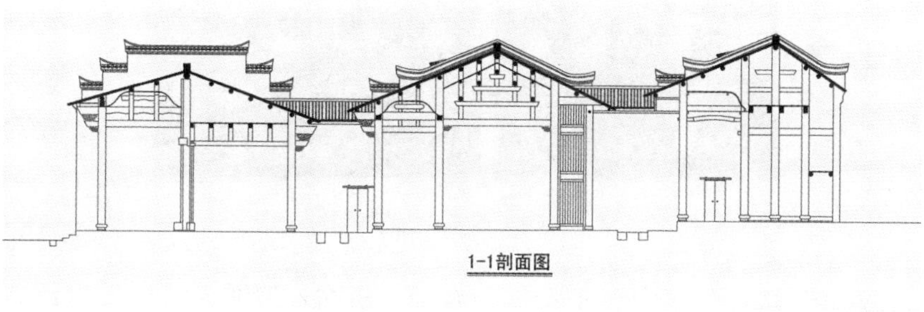

图 3-12　文忠公祠立面图

间，通面阔五间。其形制布局为两井三进式，穿斗式砖木结构。仿木架山墙，眠砖到檐。由于祠堂两侧的山墙高于屋顶正脊，且正前方的山墙为风火马头墙，使整个建筑看起来高大宏伟。从文忠公祠的平面图（图 3-11），我们可以看到建筑外围的五层台基为基面。建筑面宽 14.64 米，心间与次间宽度约为 1 米，从朝门到第一个天井约 6 米，两个天井之间的距离约 12 米。天井两侧设置侧廊。通过实地考察可知，正门两旁的墙体由清水墙铺置，墙缝多用沙泥和灰浆勾填，起到防风及防止雨水渗漏的作用。中柱支撑屋脊，其两端山柱包裹山墙，支撑整个屋面。朝门是三扇将军门。仪门最大，直通祠堂后屋。门扇装在正间脊椽下，上部为额枋，与柱相连。

两边偏门门楣有四个石柱头，从右到左镌刻“文行忠信”四个字，意为“文忠”之意。额枋上的门簪高额悬置文忠公祠牌匾，庄严肃穆。进入祠堂过厅，厅堂空阔宽敞，枋柱间的雀替镶嵌鳌鱼雕饰，意为“独占鳌头”，屋檐上为天眼，地面设置“土”字形天井，布局工整，取“四水归堂”之意。中堂正中的壁龛下摆放着欧阳修神主的排位，由于年代已久，排位上的字迹已经成灰黑色，但仔细观看仍能辨认出“宋观文殿大学士太子太师累封康泰楚国公欧阳文忠公神位”的字样。后堂为一明两暗三开间式，边有旁门，房间空置，如今堆放农具。

图 3-13　文忠公祠室内图

文忠公祠在分祠中属于特殊的专祠。清初，渭溪人经商致富以后，就把祭祀先祖的祠堂修葺得巍峨堂皇，以表达光宗耀祖之情。这座比欧阳氏总祠还要稳固的文忠公祠寄托着钓源人对欧阳修的敬仰和怀念。

（2）仁派宗祠

仁派宗祠仁本堂是长房仁派始祖的祠堂，位于渭溪村西边，其建筑年代可追溯到宋朝末年，后经过多次改建，直至清代其建筑规模确定，现遗存祠堂为清同治六年（1867）建造。整栋建筑坐北朝南，布局严谨、气势恢宏。（图 3–15）整座祠堂占地面积 543 平方米，建筑面积为 485

图 3-14　文忠公祠

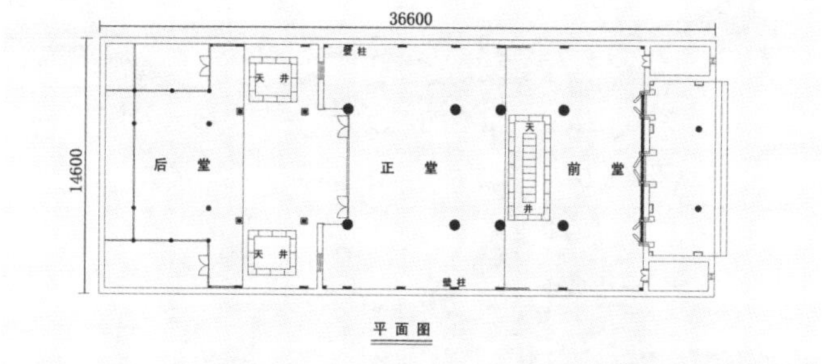

图 3-15 仁派宗祠平面图

图 3-16 门楣局部图

平方米。通面阔五间，面阔三间，其建筑形制为大型两井三进式，四层台基为基面。其布局与总祠相似，含三处天井构成“品”字形，但因年久失修，后堂的两个小天井已经堵塞。祠堂的屋顶是“人”字形硬山顶，由梁架撑托，椽子上部的脑椽与挑尖梁呈 45 度角向下延伸。屋面由青砖铺置。山墙两边顶端高于屋脊，从剖面来看正堂的结构上方是三步架，分别由檐步架、金步架与步架脊逐级排列。前堂墙壁为清水墙，蓝灰勾缝，呈条格图形，美观整洁。天井饰“书卷”“竹节”，寓意深刻。门楣彩绘“文王推车”“刘备招亲”等戏文故事。仪门门簪雕刻瓶、画、书、剑图案，工整细致。整个仁派宗祠成为一代代仁派族人永远的敬仰之地。

（3）礼派宗祠

三房礼派宗祠存礼堂与仁派宗祠一样也是分祠，其地理位置处于庄山村的中心，坐南朝北。始建于元朝末年，明代复修，现遗存的祠堂主体修建于清乾隆九年（1744），整座祠堂占地面积 279 平方米，建筑面积 240 平方米。其建筑形制布局为中型双天井两进式，面阔三间。主体建筑分为前厅和正堂两个部分，后进部分是享堂，享堂东侧原有“神龛”与“福主”。上厅正前方悬挂“存礼堂”木质匾额，下排供奉先祖牌位，工整肃穆。

图 3-17　仁派宗祠

从建筑立面来看，礼派宗祠的建筑结构为穿斗式砖木结构，屋顶是“人”字形硬山顶，山墙为木结构风火墙，顶端低于屋面正脊。墙体为清水墙，蓝灰勾缝，门础石刻均为明代遗存。其中三扇大门依次从边门到

图 3-18　礼派宗祠
（图片来源：李梦星《中国最美古村落 江西・吉安：钓源村》）

图 3-19　礼派宗祠局部

仪门绘制 6 幅文武门神像，门廊外侧的梁柱间饰有鳌鱼木雕，意为“平安泰和”之意。堂前有一条 30 米长的甬道连接“忠节第”牌坊，严谨工整，池塘旁边种植的四棵古柏依次排开，使建筑与自然融为一体，达到了天人合一的境界。

（三）书院与钱庄

1. 书院

书院是汉族民间的教育机构。开始为地方教育组织，最早出现在唐代。南宋朱熹正式确立教育制度，发展于宋代，兴于明代，盛于清代中期。原由富室、学者自行筹款，于山林僻静之处建学舍，或置学田收租，以充经费。后由朝廷赐敕额、书籍，并委派教官、调拨田亩和经费等，逐步变为半民半官性质的地方教育组织。北宋仁宗庆历年间（1041~1048），各地州府皆建官学，一些书院与官学合并。宋神宗时，朝廷将书院的钱粮一律拨归州学，书院一度衰落。

钓源村的书院建设从两方面进行。首先，钓源欧阳氏的始祖欧阳万是唐末乱世的县令，由于他本人在仕途道路上可能没有更大的发展，只能把希望寄予后世，他一直希望子孙能够出人头地，延续名门望族的荣耀。唯一的途径就是通过读书，科举及第来赢取功名。一旦某位族人通过科举走向仕途就成为典范及家族的荣耀，后辈便会受到激励，见贤思

图 3-20　广公书舍局部

齐，发奋读书。因此一辈辈钓源人便把“以耕养家，以读兴家”当作一种人生的理想而不断奋斗，从而形成族人爱读书的良好氛围，因此，相应的书院及学舍就有了一定的规模。其次，在商界闯荡的钓源人，凭借“读”中受到的教化而获得财富，成为商儒并重的角色。这一部分人积累了资金以后除了修宅建祠以外，还把资产投入修建书院与学舍中，让子孙能够受到更为良好的教育。钓源村的古书院、学舍不胜枚举。然而时过境迁，在历史的洗礼中不少书院、学舍已经消失在我们的视线中，如今尚存在的建筑遗址一共有 7 处，其中 4 处保存完好，均为明末清初所建。下面以广公书舍为例来分析钓源古村的书院特点。（图 3–21）

图 3–21　广公书舍

广公书舍位于渭溪村中部，建筑面积为 225 平方米，其建筑形制布局为一井两进式，整个建筑立面的墙壁均为清水墙，蓝灰勾缝，错落有致。由于年久失修，下半部分三分之一处已有破损，从断裂的砖头排放来看，可以断定当时的砌筑方法为两眠一斗。整个书院最为显眼的地方便是在正立面的仪门上方安装翘角木质门罩，门罩上部覆盖青瓦，风格简单、大方。门罩下方的门楣上刻有天地乾坤的木雕，上部写有“广公书舍”四个大字。渭溪仁派的广公后裔是儒商，建造此书院主要是为本家族子孙提供更为良好的教学环境。如今的书院早已废弃破败，里面的建筑构造陈旧不堪，天井被杂草堵塞，室内囤放着农具。早已失去了昔日的琅琅读书声，只是幽寂地伫立在那里，目睹着历史风尘的一切。

2. 钱庄

庄山村西北面的山坡上，有一条被野草掩盖的小道，从东向西望去，在缓缓的山坡上长满了郁郁葱葱的樟树，树旁边隐约有一条条笔直的浅沟，伴着杂草的是散落的碎砖烂瓦。据当地村民们说，这一条条的浅沟是原来的墙基，那条被杂草遮盖的小道便是原来的官道。根据实地考察，路基上铺设鹅卵石路面，可见原来的路面为青砖。150 年前的清嘉庆、道光年间，这里是钓源人聚居最为繁荣的地方，当时的钓源约有 1000 住户，人口过万。这里则是吉安城郊的物资集散地，部分钓源人在湖广、江浙做生意，将货物带回家乡批发零售，因为物价比吉安店面的价格要便宜，于是这里门庭若市，逐渐形成规模，两旁街市繁荣，依次建设了店铺、客栈、钱庄等一系列商业建筑。做官的家眷及富人在乡下，生活丰裕，闲暇时间也多，于是赌场、戏台等娱乐设施陆续建立起来，形成了集商贸、休闲娱乐为一体的乡村都市，有的富人在周边修建自己的私家花园，丰富了街市的结构，逐渐有了“小南京”的美誉。钱庄的建造就是在这样的环境下兴起的。1851 年，清末著名的太平天国运动爆发，咸丰五年（1855）太平军一路势如破竹，从湖南进江西莲花县，经安福进攻吉安，同年十一月到达吉安境内，钓源村民为保护自己的利益，自发地与太平军进行殊死搏斗，然而寡不敌众，仅三日，太平军占领钓源的一切制高点，昔日的“小南京”在战火中化为灰烬。

图 3-22　钱庄

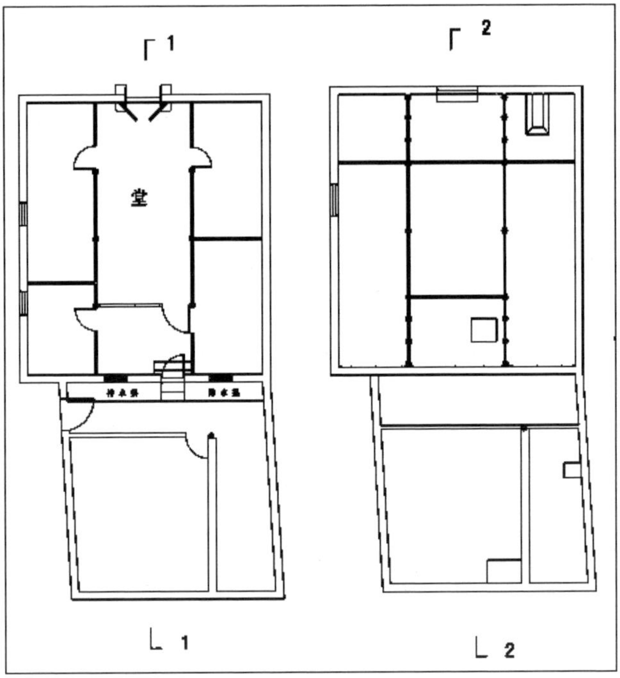

图 3-23　钱庄平面图

钓源古村现遗存的钱庄只有一座，位于庄山村西北边上，明代建成。这座建筑共两层，分为前、后两栋。整个结构为穿斗式砖木结构，依功能划分为前店后宅式的形式，建筑面积为 165 平方米，基地面积为 215 平方米。钱庄前设走廊，里面的铺面格局为一厅六房，后房为倒宅，倒宅内设有客厅和厢房，现为欧阳惠林的住宅。目前前厅的建筑基本完好，后院的构件、地板等破损较大，已失去原有的风貌。钱庄的屋顶是重檐屋面的“人”字形硬山顶，两边的山墙是风火马头墙，阶梯式排列，其结构特征为上短下长，分为两层，一边两垛，共四垛。边缘不起翘，平行于屋顶正脊，使整个建筑显得工整、端庄。正立面墙壁由两部分组成，下部为干摆墙，一丁三顺有序地交换砌筑。上部为清水墙，蓝灰勾缝。前堂走廊中的木质栏杆有磨损的凹槽，据村里人说那是钱庄为做生意在栏杆上叠放银圆的痕迹。幸存的钱庄是曾经繁华街道的重要明证，它目睹着历史的长河，记录着村落的兴衰变迁。

（四）牌坊

牌坊又称牌楼，是封建社会崇高的荣誉象征，起到表彰德行、沐浴皇恩、表现流芳百世的人生追求的作用。牌坊的功能与其他建筑是不同的，它既不具备住宅的居住功能，也不具备祠堂庙宇的供奉祭祀功能，它是一个独特的纪念性建筑。牌坊的前身是由棂星门衍变而来，棂星原作灵星，即天田星。汉高祖刘邦规定："祭天先祭灵星。"到宋仁宗天圣六年（1028）筑郊台（祭祀天地的建筑）外垣，设灵星门，后移至孔庙，用祭天的礼仪来尊重孔子。后人认为在郊台设灵星门是古代帝王为祈求丰年，天佑平安的意愿，与孔庙无关。宋元以后，直至明清，这种建筑不仅设置于郊外，更设置在不同大小的庙宇、陵墓、祠堂和衙署。后来又在街道、里前、路口、园林里设置。既用来祭天，又褒扬功德、旌表忠烈。于是灵星门一度变成棂星门，也逐渐衍生为牌坊。按建造意图可分为标志坊、功德坊、科举成就坊，也可以分为宦绩政声、讴歌孝义之士、旌表节妇烈女等意图。

忠节坊是钓源全村16座牌坊中的唯一遗存，其特征为三檐单门，砖砌双逕。钓源人重视操守，又特别讲究忠孝节义，因此把"达则兼济天下，穷则独善其身"的儒学精神作为人生的追求，正面颂近代科第名贤，家乘风范；背面追远祖功名业绩，支派绵延。坊前的璎珞柏又名香扁柏，是钓源外迁后裔在元代远从广西引种的树木，历经500余年，是欧阳氏族繁衍延绵的活见证。

作为礼派宗祠前的标志性建筑，"文化大革命"时期，忠节坊被当作封建社会的"残渣"拆去了上半部分的坊顶。由于中、下段与两旁的民居相连，大半截牌坊才得以保留。值得庆幸的是坊额的对联尚未抹去，两旁侧匾一为"父子登科"，二为"兄弟连科"，彰显着科举的辉煌，是典型的科举成就坊。匾额上所写到的这父子三人，都是清代中举后入朝为官的宦绩楷模，一位是欧阳模，任兵部郎中；一位是欧阳萦，任内阁中书；还有一位是欧阳慎，任兵部职方司郎中。他们任职时是乾隆、嘉庆年间，正是清王朝兴盛之时，也是钓源古村的全盛时期。牌坊正立面立柱上写着："存成谱致，发先人书受今文，诗崇本义，敦旧典以无忘丕承家学；礼义不愆，思上世分支渤海，派衍钓源，环庄山而聚处垂裕后昆。"主要意思是表达礼派宗族的历史沿革和继承诗书礼义的传统。

这座历史悠久的"忠节第"牌坊是钓源古村的精神丰碑，也是钓源人引以为豪的荣耀。它不仅承载着钓源人对儒学精神的探索与憧憬，更成为古代庐陵"文章节义"的物化象征。"节义"二字展现着它的魅力，散发着璀璨的光芒。

图 3-24 “忠节第”牌坊

二、钓源民居的建筑艺术分析

传统的民居建筑，除了满足一般的居住功能和使用功能外，在建筑艺术上也同样表现出强烈的风貌、地域特色，风俗习惯以及文化特征。建筑艺术主要表现在两个方面，一方面为空间的艺术手法，包括虚实相生、动静结合，人文空间与自然空间的统一；另一方面表现在建筑装饰细部的处理与装修上，包括一些建筑构件及装饰图案等。本章节主要涉及的研究方向为建筑研究，因此装饰部分不做重点分析。

（一）虚实相生、动静结合的艺术手法

虚实相生、动静结合的艺术手法主要表现在钓源民居的建筑空间里。首先，钓源民居的中小型民居户型主要是由门、天眼、厅堂三部分组成，虽然在构造上摈弃了传统的天井，但天眼的开设同样解决了房屋通风、防潮、采光与排水的问题。从某种意义上可以说，天眼是天井的变异。从门（半开半封闭式）到天眼（露天开敞）再到厅堂（开敞式）至两旁的厢房（封闭式），形成了内空间与外空间，明与暗，开放与封闭的交替变换，成为建筑中虚实相对的空间序列。其次，民居将院落与场外空间的有序划分，使村落中的甬道直通建筑的门廊，由近到远拉开了虚与实的空间关系，透过围墙的大门可以看到前院中种植的树木，花草与

图 3-25　夕阳下的钓源古村全景图

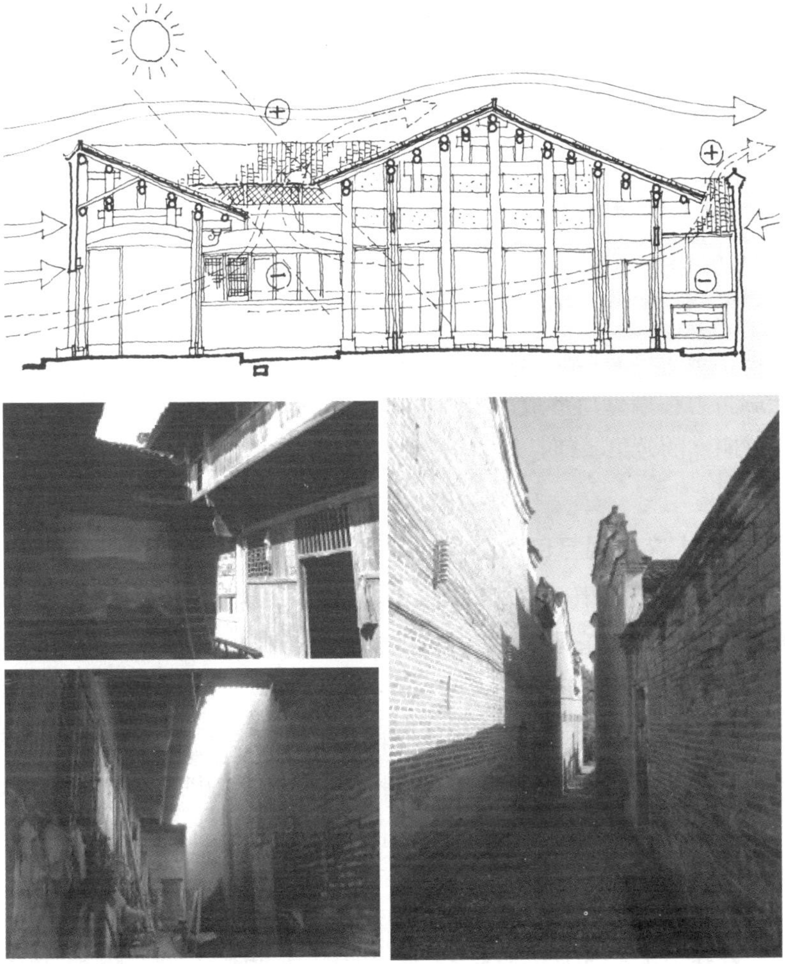

图 3-26　光线与建筑的空间关系
（图片来源：黄浩《江西民居》）

建筑相互渗透，增加了空间的层次感，使庭院精致多变、尺度宜人。再次，“四水归堂”的理念也是钓源民居虚实关系的重要形式，受“四水归堂”的理念影响，钓源民居呈内向型，相邻的建筑用风火墙阻隔，封闭的建筑的整体外观是“实”的一面，建筑的内部则是用天井、天眼来与外界交流，形成了虚实共生的美学特色。最后，“祠宅合一”的建筑形式也包含空间的虚实关系，钓源民居的居住模式基本是围祠而居，祠堂作为中心最为醒目的建筑展现了“实”的一面，而诸多的建筑群围绕祠堂鳞次栉比地排列拉开了空间的层次关系。反之，家祠中住宅与祠堂有序地排列，可以看作一个有机的建筑群整体，与自然环境有机地融入，也构成了虚实相生的美学特点，充分达到了艺术与生活的完美统一。

动静结合主要表现在建筑光源的光线上。美国现代建筑师路易斯·康（Louis I. Kahn）说过：“建筑与光有着密切的联系。”勒·柯布西耶（Le Corbusier）[①] 也将建筑称为“光的赋形者”。这一点在钓源古村的民居中有着明显的体现。光是动的，建筑是静的。精致典雅的钓源民居四周由骑瓦墙、马头墙围起。厅堂前外墙上方的屋面开设“元宝”形天门，使建筑获得良好的通风与采光效果，既保证了户主的私密性，也是与外界接触的第一媒介，因此给人一种幽明的感觉。重檐的屋面是由屋面的檩条横向搭接围合的空间，由于空间紧凑，当外界的光线射入房内，透过光影折射在墙壁所形成的微空间，使光影与整个封闭空间共同产生幽静而又明亮的效果，便是动静结合的表现。

（二）人文空间与自然空间的融入

在传统的民居中，建筑群的空间组合讲究整体、统一的和谐关系，我们不能单纯地把它理解成美学的概念。老子曰：“道冲，而用之或不盈。渊兮，似万物之宗。”“道生一，一生二，二生三，三生万物。万物负阴抱阳，冲气以为和。”村落的建筑空间组合由于受街巷的划分、地形的制约以及同一业主的连续修建的影响，村庄中必然出现若干颇具代表性的建筑组团。李允钰先生在《华夏意匠——中国古典建筑设计原理分析》中指出：“中国传统建筑的每一单位，基本上是一组或者多组围绕着一个

① 勒·柯布西耶，20世纪著名建筑大师、城市规划家和作家，是现代建筑运动的激进分子和主将，是现代主义建筑的主要倡导者，机器美学的重要奠基人，被称为“现代建筑的旗手”，是功能主义建筑的泰斗，被称为“功能主义之父”。

图 3-27　村落与自然的共生关系
（图片来源：李梦星《中国最美古村落 江西·吉安：钓源村》）

中心空间（院子）而组织构成的建筑群。”[①] 因为中国古建筑的历史和理论研究把这些建筑散落的空间布局划分得更具有识别性，与原生态自然融入，达到人文空间与自然空间的“共生”。

整个自然空间中村落的形制深受道教文化影响的钓源村，在建村最初秉持“天人合一”的理念，考虑地形因素，依山就势，枕山环水的向心布局形式美感。俯瞰古村，蜿蜒不绝的 S 形长安岭，形似太极图鱼尾，渭溪自然村在上部中心区居于“少阴”，庄山自然村在下部居于“太阴”，组合成太极八卦，向心展开村落布局。如此布局，是先祖们按风水理论刻意而为之的，符合古代传统择居的理念。S 形的长安岭被两万余棵香樟与枫等阔叶遮掩形成葱郁的植被林，形态优雅美观。再细化到具体建筑中，以祠堂为中心，依次分布住宅及其他功能性建筑，万樟环抱，将自然与人文融入同一个环境中，动静结合，给人“境生于象外”的美学意境。街巷是聚落布局中的骨骼和肌理，院场的空间是通过这些肌理网络的节点来进行构置的。街道宽度仅达到建筑的 1/5 左右，根据当地的风场气流变化，钓源人巧妙地应用堪舆理论，大量使用夹角，形成了墙折、路弯、巷曲等空间形态特点。也就是所谓的“曲巷深弄”。[②]

村中种植樟树，也就是老百姓常说的“风水林”，这些树木构成绿色的天然屏障，起到固气的作用，与远方的鳞次栉比的民居建筑形成遥相

① 李允鉌：《华夏意匠——中国古典建筑设计原理分析》，天津大学出版社 2005 年版，第 140 页。

② 参见卢世主《传统村落历史环境保护设计——以江西吉安钓源古村为例》，《民族艺术》2011 年第 1 期。

呼应的“共生”美景。进入村内，祠堂的规模根据宗族排位分为总祠与分祠。祠堂前的院场空间一般较为宽阔（总祠院场最大），开敞空间多与村道相连，两边水域环绕灵动、秀丽，台基前方设立旗杆石或界碑石营造出庄严、肃穆的环境氛围。

图 3-28　街巷空间

图 3-29　落水空间关系组图

图 3-30　钓源古村的院场空间组图

第二节　钓源古村的民居建筑构造研究

宋代李诫的《营造法式》中指出："规矩准绳之先治；五材并用……才非兼技，不知以材而定分……"也就是说，任何一种实体都存在成为材料的可能性，这是由于材料自身的刚度、强度、形态、质地、色泽等物理性质使材料在建筑中发挥各自的作用。

民居建筑材料可分为结构性材料、功能性材料和装饰性材料三种。各种材料根据其自身的物理性、经济性以及其造型特征，在民居建筑三个部分中形成物质实体，展示民居建筑的造型、体量、颜色以及肌理等。建筑材料的选取通常遵循以下原则：第一，尺度小，容易切割和安装；第二，外形能够多样化处理，并富于质感；第三，有足够的体量；第四，经久耐用；第五，易于建造和维修，便宜、省力等。

一、建筑材料的分析

建筑材料的规范应用必然决定建筑结构。如宋代的《营造法式》、明代的《明鲁般营造正式》、清工部的《工程做法则例》等都对建筑材料做了规范划分，再加上气候、地理等客观因素制约，以及文化的差异使其建筑结构在表现形式上也有不同。下面通过对建筑材料的分析来研究钓源古村的民居结构。

钓源民居在建筑材料的使用上采用因地制宜、就地取材的方式。充分发挥了当地材料的特点，达到了实用和经济的目的。在整个营建过程中，材料大量地采用了当地较为普遍的木材、石材、泥土等，既在很大程度上缩短了施工时间，又降低了建造费用，还充分发挥了材料的美观性。

（一）石材

地处吉泰盆地，四面环山的赣中地区，依靠得天独厚的地理优势方便选取石材。因为当地石材具有耐压、耐磨、不易损坏等特点，所以被广泛应用在钓源的民宅与公共建筑中，如柱础、台阶、天井铺地、巷道铺装等部位。

（二）木材

地处亚热带季风气候的庐陵，雨量充沛，十分利于树木的生长，江西地区的林木主要是樟、楠、楮、枫、银杏树等。由于取材方便、加工容易、易于维修和更换等特点，在民宅与公共建筑中使用量最大，主要作为梁、枋等承重构件和门、户牖等装修构件。

（三）黏土砖块

黏土取材方便，资源丰富，根据当地的做法可以用来制作成土坯砖，在民居建筑与公共建筑的墙体中普遍使用。黏土本身的蓄热性很大，因此多用于墙砖的保温与隔热。

二、建筑构造形式分析

中国传统的木构架形式按承重体系分为“穿斗式”“抬梁式”“井干式”三种形式构架。井干式采用原木叠墙，使用地域有限，多为林区。按地域划分，又可分为“抬梁式”和“穿斗式”两种构架形式。

抬梁式又称叠梁式，是在柱顶或柱网的水平铺作层上，沿房屋进深方向架数层叠架的梁，梁逐层缩短，形成三角构架。其特点为空间大、耗材多、柱子少。一般多见于北方。

穿斗式作为南方主要的木构架形式，是用穿枋把柱子串联起来，形成一榀榀的房架；檩条直接搁置在柱头上；在沿檩方向，用斗枋把柱子串联起来，形成一个整体的框架，其构件特质用料小，整体性强，柱子排列紧密，砖或土坯筑墙围合其结构，达到“墙倒房不塌”的效果。多见于南方。江西天井式民居的基本构架为穿斗式，但因减柱和空间变换的需要而与抬梁式混合使用。

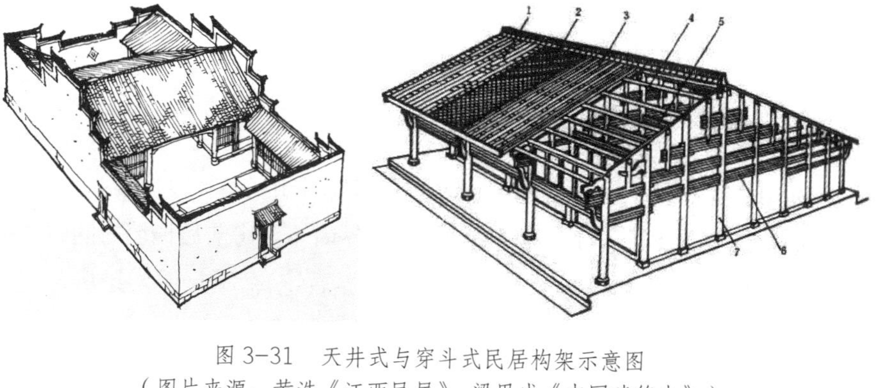

图 3-31　天井式与穿斗式民居构架示意图
（图片来源：黄浩《江西民居》，梁思成《中国建筑史》）

（一）木作制度下的构筑分析

中国建筑在历史演变过程中起到了举足轻重的作用，历代兴造的建筑不仅类型众多，而且数量巨大。这也反映了几千年来中国社会变革与生产力发展对建筑的影响。宋代李诫在《营造法式》中使用了“木作制度”这一关键词，规范了建筑的结构，从尺度到比例，为中国传统建筑的发展奠定了基础。木作制度可分为大木作与小木作。大木作就是我们熟知的柱、梁、枋、檩等组成。小木作（宋代称呼）又称装修，主要为门、窗（户牖）、天花、藻井、卷棚与其他金属室内陈设等。下面就大木作、小木作在钓源民居建筑中的应用进行分析。

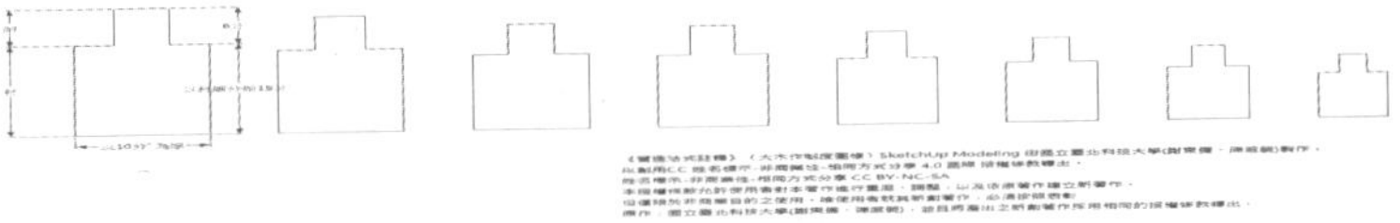

图 3-32　营造法式材料等级分类图

1. 大木作在钓源民居中的运用

钓源古村的中小型民居属于小式梁结构，又称厅堂结构，但也有体型巨大的“天井式”建筑，如祠堂、书院，大木作应用广泛，在建筑中起到承重的作用。钓源民居的承重结构是由砖木混合和穿斗式结构两种形制呈现，被用于天井式建筑。砖木混合构架不同于北方的抬梁式构架和南方的穿斗式构架，不是我们通常认为的全“框架结构”系统，而是由于山墙作为承重的砖墙直接承载屋顶的檩条。

民宅和祠堂的正贴与边贴的特点是柱子直接承檩，各柱间均用几层穿枋相连，组成排架，再以横向的檩、枋构建组合，排列成整体，这种结构制作简单，编排灵活。正房两侧绝大部分都是封闭檐墙，以檐墙为界，可将正屋构架分为界前（正房前檐墙之前）、界内（正房前后檐墙之间）、界后（正房后檐墙之后）三个部分，界前与界后统称“界外”。正房界内，当厅堂为单开间时，厅堂与正房缝上之正贴，不采用减柱造。[①] 当厅堂为三开间时，采用减柱造，增大空间的连通性。由于明代“三间五架”的规定，住户们在空间的拓展上不仅增加了檩距，还增加了界前与界后不明确

① 参见潘莹《江西古代传统民居的大木构架特征》，《农业考古》2010 年第 1 期。

的空间距离。相对于正房，厢房构架灵活多样，一般界内的构架多为三柱五檩式，厢房与正房的贯通多借用正屋的檩条和檐柱。

典型的“抬梁式”架构在钧源民居中运用极少，但因减柱和空间变化的需求混合使用，欧阳氏总祠就是一个典型的例子。总祠的构架是以穿斗式木构架为主的，进入前厅，空间开阔，前厅的木结构为四柱七檩三穿式，一穿枋为叠合板枋，二穿枋则是月梁，连接系栋柱与金柱，月梁曲率较大，矢高约为 1/4，跨月梁上部设短柱，并与栋柱联结起来，由于是明代建筑，其月梁断面异常粗大。门廊上方为弹弓顶棚，顶棚上方铺设可略弯曲的木头望板，因为檩距较大，所以椽子都是断面较大的倒口方木，更有的用起线加以装饰。中厅的廊檐为轩顶，椽桁结合处多有闸椽，以防雨水侵入。上厅经过艺术处理的丁头拱与柱身相连，构造与装饰浑然一体，局部采用了抬梁式构造，即在惇叙堂匾额的两侧增加了两榀抬梁式的梁架，其金柱伫立于地面的 1/3 处，与五架梁相交，半包裹于墙体内部，祠堂的前厅结构使用了减柱造，改变了空间的关系，从而形成了抬梁式与穿斗式构架的混合使用。

表 3–3　钧源欧阳氏总祠建筑构造一览表

名称	欧阳氏总祠室内	名称	欧阳氏总祠室外
三花檩与柱相连构架		三穿架结构	
搁檩砖木混合结构		穿枋	

（续表）

名称	欧阳氏总祠室内	名称	欧阳氏总祠室外
丁头拱		轩廊弹弓棚顶	
天井		天井	
三挑插拱		月梁	

2. 小木作在钓源民居中的运用

钓源民居的小木作应用，除了继承传统赣派民居的形式特征外，也包含其自身的构造特色。下面从三个方面来分析小木作在钓源民居中的应用。

门：钓源村落的民宅都以木门呈现，根据建筑规格与建筑类型的不同，门的构造也表现不一。整个建筑的外立面将重点放置在主入口处，其中包括门罩、门楼、门斗与门廊四种形式。

钓源民居的外门除简单的木门外，还有一副石质或木质的“门仪”。石质门仪一般由门仪石、门梁石、门枕和门槛组成。因为大门是住宅的第一张脸面，所以无论尺度、比例、合缝、磨面、出线都十分讲究，有的大户人家在重点位置设立精美的门档雀替，用汉白玉做门枕，可见门仪在该地区的位置是举足轻重的。无论建筑大小，大门一律都是双开满堂实板门，宽度一般为 1.2 米~1.6 米，高度为 2.3 米~2.7 米，但有的大门也高于这个高度。大门都有铸铁和铸铜的铺首、门环，大型的祠堂还在

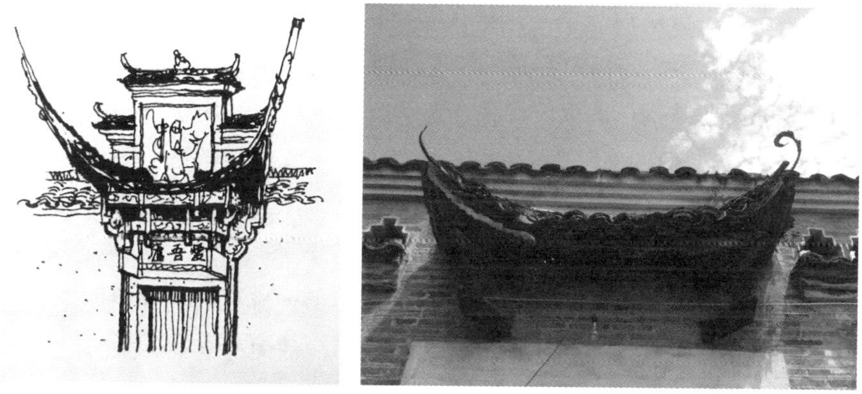

图 3-33　钓源民居中的门罩
（图片来源：黄浩《江西民居》）

门板上绘制门神图案，庄严肃穆，例如欧阳氏总祠、仁派宗祠、文忠公祠等。祠堂与有些大户人家都在其主入口处留置一定的空间作为门廊与门斗来提高建筑的规格，如“八老爷”别墅、楚畹公祠等。部分建筑还在正门前设立精美的门罩，广公书舍就是典型的代表。

图 3-34　钓源民居中的门楣

窗：又称户牖，是除门以外又一个重要的立面构造。窗的形式也非常多样，可以说其种类比门的形式更为丰富。窗是依附于建筑存在的，因而窗的发展也与建筑基本一致。最初的窗被称为“囱”，是人类早期在穴居中满足通风、采光的构筑需要而建的。其后慢慢演化，在墙体的立面开凿窗洞，加以装饰，俗称户牖，因而窗子的功能除通风与采光外，兼有装饰的作用。窗户的形式多样，按类型划分，大致分为直棂窗、槛窗、支摘窗、空窗与漏窗等。在民居的正立面直棂窗应用最为广泛，其结构特点是在窗框内竖立一排排犹如栅栏的棂条。钓源民居的大部分外立面都是矩形平面，窗户都是采用直棂窗的构造形式，其立面简洁大气。

窗的内部结构形式多样，由于绝大部分的民宅都属于一明两暗三开间式格局，根据住户需求，长窗（格扇）的形式也很丰富，例如庄山村49号欧阳钟麟先生的住所，整个后栋的前廊为木质长窗，裙板不加任何装饰，简单、朴素，隔心的窗棂为“步步锦窗棂格”。“步步锦窗棂格”就是由长短不同的横、竖棂条按照一定的规律组合排列成的窗格图案，其图形工整优美，又有“步步高升，前程似锦”的美好寓意，上方的槛窗图案也为“步步锦窗棂格”，使其上下统一。再如庄山村13号欧阳兆云的祖屋，整个建筑为主房连前倒宅型，主房为直进式，一厅六房，主房及前倒宅的窗户均为直棂窗，但在前倒宅窗户的上方有一排形似烟囱的空窗。所谓空窗，是指只有窗洞、没有窗棂的窗户，在建筑中多以“虚”的形式出现，与整体建筑拉开空间层次，使空间的穿插相互渗透，达到“虚实相生”的意境，其功能多以通风为主，也有框景的作用。空窗的应用，在整个村落的部分民宅中随处可见，成为钓源独树一帜的构造特色。

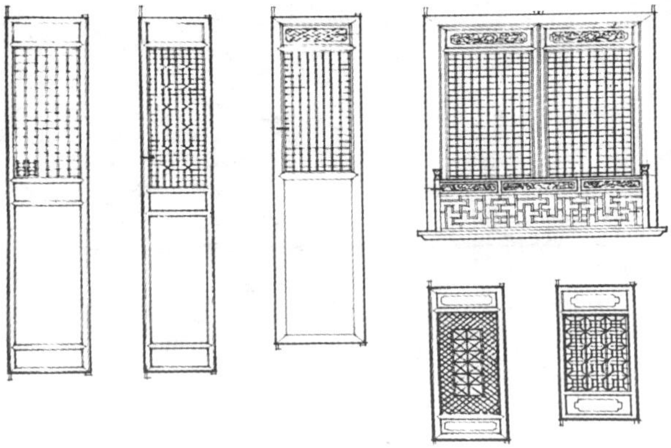

图 3-35　隔扇
（图片来源：黄浩《江西民居》）

藻井：建筑内侧顶部隆起，呈穹隆状的天花被称作“藻井”。“藻井”一词最早见于汉赋。关于藻井还有其他几种称呼，清代的藻井构造多以龙为装饰，因此也被称为“龙井”。沈括在《梦溪笔谈·器用》中写道：“古人谓之绮井，亦曰藻井，又谓之覆海。”与普通的天花一样，藻井作为建筑装饰的一种，也在表现形式上丰富多彩，与其不同的是，藻井一般用于尊贵的建筑，如宫殿、大型寺庙或帝王的座顶上等，藻井的形式也很多，有四方、八方、圆形等，构造复杂。有的藻井各层之间使用斗拱，雕刻精美，具有很强的装饰性；有的藻井则不用斗拱，而是以木板层层叠落，既美观又大方简洁。①

钓源村的藻井中最具代表性的当数"八老爷"别墅的八卦形藻井，由于受道家思想的深远影响，当地的民居装饰无论门楣、格栅、床榻的飞罩，还是屋顶的藻井，都与八卦图案紧密相关。"八老爷"别墅的藻井设在楼顶的中央，其直径为 2 米左右，整个藻井是由层层叠叠的木杆架起的，从而造出了八方图形。杆架与杆架之间全部都用榫卯连接，四周排列螺旋纹及木刻，中部的八方圆顶处做艺术装饰，杆架长短交替，上面称"震"，下面称"坎"，合在一起为"一解"，每行为一爻，共"四爻"，每爻的含义也不同，只有房主知道其含义。这种在藻井、户牖等构件上记录宗族事宜的方法成为钓源族人的传统。勤劳的钓源人世世代代用他们的智慧谱写着村落的兴衰与变迁，讴歌着族人的荣耀与辉煌。

图 3-36 "八老爷"别墅中的藻井

（二）屋顶特征

天井式民居的平面组合具有简明、规律的布局形式，所以屋顶结构并不复杂，基本都为风火山墙的坡屋顶。屋顶斜面是一个弧度不大的反曲面。由于江西地区深受"四水归堂"的风水理念影响，所以大部分屋顶为坡向天井内的排水形式。在穿斗式的构筑体系中，屋面相交的方式一般为"檩搭檩"。这种方式处理灵活，屋顶坡向天井的檐口排水，一般出檐面很大，布局工整，山脊平缓，再加上富有装饰和表现力的"风火

① 王其钧主编：《中国建筑图解词典》，机械工业出版社 2015 年版，第 73 页。

墙”，成为江西天井民居突出的特征。由于庐陵地区较北方地区气候更加温暖，所以屋面的结构处理较为单薄、轻盈，坡度较缓。

整个屋面几乎都用小青瓦覆盖，小青瓦屋面坡度比较平缓，屋面坡度多为五分水或四分半水，基本都做举折，正脊的借鉴为六分水或六分半水，檐口为四分水，甚至三分半水，整个屋面曲线优美、平缓舒展。由于明制对民宅的严格限制，五架梁的节间较大，所有的明代住宅的檩距都在 1 米以上，大多都有 1.2 米，所以椽子的断面较大。

钓源民居的屋顶特征继承了江西天井式民居屋顶的基本形式，绝大部分民居的屋顶坡向天井的檐口，排水顺畅，屋面出檐较大，从 90 厘米到 160 厘米不等。与其他江西民居不同的是钓源民居的屋顶形式多样，有普通的“人”字形硬山顶，也有从顶到檐口不是一直倾斜的，而是下部分横向隔断，分为两个层次的重檐。

屋瓦特征：屋面几乎都用层层叠叠的灰瓦覆盖，前后对称，高低相等。楼上封闭，灰瓦规格一般为 18 厘米 ×18 厘米，也有 16 厘米 ×16 厘米的。为了方便，都用统一规格去做底瓦。大户人家的屋面比较讲究，一般住宅则用 22 厘米 ×16 厘米的缸瓦去做底瓦，缸瓦为陶烧制的，部分住宅的缸瓦有釉面抛光。屋瓦的处理则是在檩条上铺设望板或望砖，用黏性比较强的灰泥来窝瓦，也有的不用灰泥，直接干铺或冷摊，简陋屋舍的屋面则不铺望板和望砖，把青瓦冷摊在檩条或檩皮上。底瓦和盖瓦都保证“三塔头”的标准，即上下搭接的长度不少于瓦长的 2/3。

屋脊特征：简单的屋脊就用小青瓦累叠。脊头的花饰用瓦片或剁砖叠砌，用极少的砖瓦材料就可以做出丰富变化的装饰效果。与其他南方民居不同的是，这里的民居极少使用滴水、勾头，多在檐口最外层瓦面就地用石灰在两片盖瓦间垫出瓦头，作为檐口收头和盖瓦，灰泥紧砌，

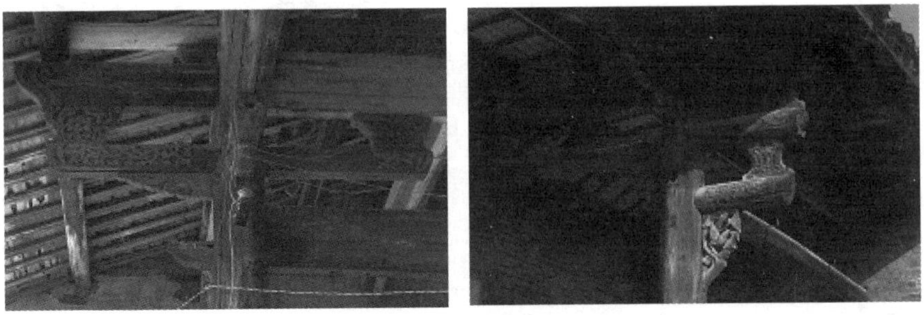

图 3-37 钓源祠堂中的檐下出挑

砖间留出走水的槽路。

檐下出挑：在南方使用较为普遍，其作用是为了适应南方湿热多雨的气候而在构造上采取的措施，由于需要出挑的距离较大，屋顶挑出的椽子不能承担屋顶的重量，因此必须采用挑枋来承托挑檐檩，分解屋顶重量，再利用挑檐檩来承托其上部的椽子与屋面。檐下出挑一般分为单挑和双挑。匠师们根据房屋的构造对出挑的方式做了大量的处理，普遍使用单挑，单挑出檐中墙面至挑檩檐的水平距离约为一步架，出檐较少，出挑一般用在屋顶处，其作用就是保护墙体不被雨水冲蚀，因而跨度不大。其做法一般是在墙上挑出一根枋，承托檐檩，由于重量不大，挑枋

图 3-38　钓源古村的重檐屋面组图

下部不做支撑，直接由墙体来平衡屋面重量。

1. 重檐屋面

一般来说，重檐大多是指在一层建筑上构筑两层或两层以上的屋檐。其作用是扩大屋顶和屋身的重量，增添屋顶的高度和层次，增强屋顶的雄伟感和庄严感，调节屋顶和屋身的比例。因此，重檐主要用于高级的庑殿、歇山和追求高耸效果的攒尖顶，形成重檐庑殿顶、重檐歇山顶和重檐攒尖顶三大类别。《礼记·明堂位》载："复庙重檐。"郑玄注："重檐，重承壁材也。"孔颖达疏引皇侃曰："谓就外檐下壁复安板檐，以辟风雨之洒壁。"南朝梁代王僧孺《初夜文》载："拂高轩而徐薄，名香郁馥；出重檐而轻转，金表含映。"唐代骆宾王《四月八日题七级》诗云："复栋侵黄道，重檐架紫烟。"明代何景明《待曙楼赋》云："纳曲甍之轻瞰，散重檐之清旭。"清代纳兰性德《渌水亭杂识》卷一载："寺有大悲殿，重檐架之中。"从上述文献中可见重檐的特征。

钓源的重檐结构是除去"人"字形的硬山顶之外，在屋面下方约 1/3 的位置，倾斜的屋顶隔开了三尺左右高度的空间，用木隔扇装饰，远看犹如一扇长长的窗户，形成了错落有致的双层重檐，犹如戏院的阁楼，再加上传统的屋面曲线，增加了屋面的层次与美感，比单面屋面更为立体。整个重檐不仅在正面的屋面形成两个错落的层次，在背面也是如此。重檐增加了楼层的高度，也使楼上的通风、采光更好。钓源民居的楼上是不住人的，二层的矮楼一般作为贮藏室屯放杂物或粮食，有的住户在楼上摆柜子，存放被褥或贵重物品。重檐外部与其他民居的屋面一样，也覆盖灰瓦，下部用罐瓦做底瓦，冷摊窝瓦。屋脊用小青瓦累叠，檐口收头，灰泥紧砌，砖间留出走水槽路。进入室内，楼道与重檐相通，登到楼上，阳光从檐口射入，整个楼层通透敞亮，像檐口望去，只见一条条瓦沟有序排列，工整、端庄。楼板之间可晒东西，居民们在檐口下谈笑风生，其乐融融。整个吉安的其他古村也有重檐屋面，但大多为敞开的，并没有普及。钓源的重檐多用格扇装饰，可关可开，形成了一个相对独立的空间。重檐屋面作为空间中最为温馨、私密、舒适的场所成为钓源民居中独树一帜的构造特色。

2. 几何式天井

天井式民居在江西是以天井为中心进行一进的单元平面布局，也是平面组合的重要建筑元素之一。天井一词出自《孙子兵法·行军篇》：

图 3-39　普通天井

“凡地有绝涧、天井、天牢、天罗、天陷、天隙，必亟去之，勿近也。”解释天井为四面陡峭、溪水所归的天然之井。《理气图说》认为：“天井为屋内之明堂，主于消纳。”也就是说，江西一带把天井作为室内空间的组成部分，称为明堂。其功能是为满足建筑内部的日照采光、通风及排水，偶尔也会种植盆栽用来观赏，对室内而言无任何的使用价值。

江西民居的天井形式主要有土形天井、水形天井和坑池形天井三种。所谓土形天井，就是在中间结心，在天井内筑一块高出的“埠”，使天井四周形成宽约 30 厘米的排水沟。水形天井则是在中间不结心，天井深度一般也为 30 厘米~40 厘米。而坑池形天井则是在天井四周安装 50 厘米~60 厘米高的栏板，保证天井排水的畅通，但是由于坑池的清理不是很方便，因此没有被广泛应用。

钓源民居的天井主要是以土形天井为主，其中间结心，中间矗立的“埠”与两边的排水沟保持平行，其构造形式较为简单。这种天井形制多用于祠堂之中，较大的宗祠有一井两进、二井三进等格局，天井也是呈“四水归堂”式。如在总祠、礼派宗祠、仁派宗祠中随处可见。

但在民居中，天井的形式表现得较为丰富，由于钓源绝大多数的民居为单栋建筑，因此在建筑内部不设敞开式天井，而是用天门、天窗在高位处进行修筑，一般就是在大门入口处上方的屋面直接敞开一个豁口，利用这个豁口进行通风与采光。豁口称为“天眼”或“天门”。民间有些地方仍然叫作“天井”，为了避免雨水灌漏于厅堂，又在豁口下方做了一个长方形的内水沟，屋檐的水汇入大门的水沟中，通过两边的石质水槽流出屋外，天井汇水的沟槽，超出了内墙，人们就把它制成“元宝”形，其深度一般是一尺八寸，宽度为一尺二寸五,一丈多长，有的人家还在下方题写匾额和对联。

这种“元宝”形天井不仅解决了高位采光的问题，而且巧妙地避开了门口的屋檐水，方便燕子自由进出，在厅堂最为显眼的地方有着象征财富的元宝，这样使房主心中充满了自豪与喜悦。到玻璃明瓦出现后，人们又将天门的面积增大了一些，加盖了与屋瓦衔接的玻璃明瓦，使室内的光线更为充足。这种高位采光方式，在我国民居建筑历史上的意义非凡。庐陵民间工匠创造类型独特的赣派民居，其构造形式打破了传统北方天井式民居的“四向”制，果断舍弃了传统的室内天井，将天井推至屋外，改造成天井院民居，传统的大家族聚居模式被打破，屋内不设敞开式天井，创造出独立家庭单元，形成独立的建筑群结构。“元宝”形天井的出现，不仅使庐陵传统民居在本质上不同于北方的合院民居，更有异于南方传统的天井式院落，成为研究民居建筑史上独树一帜的建筑符号。

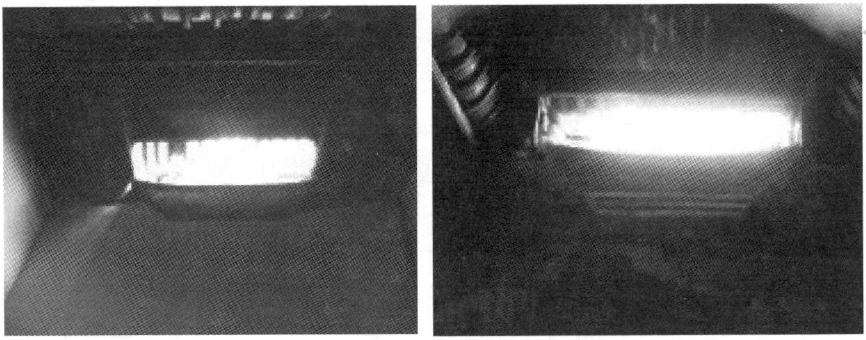

图 3-40　钓源民居中的“元宝”形天井

（三）墙体特征

建筑外墙是建筑形象表达的重要内容，尤其是在传统聚落中，外墙是贯穿空间的重要部分，是实现人与人之间公共性与私密性的关键要素。由于受自然资源、经济发展水平的制约，江西传统民居外墙所惯用的建材类型并不多，只集中于砖、土坯泥、石料、卵石等少数几种建筑材料。要使四面封闭的墙体具有丰富的表现力，就得从墙体的形状、构造、色彩、图纹进行研究。

纵观整个村庄，按造型可将墙体分为“人”字墙、鱼背墙、马头墙等。墙体的质感基本不加掩饰，尽可能地发挥材料自身的特性。墙体分上、中、下三段，下段棱角突出，表面粗糙，质感厚重，具有较好的防水性，多用鹅卵石做勒脚。中部平整光洁，用质感较好的青砖或质感较轻的土砖、夯土来砌筑墙体。这样可在视觉上达到下重上轻的效果。

色彩方面，基本都是以青砖的灰色为主体，有的墙面在保留大部分青砖的同时，在青砖外涂白灰粉饰，获得一段较为平整的白墙。墙头则是黑白布画收头，形成了黑、白、灰的序列，使房屋外观和谐、典雅凝重，相对外表较为粗糙的墙面，在土坯上涂抹细化的泥浆，进一步增加了墙面的光洁度。

纹样方面则是根据不同的摆放形式形成不同的图案。由于明清时期手工烧制的青砖质量好，规格高，磨砖对缝的技巧在富人家被广泛使用。勒脚部分会采用较为精密的砌筑方法，如实滚、花滚来增加墙体的精致感。墙体的上部面积则采用较为省力的空斗墙，根据砌筑方法可分为一眠一斗式、两眠一斗式等类型。

根据对钓源村的实际勘查，笔者从中筛选了古村中富有特色的马头墙、折体墙、三角墙做详细论述，以便对钓源村的墙体做进一步分析。

1. 风火马头墙

在传统的民居建筑外形中，马头墙成为外墙立面不可或缺的组成部分。作为防火墙的一种，“马头墙”的原型为民居山墙以外坚实而单调的普通墙体，因防火功能的要求而必须提高墙面使之高出屋架，从而在火灾发生时，阻断火路，防止火势蔓延，因此山墙的实际作用是一道封火墙。由于墙体前面的跌落部分略似马头，故而取名叫风火马头墙，也称风火垛子。概括起来，其基本特征为：山墙高于屋面；山墙的形体层层跌落，呈阶梯式；墙体做了艺术处理。

钓源马头墙呈现的一次跌落形式为“三山式”，又称“三花墙”。两次跌落的称为五山式，又称“五花墙”，更有甚者为三次跌落式，称为“七花墙”。跌落式的马头墙在一个山墙面绝大多数是平衡对称的，但也有连接坡屋正脊不居中、不对称的马头墙。整个马头墙几乎都是平行阶梯式的跌落造型，其跌落比例为 1∶1。钓源民居是此墙面构造特色的代表，两边墙面各分高低三四个层次，前后三垛马头墙，一边六垛，两边共十二垛，有的墙面也分单双垛，墙头起翘，形成 1∶1 的跌落比例关系，与整栋建筑相协调。据说该种 1∶1 的比例关系与民居屋顶四分半水有关。[①]

---

① 参见丁功谊、李梦星《钓源古村的建筑文化特征》，《井冈山大学学报（社会科学版）》2014 年第 5 期。

普通的风火墙的耐火极限达到5.5小时，而江西民居的外围护墙，由于绝大部分墙体都是非承重墙，故耐火极限比普通的风火墙高2.5小时，合计8小时。传统的村落大部分都采用密集型布局，木构架几乎都是连成一片的，纵深之内有巷道，里弄分隔，宽度为2米~3米，按现在的防火要求根本达不到合理的防火间距，建筑墙体还担负着防火的功能，迫使大部分的民居不能在外墙开大窗户。山墙作为户间的分隔，高出屋架，有的山墙甚至更高。聪明的钓源人民在起山墙翘下部增加石粉和沙泥，用白灰抹平，既使墙面的层次结构更为清晰，又保障了防火效果的

图3-41　马头墙组图

最大化。下部的墙体为清水墙，呈青灰色，用平砖顺砌错缝的方法一次摆开，蓝灰勾缝，与正立面的墙体遥相呼应，使整栋建筑在构造与层次上形成协调的空间关系，气势恢宏，提升了建筑规格。

值得一提的是，钓源马头墙与其他民居的马头墙有着极大的差别。例如，徽居的山墙高而封闭，从外面低处几乎看不到瓦，即高墙深院，两侧的马头墙翘角平缓，高低起伏错落有致，再加上黑白颜色交相辉映，空间层次虚实、生动。而福建民居的马头墙有弓形、鞍形、云形等各种形式，分别以金、木、水、火、土的形制折合风水理念塑造，给人一种器宇轩昂、轻盈活泼的感觉。钓源的马山墙既没有福建马头墙的曲面造型，也没有徽居高墙的全封闭。

2. 折体墙

折体墙位于庄山村西南方向，现为庄山村 18 号，是两栋连排带前院民宅的墙体。房主是欧阳安寿。折体墙存在于院墙外部的拐角处，造型独特、结构优美。折体墙的折面并非偶然，而是在建造房屋的过程中必然形成的，其原因有二。

第一，受建筑形制影响。纵观钓源地势，东西走向为 S 形，房屋一般都是依山势而建。庄山村在下部的环弯里有个水塘，北面为山坡，南面是山冈，庄山村 18 号是一栋连排带前院的前进式房屋，庭院设在主屋的前方，由于房屋为坐南朝北，房屋的建筑必须遵从山势走向，因此只能在建造房屋时对其结构做调整（如进深、宽度等），由于进深不同，房角出现了折向，围墙是按房屋的外形对整栋建筑进行折体包裹，折体墙由此出现。

第二，风水理念影响。风水学认为人居环境要讲究“载气纳气”“山主富贵水主财”“吉地不可无水”等说法。因此，水流的出入口成为构筑村落的一个主要因素。钓源古村也不例外，在村落最早的建设中就十分重视水口的处理，水口是指村落水流的入口处，也叫“天门”；水流出村外的出口称为下口，从地势讲，水口应处于山冈转折处或两山夹峙处。建筑也遵循同样的风水理念，也许是受“水口”说法的影响，讲究循环、转折，因此在墙体的处理中采用折面，以寄托房主对“载气纳气”的美好寄托。

折体墙的整个墙面为清水墙，即在墙体表面不加贴面材料与粉刷，只是墙面的砖缝用沙泥和灰浆勾填，以防止雨水和风的侵入。钓源民居的墙体几乎都用蓝灰在砖隙处勾缝。蓝灰就是木炭灰和石灰与细沙相搅拌的泥料粉，沿砖缝用泥刀勒出一条笔直的线，遮住砖缝的泥浆，颜色比青砖稍深点，呈条格图形，使墙面整洁美观，不失原貌。由于此种技术属于费工费料的技术活，一般多出现于大户人家，但钓源的民居几乎全部采用这一装饰工艺，使其整个错落的墙面统一、整洁、朴素、美观。

图 3-42 折体墙

3. 三角墙

折体墙的构筑是人们出于对地形、风水的考究而有意识建造的，下面谈及的三角墙，则是人们下意识或没有受任何理念形成的墙体。

三角墙体位于庄山村的多斜巷中，由于此巷道的东面墙体不是笔直的，墙体的 1/4 长度内折十几度，使巷道呈斜状，叫作“斜道”。村落的北向之西有一座陈旧不堪的老屋，被编为 65 号民宅，其最典型的特征就是大门不与墙面一样平直，被称为“歪门”，因此，此巷道经常被老百姓戏称“歪门斜道”，成为钓源古村独特的开敞空间。三角墙就坐落于“歪门斜道”之中，整个巷道的民居按巷路依次排开，个别民宅按一定的风水原理扩充宅院，推进建筑的空间，由此形成鳞次栉比的巷道结构，房角出现了折向，使之一头宽一头窄，于是三角形的墙面便在居民无意识的条件下形成了。

关于三角墙体，部分研究学者把它和“歪门斜道”联系起来，有学者在古建筑著作中认为：中国建筑文化博大精深，“天道自然”的法则在建筑中是永恒不变的，故称古建之魂。《园冶》[①]曰："虽由人作，宛自天开"，《管氏地理指蒙》写到"务全其自然之势""因其自然之性"，就是说自然地势的成因决定了建筑的形态。虽然这个观点看似合理，但在三角墙的成因关系中确实有些牵强。由于墙面的折角包含风水理念堪舆定位，在其设计功能上根据地形的判断做出功能上的牺牲属于人为情况下无意识形成，故为主观偶然性，成为民居墙体中不可多得的艺术形态。在营造处理上也是上半部分用蓝灰勾缝，下半部分为青砖抹灰，使两部分的层次关系清晰明了。

（四）柱础

柱础又称"柱顶石"，是传统建筑中承托柱子的基础，其作用是将柱身的荷载分布在地面较大的面积上，以减缓木柱因承受力而下沉的速度，同时也是防止由于地面水分侵蚀对柱脚的破坏。柱础在钓源古村的应用极为广泛，是民居中建筑装饰构造的重要组成部分，柱础在江西俗称"磉礅"，也叫"鼓蹬"，一般是由櫍与柱础两部分组成，明代建筑多用木础，由于江西地区常年湿气较多，木质柱础容易腐烂发霉，因此后来更多使用石础。

钓源村柱础的样式各不相同，民宅与祠堂有区别，书院与钱庄有区别，即在同一宅院之内，柱础的细部特征也表现出不同的形式。当我们一直把柱础作为装饰构件来看待时，它的变化就层出不穷。柱础一般高度大约为45厘米，在构造上为了使柱身与地袱保持协调，多为八角形式，分两段或三段处理，似仍保留櫍的形制，上段多做石鼓形，下方为抹角方基，或雕成鼓架与勾栏等样式。在装饰上，石雕工艺精湛。多数柱础上刻有复杂的纹饰图案，细腻而美观。有莲瓣、云纹、花卉、卷草、鸟兽等多种题材，运用剔地起凸技巧，镌刻得惟妙惟肖，有的柱础还在每一个框格中雕刻具体的图案，使其隆重华美、栩栩如生。

---

① 《园冶》，中国古代造园专著，也是中国第一本园林艺术理论的专著。崇祯四年（1631）成稿，崇祯七年（1634）刊行。全书共3卷，附图235幅。全书论述了宅园、别墅营建的原理和具体手法，反映了中国古代造园的成就，总结了造园经验，是一部研究古代园林的重要著作。

图 3-43　钓源村落中的柱础

三、建筑自身的防护措施

赣中地区地处中亚热带大陆性季风气候，四季分明，冬季少严寒，夏季多酷热，雨水偏多，湿度大，为适应这种气候条件，钓源古村运用了一系列技术措施来解决民居自身的通风、隔热和防潮效果。通过合理的布局来组织空间并选用适宜材料来构造，尽可能利用当地有利的气候资源来改善人民的居住环境。这种设计方式被称为“被动式”建筑设计。反之，通过应用机械设备的输出来调节环境，称为“主动式”建筑设计。[①]

表 3–4　被动式调节与主动式调节之比较

调节手段	被动式	主动式
调节机理	改善建筑物自身的热性能，调节建筑热过程	以设备输出抵抗冷热负荷
常用措施	太阳采暖，自然通风，遮阳，被动蒸发等过程	采暖，空调，机械通风
室内环境	有波动，受室外影响较大	稳定，可准确控制
使用条件	与建筑形态相结合，受建筑形制影响	消耗能源，适用于各类建筑
调节幅度	小	大
舒适性	可接受	舒适

（表格参考：张继良《传统民居建筑热过程研究》）

通过上表比对，我们发现从人居健康、节能环保、温差幅度偏稳定的角度来看，“被动式”设计远比“主动式”设计更具有优势。由于“被动式”的建筑在常态下更注重与自然的协调与交互，是人对于自然适应性的体现，这也就是传统民居的精华所在。无论是通风、防潮、隔热方面也都是劳动人民长期实践与智慧的证明。下面将从通风、防潮、隔热三方面对钓源民居的传统与现状进行分析。

（一）通风

自然通风是民居降温、换气的主要手段。钓源民居中的天井在调节通风、换热等方面起到了很重要的作用。由于民居多数为南北朝向，整体进深较大，天井的设置使每进房屋在南北向均可开窗，从而争取到更多的自然通风。在空间序列里采用了天井、厅堂、通廊相连接的形式。这是因为天井和廊道内的日照不同，所吸收的热量也不同，这使内部的空气温度产生了温差。下垫层受太阳辐射加热，近地辐射对大气产生对流效应，继而使地面产生热过程效应，从

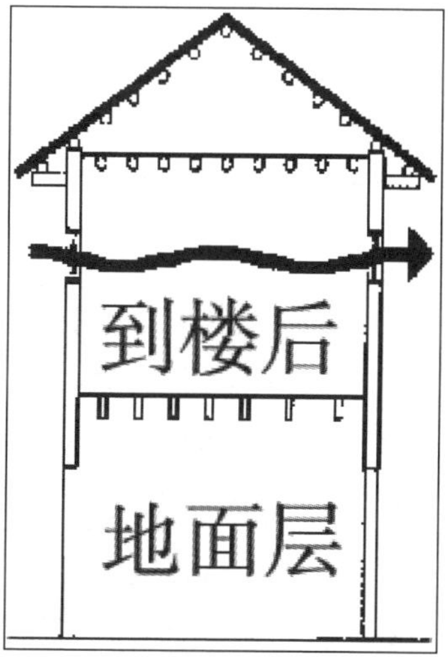

图 3–44　房屋通风与隔热示意图

① 参见张继良《传统民居建筑热过程研究》，博士学位论文，西安建筑科技大学，2006 年。

而使民居处于低层大气包围之中，低层大气的温度和风速分布规律影响室内外通风，通过良好的通风出入口改善了室内空气的质量。按照同样的原理，庭院的设置也增加了日照面积，具有强化宅院整体通风效果的作用。属于自然“被动式”。

如今，钓源村内大部分住宅还保留着传统的“被动式”通风效果，很少借助“主动式”的机械通风（当然不乏有年轻的居民在家中使用空调），为村落的原生态保留着美好的记忆。值得一提的是，钓源民居中有的房屋设置阁楼，阁楼前后设有漏窗，其作用之一就是增加了房间内部的通风。

（二）防潮

赣中地区湿气严重，建筑防潮是必不可少的，整个村落的墙体多用清水墙铸造，材料选择土坯、青砖等，因此防潮性能较差，所以墙体下身多用石灰抹平，同时在柱础上采用石头，这样能有效地阻隔地面的湿气，减少对木质框架及构件的腐蚀，加强了建筑的稳定性。另外，顺畅的排水系统也是重要的防潮设施。钓源村落的屋面平直，排水沟系统完善，环抱整个村落。雨水由天井收集，通过天井四周的出水口，顺畅地将水从排水沟排出去，从而减少地面雨水的聚集。

（三）隔热

隔热的定义是阻止热空气进入室内，从而达到房间的温度平衡。民居在隔热措施上一般使用隔热层与围护隔热两种方式。隔热层即在建筑内部产生，围护结构的外表面对太阳辐射的吸引指数决定了在同等太阳辐射强度下，太阳辐射在围护结构的表面进行光热能量转化，民居中常见的外围护结构外表面材料对太阳辐射的吸收指数如表 3–5。

根据表 3–5 的数据可见，我国南方传统民居多采用灰瓦屋面及白色外粉刷，对太阳的吸收指数都很低，从而有效地发挥了隔热功能。但是受亚热带季风气候的影响，7、8、9 三月吉安地区的温度很高，这也就意味着民居要经受高强度的暴晒。因此，钓源的住宅对墙体的隔热材料的选取常用青砖与石灰，其吸收指数分别为 0.48 与 0.60。屋面用灰瓦覆盖，其吸收指数为 0.52，整个构造大大发挥了隔热的效果。外墙的青砖尺寸较大，在砌筑的时候常用眠砌增加墙身重量，有效隔绝了室外的热空气，从而发挥了很好的隔热功能。另外，像祠堂这种天井庭院四周的设置有效地减少了太阳对房屋的直射，为整个民居减少了更多的热能量。

表 3–5　常见民居建筑太阳辐射吸收指数表

	面层类型	表面性质	表面颜色	吸收指数		面层类型	表面性质	表面颜色	吸收指数
墙面	石灰粉刷	光滑、新	白色	0.48	屋面其他	白石屋面	粗糙、旧	灰白色	0.62
	白水泥粉刷	光滑、新	白色	0.48		红瓦屋面	旧	红褐色	0.70
	水刷石	粗糙、旧	灰色	0.70		灰瓦屋面	旧	浅灰色	0.52
	水泥粉刷	光滑、新	浅黄	0.56		浅色毛毡	不光滑、新	浅黑色	0.72
	沙石粉刷	粗糙、旧	深色	0.57		黑釉毛毡	不光滑、新	深黑色	0.85
	浅色砖面涂料	光滑、新	浅黄色褐绿色	0.56		水泥屋面	不光滑	青灰色	0.69
	红砖墙	旧	褐色	0.75		泥瓦屋面	不光滑	灰色	0.75
	青砖墙	平滑	灰色	0.60		绿色草地	光滑		0.85
	大理石墙面	磨光		0.44~0.65		开阔湖海面	——		0.96

（数据来源：参考 Gb50176–93 民居热建筑工程规范）

1. 动态热平衡

民居的隔热主要是以屋面与墙体的构筑材料为依托，热量的对流交换则需要散热、传热的平衡。我们把构成建筑环境的传热、散热或控制表面热量的方程称为热平衡，根据传热的简化程度又将它分为动态热平衡与静态热平衡。

动态热平衡是指传热控制中，考虑到传热物体自身的热容量对传热状态的影响，输出外扰参数也是模拟室内的动态气象。民居建筑室内外环境的调节主要是以“被动式”方式为引导，室内各表面的传热结构又由表面对流换热、相变换热和结构导热组成。以太阳辐射和围护结构的表面吸热的不同程度使室内气温达到建筑的热平衡状态，为人们提供一个良好的居住环境。

通常动态热平衡主要包括室内空气热平衡与内表面热平衡，南方民居普遍的动态热平衡大于 16℃，门窗的合理设置使空气对流，达到建筑内部凉爽、清新的感觉。有的大型建筑外围开偏门，如钓源村祠堂的廊道两侧设置的偏门和屋顶上的天井都是空气对流形成的模拟气象，形成热平衡效果。

2. 静态热平衡

静态热平衡取决于建筑所受的平均辐射温度，在传热过程中的稳定状态被称为静态热平衡。在稳定传热的辐射下，外部的围护结构温度影响室内的温度情况，而围护结构的吸热又在一定程度下趋于稳定，当温度过高时，围护结构的吸热将无法形成稳定的静态平衡，使人们无法舒适居住。参数是由屋面、户牖、墙的吸热指数与外界辐射应用热力方程进行分析计算得出的。

动态热平衡与静态热平衡在整个建筑空间中既要保证模拟的气温适宜度，又要在不同的建筑结构中发挥隔热控制，使民居建筑达到热稳定性，有效地保证了建筑内部空间充足的热量，与外部环境构成相对平衡的状态。无论春夏秋冬，湿润干燥，民居建筑充分发挥着保暖、隔热、透气的功能，使人感到舒适。

第三节　钓源古村民居建筑的当代价值

一、钓源古村的建筑美学特征

康德曾说过："美的概念是人类思想的一种独特自主的应用。"审美是人类掌握世界的一种特殊形式，同时也是人类的基本需求之一。审美的主体是通过对审美客体的体验认识获得的一种心理过程。同时在精神上完善自己。

中国古人的审美意识讲究"以心为主，从物出发，徘徊于心物之际，从容于天人之间"的辩证美学观念，因此在审美观念发生时，审美主体与审美客体相互联系是缺一不可的。

建筑的审美也是如此，建筑不仅作为一个客观的实体存在，同时也是人类的一项创造活动，是对于美的实践。早在两千多年前维特鲁威就对建筑的审美初衷提出了"实用、坚固、美观"三个标准。随着建筑美学理论体系的建立与完善，其研究层面大概可分四个层面。第一是"美的哲学”层面，这个层面描述的是建筑的起源、构成和发展规律等一系列哲学内容。第二是“艺术社会学”层面，即建筑艺术与审美主体之间的相互关系，建筑使用价值与审美价值之间的关系。第三是“审美心理学”层面，该层面是审美的客观角度与建筑美感特征以及环境、空间形式建筑类型给人视觉及心理的审美感知、审美理解的反馈过程。第四是“艺术实践”层面，即研究如何将它付诸建筑创作与建筑评论当中。结合第二、三层面我们可知钓源古村的建筑美学价值在于它实用、审美、情感三位一体的建筑语言。其中，实用作为功能的基础，体现了它的生态和建筑构造；审美作为形式的反映，体现了它的整体布局与建筑形制；情感作为意境导入，体现了它丰富的艺术形式。

图 3-45　建筑美学理论体系关系图

（一）钓源古村的形式美分析

形式美作为美的表现形态，是由美的外在感性形式经过长期的实践与生活，隐去所涵盖的具体社会内容，逐渐演变而成，即“境生于象外”。形式美的规律是按照一定的秩序组织起来的色彩、形体、声音，艺术地传达快感，给人以美的感受。著名美学家李泽厚先生在谈到华夏艺术和美学的民族特征时说：“在任何艺术部类里，华夏美学都强调形式的规律，注重传统的惯例和模本，追求程式化、类型化、着意形式结构的井然有序和反复巩固，所有这些都是为了提炼出美的纯粹形式。”[①]《周礼·考工记》对建筑的要求，如双轴对称的“井”形构图，都表明情感均衡的理性特色，甚至直到后世的浪漫风格的园林建筑，也依然有各种“路须曲折”“山要高低”“水要迂回”等规范。[②] 西方建筑的美学遵从于尺度、比例、韵律、色彩等特征。现代格式塔心理学的出现为这些古典的审美标准提供了科学的支撑。根据格式塔心理学的观点，人们之所以会

① 参见胡振南《徽州地区古民居建筑形态解析》，硕士学位论文，合肥工业大学，2009 年。
② 参见段进主编《空间研究 1——世界文化遗产西递古村落空间解析》，东南大学出版社 2006 年版，第 3 页。

认为一种形式是美，是因为这种形式特征与人的内在特征与情感相一致，通过人的视觉范围提出了“形”，从而引发共鸣。钓源古村的民居经过千锤百炼后，其建筑形式展现着由内而外的形式美。

1. 韵律：“在视觉艺术中，韵律是任何物体呈诸多系统重复的一种属性，而这些元素之间，可能具有认识的关系。”[①] 同理，在建筑上视觉元素的重复利用都可以形成韵律。如装饰构件、阴影、立柱、开洞等。钓源民居的韵律表现最为丰富的当数外部的马头墙了。整个墙体重复跌落的韵律加大墙面的形式美感。当然，韵律的表现手法在整个村落的其他方面也有体现。“歪门斜道”的不规则空间序列呈现出不同节奏的韵律。民宅内部空间的光影变化也形成了一种渐变的律动感。

2. 色彩：为了使颜色和材料的搭配获得视觉上的统一，钓源民居大量使用的砖、石、木、竹材料以直接的方式表示材料天然的质感，外墙多由清水墙面与深灰色瓦顶组成。内部空间以褐色木质为主，构成空间的围合界面，使其质朴、大气的空间感觉在形式上得到对比与统一。这其中包括：

（1）明度对比：是指明暗关系的色彩对比，明度在色彩关系中占有重要的位置。色彩的空间关系、层次是靠明度对比来体现的。灰墙深瓦的钓源古村在光感极强的条件下得到反衬，尤其是环抱村庄的樟树，在郁郁葱葱的山水环境中，显得格外强烈。立面中松弛的浅蓝灰墙面，同周围的环境色紧密结合，使周边的对比色更加强烈。

（2）色相对比：整个钓源古村找不到红、黄、绿这种鲜明的饱和色相，然而由于光线的原因，太阳的光芒促使民居从早至晚发生色相的变化，无论是窗棂还是瓦顶都有着鲜明的色相。

（3）冷暖对比：是因为色彩差异形成的对比，钓源民居的建筑外部色彩多以冷色调为主，但其内部是以暖色调呈现的，木材的质感与色调给人一种温馨感，这与外部的立面色彩形成相得益彰的均衡。

（二）钓源古村的意境美分析

意境，“意”与“象”的统一。中国古典美学把意境作为一个重要的

---

① ［美］托伯特·哈姆林：《建筑形式美的原则》，邹德依译，中国建筑工业出版社 1987 年版，第 98 页。

美学范畴，所谓意境就是对整个人生、历史、宇宙获得的一种哲理性的感受与领悟。建筑意境就是超越建筑外在的表象，从有限的造型进入无限的遐想空间，从而获得对人生、历史、宇宙的感悟[①]。

钓源民居给世人呈现的美是多层次的，除了上述的形态美给人视觉上的愉悦以外，还有深刻的建筑意境。它具有诗情画意的山水意境，古村万樟环抱，灵动的水源绵延不绝，都使这里的居民纵情山水，寄身樟林的“世外桃源”。无论是枕山、环水的风水理念，还是“秩秩斯干、幽幽南山”的安居理想，都是赣中热土上孕育出的奇葩，青山绿水为底，灰墙深瓦为图，构织出诗情画意的美好意境。

沧桑厚重的文化底蕴为整个建筑的意境增添了人文气息。古朴宁静的钓源古村除了绿水青山的自然环境，斑驳伫立的马头墙体，青郁古朴的石板道路以外，还有相当数量的文化设施建筑来烘托其意境。无论是书院、祠堂，还是牌坊都富有文化气息与艺术品格。例如，“忠节第”牌坊的上书，左面为“兄弟连科”，右边为“父子登科”，中间工工整整书写着“忠节第”三个大字，体现出族人对忠义文化的敬仰，抒发其“节义”的品格，升华了民居的意境内涵。无论是形式（具象）还是意境（抽象），钓源古村都在其外部环境和内部空间形态中贯串着“对比与统一”，从某个角度来说与视知觉的理论完全吻合，在美学形态中更从传统超越意境，使山水之象、空间之意、文化之蕴丰富了钓源民居的美学价值。

二、与徽派西递民居的比较

徽派建筑是中国古代社会后期成熟的建筑流派，其地域文化鲜明，也是徽州文化最为直观的文化载体。古代徽州是“程朱阙里”，素有“东南邹鲁”之称。它毗邻徽州的重要水系新安江，地处皖南的崇山峻岭之中，位于安徽、浙江、江西三省的交界处。传统意义上的徽州包括绩溪、歙县、休宁、黟县和祁门，还有早已划归江西的婺源，成为明清时期的徽州。

徽州的古民居发展历史进程分为五个时期，如果严格地从建筑学角度去考量徽州民居，其历史可以追溯到人类巢居时代，至今已有两千多

① 参见叶朗《中国美学史大纲》，上海人民出版社2005年版，第56页。

年的历史了。以下内容参考《徽州传统乡村聚落形成和发展研究》[①]，其部分信息可作为徽州民居参考的佐证。

新石器至先秦时期是徽州传统聚落的雏形时期。根据考古发现，新石器至商周时期，该地区出现了原始干栏式民居的雏形，具备了广泛的地域适应性。

秦汉至南北朝时期是徽州经历了历史上第一次较大规模的文化变迁的时期。中原士族从中原迁徙于此，将传统的中原民居建筑四合院营造技术带入此地，其构造与当地的干栏式架构融合，形成了新型内天井四合院的雏形。

隋唐至元末时期是徽州民居建筑的发展时期。从隋代至宋代中原战乱频繁，中原的官宦、士大夫、乡绅、商人与黎民百姓为了躲避战火之苦，纷纷大规模举家南迁，形成了第二次经济中心的南移，此时的徽州建筑类型逐渐增多。唐宋时期，造园艺术在徽州出现，建筑形制趋于定型，抬梁式和穿斗式的技术日渐成熟，构件的形制出现了明显地域化的特征。

明初至清中叶时期是徽州民居建筑的繁荣时期。此时的徽州占据了主要的商帮地位，素有“无徽不成镇”的说法。由于资本的积累与扩大，徽商们将其价值体现在家乡的建筑上面。此时的徽州，经济与文化得以高速发展，民居建筑在这一时期得以丰富，其中雕刻工艺发展迅速，最终形成了独具特色的民居建筑体系。

清末至近代时期是徽州民居建筑的衰败时期。此时的徽州在民居的营造技术上没有多大改变，基本沿袭了明清时期的营造技术。当然，外来的建筑形式与新型的建筑材料对其建筑有一定的影响，但内部的空间布局与构筑方式没有太大的变化。

下面将以西递村为例来对徽派建筑进行分析，通过对其建筑特征的了解，并与钓源古村的民居建筑进行对比，来归纳钓源传统民居的艺术特色。

（一）西递村的形制

西递是安徽省南部黟县的一个小村庄，“西递”一词源于宋元祐年间，由于河流向西流入村庄，具有“东水西递”的特征，原称“西川”，

① 参见陈伟《徽州传统乡村聚落形成和发展研究》，博士学位论文，中国科学技术大学，2000 年。

又因有递送邮件的驿站，故而得名“西递”。“西递”具有“桃花源里人家”的美称，其始祖原为唐昭宗李晔之子。因为遭受战乱，逃离民间，改为胡姓。胡家从 1465 年开始经商，经过几代人的不懈努力，在商场上取得成功。于是在家乡大兴土木，建房、修祠、铺路、架桥，使村子的面貌焕然一新。17 世纪后胡家族人有人从商场转型走向仕途，所产生的影响使村庄得到了更大的发展。

西递的村落布局遵循了程朱理学的思想，由于古代的徽州堪舆学说盛行，当地的居民对风水文化顶礼膜拜，再加上宗族制度理念，因此，在建村的初期，村落布局是按照“以水为上”的原则进行营造的。建村时先寻找一个枕山环水的地方，背靠大山，地势高，依河流而建，保证充足的水源与灌溉环境。“围祠而居”的聚落模式使宗祠作为最神圣的地方被建造在全村中央或较高的位置。西递村落的空间布局四面环山，两条溪流穿村而过，整个村落仿“船形”建造，一条纵向街道和两条沿溪道路为主要骨架，构成了东西向为主，南北向延伸的村落街巷系统。这种在选址、水系构件等整体布局上尊重自然、适应自然以及利用自然与自然和谐相处的特点处处体现了“天人合一”的设计理念，不仅使建筑具有浓厚的地域特色，更赋予西递村独有的文化内涵，彰显了徽居的建筑魅力。

图 3-46　西递古村全景图

（二）西递民居的建筑构造

西递的民居建筑构造形式基本代表了徽派民居的建筑构造，传统的徽派建筑不论从造型、构架、装饰等方面都有着浓厚的地域特色。下面通过墙体、屋顶、大木作、小木作的装饰特征进行简单叙述。

1. 墙体特征

西递古民居的墙体特征可以用高墙封闭、马头翘首、线条错落、粉墙黛瓦、古朴淡雅来概括。所谓高墙封闭，是指院墙高度 3 米~4 米，呈三段式，下段约 0.9 米，为青石砌筑，上段为黛瓦顶，中段青砖砌筑，白灰抹平。马头翘首是指两侧的风火马头墙，通常以三阶、四阶呈现，较大的民居因有前后厅，马头墙的叠数可高至五叠，俗称“五岳朝天”。部分民居的山墙还有“人”字形与“弓”字形。线条错落是指西递民居的墙体可以独立成片状，也可以相互围合成形体，正立面一般为矩形与“凹”字形，对称均衡，不仅显示了合理的布局形式，也体现了尊卑严谨的宗法观与审美观。粉墙黛瓦是指颜色与肌理，在西递村“白墙”被当地人称为“粉墙”，“黑瓦”称为“黛瓦”。在日月光辉、雨雾朦胧的衬托下，其颜色与建筑肌理产生变化，使整个建筑群体呈现美感。

图 3-47　西递古村的墙体特征

2. 屋顶特征

现代建筑大师勒·柯布西耶在现代建筑的几何形体的抽象组合里提出了新建筑的五点手法，即立体与底层透空、平面的自由布置、水平的带形窗、外观的自由设计与平屋顶和屋顶花园。第五立面就是屋顶。中国传统建筑素有“第五立面”之说，中国传统建筑的屋顶与院落互为图底，共同构成完美的图案。

徽州民居屋顶的轮廓呈坡形，但由于高大的风火墙遮挡，外部形态显露较少，平面呈矩形。从视觉角度来看，一般很少能看见屋顶，如果俯视观望，除了大大小小的天井排布于其中，整个屋顶连绵不绝形成了一块块“体面”形态。整个屋顶的坡度起跳较缓，一般不超过 26 度，上面覆盖青砖蝴蝶瓦，晴天变浅、雨天变暗，其肌理呈现出“鸳瓦鳞鳞”的独特形式。

3. 小木作装饰特征

图 3-48　西递屋顶特征
（图片来源：http://cd.tuniu.com/tours/529293）

说到西递的小木作装饰，我们不由得想起了著名的“徽州三雕”，即砖雕、木雕、石雕。徽州匠人手法传神，工艺精湛。无论在民居、祠堂、牌楼都留下了精美绝伦的雕刻精品。尤其是在民居中体现得更为显著。这与其历史背景和社会经济分不开。《明会典》规定：“庶民所居房舍不过三间五架，不许用斗拱及彩色妆饰。”为了使房屋更具美感，徽州古建筑中出现了清新淡雅的“三雕”，至臻完美，主要用于民居的门头、户牖、裙板、隔扇等地方，其技法一般为浮雕、圆雕、凹雕与平面雕等。造型写实，人物比例适中，题材新颖、画面生动。使建筑产生了独特的装饰美，也成为徽州建筑文化的重要组成部分。

（三）西递村与钓源村的异同

通过上文所述，我们将从三方面来比较两村落的异同。

1. 形制对比

两个村落形制上的共同之处在于精神和理念方面。它们都崇尚堪舆理论和宗族制度的影响。在建村的时候都是按依山就势、以水为上的原则来进行营造的。建筑布局上都是采用“围祠而居”的布局模式。在院场空间的结构上都很重视出口与水文化的特点，钓源古村讲究“吉地不可无水”，在出水口的处理中都处理得相当精细，把出水口的设置叫作“地户”，无论是从场院空间还是住宅空间，我们不难发现环水而居，四水归堂一直成为钓源村的主题。西递村在水口营造中也非常讲究四水归堂的理念，遵从人与自然共生和谐的关系，都达到“天人合一”的境界。但是在村落的布局与形态中钓源古村与西递村落有着明显的不同。钓源古村的村落布局是在蜿蜒不绝的S形长安岭上依势而建，而且在文化特

图 3-49　徽州三雕

征中，钓源深受道家思想的影响，村落的形状呈“太极八卦形”，属于象形学范畴，而西递村落受儒家思想影响与程朱理学的规划观念，村落呈“船形”，属于仿生学。钓源民居建筑多以独栋建筑呈现，主要是天井式庭院的一明两暗三开间格局，其形制大部分为直进式一厅四房，自“元宝”形天井出现之后，天井被推置于外，大部分民居形成了独立单元的建筑结构，与西递徽派民居建筑的形制大相径庭。

2. 文化对比

从文化层面来看，钓源与西递也有着不同的区别。西递作为徽派建筑的代表是深受儒家文化的影响的。秦汉至南北朝时期，徽州经历了较大规模的文化变迁，不少士族从中原迁徙至此，使中原文化与古越文化相互融合，孕育出具有地域特征的新安文化。而钓源村是以庐陵文化为基础，与新安文化有着明显的不同。

3. 构造对比

我们将构造分为墙体和屋面两个部分进行讲解。从墙体来看，两村既有相同之处，又有不同之处。相同之处在于两村都是在墙体的营造中选用风火马头墙作为山墙，但在墙体的细部特征来看区别还是很明显的。

第一，钓源民居的马头墙没有西递村的马头墙封闭，翘头平缓，跌落比例为 1∶1。西递的马头墙没有钓源马头墙的跌落规整，其跌落幅度较大，层次不一。钓源马头墙的装饰更多是在墙垛上下功夫，墙垛的工整体现了建筑的美感与房主的尊贵。马头墙垛加大了用料，在筑造上增加了难度，因此不是整个钓源村的民居都修建马头墙。在钓源，民居的山墙还建造富有当地特色的齐瓦风火墙（俗称燕尾山墙），因此，马头墙在钓源不能作为唯一的墙体标志。西递村落恰好相反，马头墙作为建筑标志的主要表现是在墙体檐部绘制图案或墙体垂脊的做头上加置吻兽，使墙体的装饰效果更为丰富，在装饰上花费巨大。

第二，立面的肌理与颜色中也存在着不同。钓源民居的立面墙体均为灰色的空斗墙，灰黑的瓦面使建筑外观和谐，典雅凝重。西递村落的墙体为粉墙黛瓦。在营造方式上钓源民居的立面墙体为眠砖砌筑，蓝灰勾缝，西递则是白灰抹平。

第三，与西递村落的屋顶区别在于：（1）钓源的屋面坡度没有西递屋面起跳大。（2）钓源屋顶的外部比西递民居显露的多。（3）屋瓦不同，钓源民居常用的屋瓦为小青瓦，西递民居则用蝴蝶瓦覆盖。这一点既是共性又是个性，其中共性是两个村落都有重檐的屋面，而个性是在重檐的细节及功能上大相径庭，钓源的重檐是将阁楼作为一个私密的空间供人使用，西递村落的重檐则是起装饰作用。

通过比较可以看出，西递与钓源两个村落在营造手法和布局环境方面也有着一定的相似性。首先，它们都注重山水与自然环境的依赖，无论是村落、民宅、祠堂、水口等都力求与自然融为一体，保持一种人与自然的和谐关系。其次，民居的建筑形式都通过实际的自然资源、经济条件及技术实现整合。再次，都通过兴办学堂教化族人或经商来振兴村落，这些因素使两村的结构都得到发展。但是，除了制作工艺、文化差异等不同因素外，西递村落在很大程度上已经摆脱了对农业的依赖性，徽州人在意识、情趣及生活方式上都大大超越了当时社会农民的意识，因此在建筑中凸显着文雅的艺术气息与鲜明的阶级立场，这是钓源古村落所不具备的。钓源古村以原生态的自然面貌呈现给世人，保留着传统的艺术精华与生动的建筑文脉，其虚实相生的艺术手法与化整为零的营造模式，将自然与人文有效结合，更鲜明地体现着“天人合一”的理念。

表 3–6 西递村与钓源村对比表

对比	西递村	钓源村
墙体	1. 粉墙黛瓦。2. 马头墙在民居中使用较多，其墙体的起翘较大，层次分明 3. 其他山墙有“人”字形和“弓”字形	1. 黑瓦蓝灰墙。2. 村落民居中马头墙使用较少。3. 多为骑瓦风火墙（燕尾山墙），有单叠和双叠之分
屋面	硬山“人”字屋顶，村中有的重檐屋面无功能作用，纯作装饰	村落中有单檐屋面和重檐屋面两种。重檐有功能作用
村落形制	1.“船”字形村落形制，仿生学布局。2. 注重山水的自然环境，受儒家文化影响	1. 八卦形村落形制，有“无樟不成林”的“固气”之说，受道家文化影响 2. 注重山水的自然环境，滨水型村落布局，属于象形范畴
建筑形制	天井式民居为主	中小型天井院民居或独栋一进式民居，多为一厅四房或一厅六房
装修	徽州三雕工艺精湛，装修雕刻较多	木雕装饰居多，石雕装饰较少
文化	新安文化	庐陵文化
共性	1. 都遵从“天人合一”的理念 2. 都采用马头墙做风火墙 3. 都是围祠而居的居住模式	

三、钓源民居的生态价值

钓源民居的生态价值主要体现在村落选址的生态环境经验、建筑空间布局的生态规划经验、建筑结构的生态技术经验与装饰艺术的生态文化经验四个方面。[①]

① 参见王颂《传统民居建筑的生态构建经验解析——以河南传统民居建筑为例》,《四川建筑科学研究》2012 年第 3 期。

第一，村落选址的生态环境经验即“依山就势”“枕山环水”的营造手法与“天人合一”的生态理念进行规划。

第二，建筑空间布局的生态规划经验是以传统的天井式民居，一明两暗三开间的格局为基础，在长期的实践中改良成了中小型民居，从而依据实际情况在尺度和面积的变化中解决了采光与保温，通风与隔热的生态规划的问题。

第三，建筑结构的生态技术的经验使房屋在结构上选取砖木混合结构与穿斗式的构架。建筑结构十分稳固，适应于环境。其中，因地制宜、就地取材的模式是钓源生态经营的突出表现。由于取材方便、经济，且多数的传统材料为节能材料，使这些材料导热系数小，为营造舒适的建筑空间起到很好的节能效果。

第四，民居装饰艺术所展示的生态文化在其功能上显示了生态知识，最具代表的是“元宝”形天井，不仅在装饰上取得审美效果，使房屋形成独立的单元建筑结构，为排水、通风做了良好的设计，继承了“四水归堂”的理念，有效地使雨露充分达到循环与平衡，达到了生态的可持续性。

民居建筑之所以富有强大的生命力是由具体的地理环境和自然因素以及人们的生产方式、生活方式、民俗习惯等诸多因素决定的。在时代与社会的需求下，秉承传统，延续地方特色，选择绿色环保的生态建筑是现代建筑发展的必由之路，这其中包括了传统民居的“绿色”再生方向与传统构造的改良与再生。

（一）传统民居的“绿色”再生

文中说的“绿色”再生不单纯指环境的绿色，而是对民居的文化内涵、功能结构、生态系统等各个方面做出全面分析后，以节能环保的可持续发展为基础，以科学技术手段为辅助，帮助传统民居进行“绿色”再生。传统民居的可持续应落实在其本身的建筑文脉上，将民居的内发性有效地引导出来。以绿色生态理念为核心，对农村的生态系统予以保护，实现良性循环，最终达到共同繁荣，如隈研吾的“莲屋”和赖特的“流水别墅”一样生态宜居。

（二）传统构造的改良与再生

正如钓源民居的“元宝”形天井一样，通过长期的实践，改良了天井样式，有效地将其功能与理念高度提升，这是需要借鉴和探索的。面对当今的建筑，要想使传统与现代相融合，就不能故步自封，或者走入割裂传统的误区，也不能盲目地粉饰与翻新，将不属于地域的设计元素植入空间，形成风马牛不相及的设计“病态体”。传统的构造是要借鉴，但是要合理借鉴——提炼其精髓并配合先进的技术将其改良、再生，充分发挥功能与形式的双重性。

图 3-50 隈研吾的“莲屋”与赖特的“流水别墅”

四、布局借鉴

中国传统民居的聚落格局、建筑形态、营造方式以及装饰技巧等诸多方面，都在长期的进化与演变进程中积累了丰富的生态建筑经验，提炼与研究这些优秀的实际经验，对传统民居的绿色再生具有重要的意义。“天人合一”的布局理念是历代思想家们所重视的，也是我们应该借鉴的。“天人合一”的自然观是把自然看作一个有机的整体，人作为自然界中的一个部分。因此，在建筑营造方面要考虑当地的自然气候、水土质量等因素。正所谓：“相形取胜、相土尝水、辨方正位。”其中天人合一的运用主要表现在以下两个方面。

（一）尊重自然的整体布局

“自然是一个有机的整体，人是自然的一个组成部分，人必须融入自然，尊重自然，与自然同生同息。”[①] 是强调人与自然协调发展的重要性，设计师只有在尊重自然的前提下，才能利用自然，体现建筑的历史文脉。钓源村的村落布局就是尊重自然的实践的反映，由于该地是典型的丘陵地带，属于亚热带季风气候，村落的整体布局就是依山就势，靠山采型。在寒冷的冬季，为抵御寒风的侵袭，钓源人师法自然、滨水靠山的布局减弱了寒风的袭击，使整个村庄在科学与自然的结合下解决了居民受冷、受冻的实际问题，让阳光充足地照射村庄，调节了区域内的温度和湿度，为居民的生产生活提供了便利。与自然环境和谐统一形成了尊重自然、人居和谐的生态布局，是我国现代规划中值得探索与借鉴的。

（二）赋予文化的建筑形式

钓源村村民在营造方法中除了遵从人与自然的和谐关系，还在建筑的整体布局上体现文化精神。首先，民宅的选址以观地形、察地势的方法来分析确定一个“紫气东来”能“五世其昌”的吉福之地。其次，南北融合的文化使房屋的平面布局呈多种形式，如前文提到的“村中村”（庄山 23 号至 26 号）是钓源村最为规整的组合式住宅。“田”字形院落暗含着对农耕文化的敬仰，促使人们要勤劳。前排的对门厅是北方合院倒座房的变形，中间用青石板巷相连，巷口的大门可关锁，形成了大宅套小宅的布局形式，既保证了户主的私密性，又包含用户的公共性。使住宅独立统一，体现了“人性化”的设计原则，也形成了独特的地域建筑形式。

五、构造借鉴

人类居住的空间创造总是在特定的地域环境制约下完成的。任何一种居住模式，都是一定历史时期、地理单元内与自然、人文环境相适应的模式。因此，构造形式反映着建筑的“肌理”，也体现着人类居住文化的可持续。

“天井”是南方地区各屋空间常见的组合形式，但赣中地区的建筑存在与天井民居形态差别较大的传统民居——“天门”式住宅或“天眼式”

① 参见肖宏《徽州建筑文化》，安徽科学技术出版社 2012 年版，第 91 页。

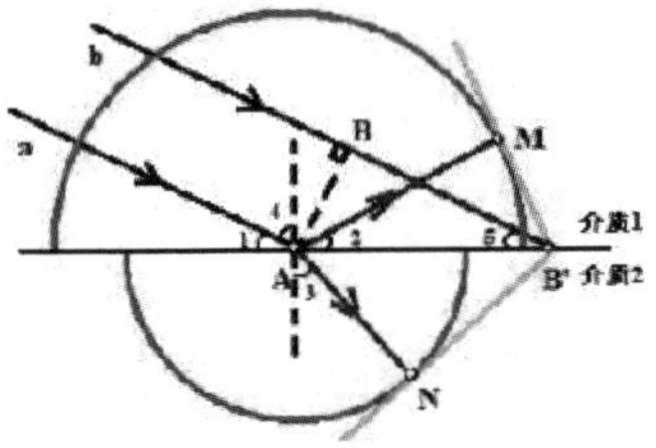

图 3-51 类矩形对光的折射示意图

民居，其功能是解决室内通风、采光等问题。钓源村的民居是“天眼式”民居的物化实践，无论是形体的选择还是功能的发挥，都包含着当地人民的智慧结晶，是当今值得探索和借鉴的。民居中大小不等的多个天井既是引风口，也是出风口，它与堂屋、高窗、屋门之间气流相通，除了能够形成良好的“穿堂风”效果，还能起到拔气的作用，即在天气炎热、风力轻微时，通过小尺度的天井，将热空气挤压上升，使室内降温。

村内民居防寒保暖的措施主要在于，在围护体系上减少冷空气的对流，主要表现为在外墙上开设较小的窗洞，以减少冬季冷风的入侵，达到保温的目的。这种被动的保温效果，是以牺牲室外光线摄入为代价的。它说明了在一定经济条件的制约下，房屋首先要满足防寒的要求，而其他约束条件则退为次要因素。在我国北方地区，房屋保温的措施还体现在增加围护体系的厚度，以及调节建筑与庭院的体量关系以获取最大的太阳辐射上。

（一）形体选择

在钓源，单栋民居的平面几何形体基本为方形，普遍是“一明两暗三开间”的布局。前厅宽敞，后厅较小，左右房对称，结构紧凑。此外，依据房主的地位、财力、身份的不同，部分民居的布局形式丰富多样，有一进两厢式、两进四厢式、庭院式、边宅式等。一般两进四厢式的民居居多，占地约 160 平方米，除正厅外，还有两层高的后厅，前、左各有边宅，是下人的住所。家境富裕的村民，其建筑面积能达到 500 平方米，其中村中欧阳增祥的老屋占地约 800 平方米，是村中现存最大的建筑。[①] 钓源村民居的立面结构为一层或两层，一层的立面结构规整，布局紧凑，体态轻盈。两层的民居堂皇富丽，气势不凡，一般庄山村居多，这种气势的凸显不得不归功于特有的重檐屋面。重檐屋面是在传统“人”

① 参见李烨、周世玉、邹晓明主编《欧阳修后裔聚居地——钓源寻韵》，中国文联出版社 2002 年版，第 13 页。

字形屋面的檐部下方横向隔断，形成两个层次，从而增加了房屋的高度并取得了良好的通风与采光效果。

广义上讲，矩形口负责采光与通风，“元宝”形天窗负责排水、防潮，这种形体的组合搭配除了一定的建筑文化外，还包含着一定的科学性。首先，从气候角度讲，村落地处亚热带季风气候，受副热带高压的影响，7、8、9 三个月明显高温，东南季风又在这个时期大幅度减弱，使房间闷热无风，因此，“隔热防晒”的措施就决定了钓源民居在天眼的形体上做出良好的选择。矩形口与“元宝”形天窗的组合在一定程度上减少了阳光对房屋的暴晒，当阳光照射房屋时，矩形口吸纳热气与光线，同时“元宝”形天窗阻挡一部分热量与光线，将光照在围护结构的外表面蒸发，使室内保持相对恒温。尽管在一定程度上降低了光线的通透性，但为室内的隔热防晒起到了一定的作用。其次，从几何角度看，“元宝”形天窗近似于一个等腰梯形，两内角、对角线相等，底边平行。进一步做到了开敞，增加了空气的流动性，当光从一种介质斜射入另一种介质时，传播方向发生改变，等腰梯形可根据直射范围对光线的可逆性，起到隔热防晒的作用。

（二）善用天井

天井作为南方传统民居不可或缺的组成部分有着悠久的历史与文化，“藏风聚气”的风水特点是天井文化的重要特征。

现代建筑中敞口朝天，通风纳气，承接阳光雨露的特点体现了天井的风水文化。将自然资源毫无保留地引入室内是机械建筑转向生态建筑的重要步骤。为实现文化与技术交融，天井是实现生态建筑的重要途径。

图 3-52　传统天井与现代天井

图 3-53　1851 年伦敦世界博览会主会场“水晶宫”
（图片来源：https://baike.sogou.com/v63190928.htm?fromTitle=%E8%8B%B1%E5%9B%BD%E6%B0%B4%E6%99%B6%E5%AE%AB）

1851 年伦敦世界博览会的主会场“水晶宫”（The Crystal Palace）震惊了整个世界，并成为现代主义建筑的开端。设计师约瑟夫·帕克斯顿（Joseph Paxton）运用钢筋与玻璃两种建筑材料搭建会场，天井的使用在整个会场得到了极大的发挥。穹顶的玻璃天窗可根据会场实际情况对不同的天窗进行开锁，方便室内的通风与换气，使空气流动处于垂直状态。由于当时技术处理的局限性，加上夏季的高温使人们在会场易感到闷热，作为近代工业实验的“水晶宫”天窗应用开创了现代天井的雏形。

天井对建筑的贡献是有目共睹的，它是人类在自然环境与生态功能调节上的智慧体现，有不少人把它比喻成气候梯度、热缓冲层、温室效应等。天井式的现代住宅不仅能够在设计上优于其他建筑，更能够发挥它的生态效应，提高节能环保的优势。但是作为节能环保的优质构件，天井在现代建筑的应用上并没有取得广泛的推广，原因也在于天井式本身的弱点与缺陷。

首先，从经济效益讲，传统的天井式建筑是一种围合的建筑模式，加大了建筑的使用面积，降低了土地的使用价值。违背了当代建筑的规划需求。从而加大了工程造价的预算资金。

其次，天井式住宅的另一个缺陷是受噪声与层高的影响。天井的纵向空间犹如土电话一般，加速了声音的传播，使声波通过垂直的空气媒介传递于整栋楼层之中，干扰其他人员的日常作息。

最后，天井式住宅还存在着火灾安全隐患，由于天井的通透性，使天井的通风效果较好，在高层建筑中一旦失火，通透的内部空间汇聚着较多的氧气，在火灾发生的同时，通风良好的天井会加速火势的蔓延，后果难以想象。此外，高层建筑的顶部势必采用封闭式的玻璃天井，为建筑的美观性与整体性做出让步。这种封闭的天井会存在缺陷。从采光角度讲，全封闭的天井在光线射入的同时，明亮的地方只是距离天井最近的几层，建筑的底层一般是见不到光源的，使天井没有充分发挥采光功能。楼层底部的空间被浪费，环境问题也存在隐患，楼层越高，难度越大，增加了不必要的消防成本。面对此类问题，笔者认为其解决方式有三种。

第一，从土地资源的合理利用出发。围合形的建筑占地面积较大，导致了天井不被广泛推广。我们可以设想把自然的山水、植物引入室内，空间的浪费就在一定程度上得以解决，也使人与自然产生共鸣，例如在大型商场或酒店中，人造景观矗立于天井的中央处，既丰富了建筑的景观，又满足了自然与人文生活一体化的需求，使室内环境充满活力。

第二，解决噪声与层高的问题。在解决噪声问题时，我们可以在相应的单元楼层处设立消音装置或隔音材料，从而减少噪声对生活起居的干扰。一般 3 米的高度就能解决三至四层的采光问题，因此低层建筑更加适应装置天井，如机场、大型商场、博物馆等。

第三，解决防火问题。天井的通风功能为建筑内部空间起到良好的净化作用，但是火灾的安全隐患一直成为一个最为根本的问题，天井的设立不适于高层建筑，在低层建筑的空间中除了安置相应的防火设备和设计合理的逃生出口外，对天井的控制应采用智能化数控技术与防火警报，以便在火灾发生的同时能够迅速逃离危险地带，并进行相应的消防活动。

因此，天井的改良与利用还有待我们进行探索和研究。但从现在到将来几十年来看，由于人类需求的不断增加，据预测，全世界 2000~2030 年二氧化碳的排放量以每年 1.8% 的速率增加，低碳减排已经成为全世界的共同责任，也是一项全民联动的工程。二氧化碳的排放已经严重影响到人类赖以生存的家园。在这样的条件下，天井的生态化就是生态建筑当下最为重要的体现，在生态建筑的建造过程中，我们既要注重新能源的开发，又要技术创新，重视人才培养，加强环保意识。有效地节能减排，确保生态平衡。

综上所述，在民居建设中以上述三种解决方式为中心，配合多学科整合，从多专业的角度出发，针对细节问题做出优化设计与深入研究，为营造宜人宜居的空间环境而不懈努力，最终实现民居的绿色化。

第四章　室内陈设与装饰

第一节　钓源民居室内陈设与装饰的类型

一、空间形态与室内陈设装饰的联系

钓源古村作为庐陵建筑体系的代表性村落，在村落空间形态、单体建筑形制、室内陈设与装饰三个方面都蕴含了丰富的中国传统文化，例如风水文化、祥瑞文化、科举文化、儒家文化等。该村的室外空间形态与建筑室内的陈设装饰，最明显的共同之处就是风水理念的介入，所以在钓源古村建筑群落的室内和室外可以随处感受到神秘的风水文化。

村民对易经和八卦的崇拜可以追溯到他们的祖先，把祖先的信仰依附于古村落中，风水文化直接影响了村落的空间布局。在钓源村以家族为纽带的众多宗祠成为村落建筑组团的中心，所以可以观察到所有围祠而建的民居，还有一些景观节点如七星伴月、三门两锁、歪门斜道、弧形照壁，等等，都遵循了风水文化的观念而形成钓源古村的空间形态布局。民居室内的陈设与装饰受风水文化的影响形成了自己独有的装饰艺术，例如，从民居的木雕装饰中可以看到八卦图形被刻在建筑梁枋、窗棂、隔扇、床以及海涵坛等处，这些建筑构建和家具陈设上或多或少有着风水观念的影子。

（一）民居建筑结构——立面

钓源民居是典型的赣中民居的代表，钓源村现存的 150 多处古建筑中，上可追溯至宋元，下则延绵于明清。[①] 研究钓源民居的室内装饰与陈

① 参见汤移平《欧阳修后裔聚居地——钓源古村探析》，《科技信息》2009 年第 9 期。

设首先应了解其民居建筑结构。室内设计依靠建筑而存，不同地域、文化、社会因素决定了建筑结构与布局风格，进而影响到室内陈设和装饰。钓源传统民居主体结构以木构架为主，外墙只是围护结构，木构架负担了整个建筑的荷重。穿斗式的木构架民居室内陈设装饰充分利用木主体结构，把梁、枋、柱、门窗、木隔扇等木构件饰以雕刻和彩绘，达到结构与装饰的有机平衡。在钓源，多数民居都是重檐屋面，即在屋面下方约三分之一的位置，倾斜的屋顶隔开了三尺左右高的空间，用木隔扇装饰，形成双层重檐，便于通风透光。楼上不住人，用于摆放杂物或者粮食，还可以作为休闲娱乐的空间。

（二）民居室内空间布局——平面

1. 灵活多变的布局

钓源民居大都是设有天井的一明两暗三开间式平面布局，（图 4–1）另一部分是带天井院的三进式增加两列侧间的格局。这种虚实相结合的布局影响了其室内环境，虚是开敞的天井院，实是厅堂。天井院主要为解决通风、采光和排水等问题。整个民居将众多不同的空间、天井院，按空间功能有序地排列组合，使室内外环境相互贯通。这种布局最有代表性的就是中小型民居和祠堂，其室内的陈设装饰是以这种空间布局形式为载体的。

通过对钓源古村传统民居的走访调研，中小型民居和祠堂都是沿袭一明两暗三开间这种布局模板而发展建造的。民居在平面空间布局上呈现单体组合空间的多样性，形成了自由灵活的空间组合。每个空间的存在有不同的功能划分，民居主人依据功能的划分对室内进行陈设装饰。“年年有余”宅（图 4–1）为直进式一厅六房，整个住宅进门便是客厅，客厅位于轴线上，左右两边为暗房，厨房较隐蔽，位于客厅后面。“年年有余”宅一厅六房的划分是钓源很典型的空间布局。在这种模式的影响下又衍生出很多不同的单体组合空间。49 号民居——前院后倒宅，（图 4–2）是一栋清代前期建筑。主房是直进式一厅六房，后栋为一厅四房倒宅。院门侧入，厅门中开，后堂中开。院门一侧三间为倒厅，也就是餐厅。位于厅堂右边的为边宅，用于厨房和堆放杂物。倒座为仆人居室和灶间，后堂为内眷居住或书房，反映出封建礼教。这座建筑的平面布局便是由一厅六房衍生出来的新形式，反映了钓源民居灵活多变的室内空间布局，这必然会带来营造空间方式的多样。尊崇每个空间的属性，室内陈设装饰也必然千差万别。

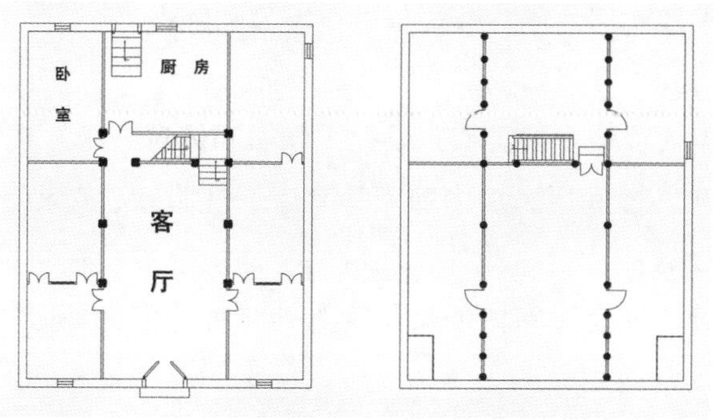

图 4-1　“年年有余”宅平面图

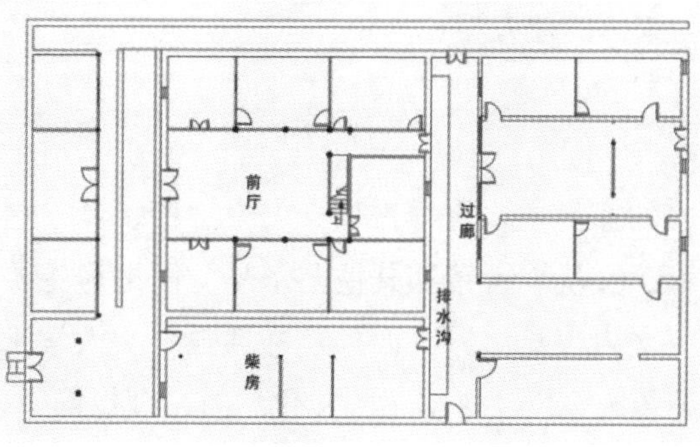

图 4-2　49 号民居一层平面图

2. 层次丰富的空间

（1）厅堂

厅堂是中国传统建筑中重要的室内空间，在中国的历代传统民居中厅堂的空间布置和陈设装饰一直是家族权重的体现。此外，厅堂大多按照轴线对称布置、规整庄重，有着强烈的仪式感，是家族进行重要祭祀活动和礼仪教化活动的场所。

村内民居室内空间的主要组成部分是厅堂，包括上堂、中堂、下堂。上堂相当于现代住宅中的玄关，是室内和室外的过渡区域，上堂的体量偏小，装饰简单朴实。中堂相当于现代住宅空间中的客厅，是供人们待客或者进行家族活动的地方。中堂的体量比室内其他空间大，比如，钧源古村的一些祠堂，其中堂的开间是整个祠堂中最大的。还有一些中小型民居，中堂的体量也明显代表着这户人家的社会地位和经济实力。中堂室内装饰的特点是装饰题材多样，装修大气，有着丰富的木雕艺术，摆放的家具种类有案、方桌、太师椅、条几等，同时配以楹联壁画。后堂作为家庭内部起居之用，装饰集中在家具和陈设品上。

（2）厢房

厢房指现代住宅中的卧室，供户主起居和休息之用。在钓源民居中，厢房被安排在一楼底层，房内的家具有床、洗脸架、橱柜、箱子等，女子闺房中还设有梳妆台。此外，厢房的装饰主要集中在隔扇的隔心、绦环板、裙板处，还有卧室内的架子床等处。卧室作为私密性较强的休息场所，床是其室内用具的主体，一般床位于厢房中最阴暗的位置，而不会设置在有门窗通风透气的地方。据统计，在钓源至少有 150 张古床，称为雕花床。厢房内最精彩的陈设便是雕花床表面的图案纹样，具有丰富的吉祥意义和浓郁的地方特色。

（3）书房

书房是文人求学问道、修身养性的场所，书房的功能为藏书与读书。村内民居书房内的家具主要有博古架、书桌、椅、凳，这些家具的基本功能是陈设书籍、文玩、古董和其他艺术品。而书房主要的装饰品是字画和楹联，不仅文人气息浓厚，而且装饰性强。文人学士对书房情有独钟，书房的陈设装饰也反映了房主的文化品质，理想操守以及审美境界。

（4）厨房

民以食为天，厨房在人们的日常生活中有着重要的作用。厨房空间在住宅中是不可或缺的部分，有时厨房空间单独设置，有时厨房与其他功能空间相结合而存在。从建筑的平面布局来看，厨房大部分处于偏离轴线之外的空间。尽管民间普遍重视厨房的功能，但是在实际构筑中，对厨房布置缺乏理论指导和规划设计。就现存实例而言，绝大多数厨房布置简易，设施简陋，空间逼仄，光线幽暗。与堂屋的规整、卧室的精美判若霄壤。

（5）祠堂

祠堂的用途有很多，除了“崇宗祀祖”之外，有时也是商议族内重要事务的场所。祠堂是族长行使族权的地方，被形象地称为封建道德的法庭，凡族人违反族规，都会在这里受到教育和处理。钓源村现有 8 座祠堂，大部分祠堂都是两井三进式，室内的正厅空旷大气，所有陈设中轴对称，威严而肃穆。祠堂陈设简单，装饰较民居而言精练简洁，装饰集中于建筑细部构件，如雀替、梁枋、柱础、隔扇等。

二、室内围护界面

（一）顶面

1. 民居

传统建筑室内的吊顶装饰，称为天花，汉代称为承尘，至唐宋时期建筑装修从帐幔走向小木装修，明清后期一些豪华的室内厅堂出现各种轩顶。[①]在中国传统建筑室内装饰中，顶棚是一个非常重要的装饰部位。顶棚的作用主要是保持室温、遮挡灰尘、遮盖不雅屋架，同时还有美化室内空间，对整个环境的营造具有一定的影响。钓源村内的大部分建筑为重檐屋面，共有两层，一层住人，二层堆杂物。一层的顶面非常简单，无天花处理，仅由几根简单的横梁和竖向排列的木板组成，整个顶面平整朴素。但位于屋门入口处的顶面，由于天井的退化，大多数民居室内采光以天眼代替原来的天井形式，但仍保留着原来天井的印痕。所以在厅堂前出现了由天井改良的天眼，并做了简单的装饰处理，以衬托厅堂的气派。室内的天眼普遍做成元宝井，利于采光通风的同时，增加了天窗的艺术感，也反映出居室主人的审美情趣。

2. 祠堂

钓源古村的祠堂内顶棚直接将梁枋檩椽的穿插暴露在外，所以装饰也集中在梁和雀替这些建筑构件上，装饰造型朴素简单。例如钓源村的文忠公祠，这座祠堂是纪念欧阳修的专祠。门廊上方的梁柱间绘有将帅戏狮图，造型生动，厅堂内梁枋与立柱间的雀替用鳌鱼的形象来演绎，回首盼顾的鳌鱼为镂空木雕，寓意独占鳌头。这些存于梁枋、柱间的精致木雕题材多样、内容丰富，一方面体现钓源人对欧阳修的敬仰，另一方面也展现了古代工匠的精湛技艺。

① 参见马海娥、刘亚兰《浅谈中国传统建筑界面色彩配置》，《美与时代（上）》2011 年第 10 期。

（二）立面

1. 壁面

钓源民居主要使用木构架作为房屋结构的基础，壁面装饰平实、简洁，在整个室内环境艺术塑造中，用壁面作为背景来烘托室内的其他陈设装饰。建筑外墙大多还是砖墙，眠砖与斗砖排列砌筑形成坚固的清水墙，室内壁面由木板壁和抹灰墙构成。

木板壁是指预制的成片木质隔墙，可以组装拆卸来划分组织空间。在钓源的很多民居和祠堂中木板壁作为分隔构件被广泛使用，这些木板壁多为樟木，因为樟木材质硬而坚固，且不易变形。在对钓源民居室内进行现场调研的过程中发现，几乎每户民居中的木板壁上都设有一对带“端头”的横掌。横掌是出于构件功能的需要而产生的，由于古时传统字画都很长，所以横掌的作用是压长幅字画。在中国古建筑民居中横掌的端头被装饰成蝙蝠式、鱼纹式、牡丹纹式、抽象式等，在钓源民居中出现最多的还是鱼纹式，横掌端头造型变成了墙壁的装饰品。

抹灰墙是指织壁粉灰墙，这种墙面做法简单而原始，用于房内间隔。织壁粉灰墙能够灵活编织粉刷，编织多先采用竹筋穿插成底子，粉刷草泥灰，再用石灰浆刮面刷白，与木构架的材料质感和颜色形成强烈的反差，衬托出构架和其他装饰件。这种竹筋织壁粉灰墙施工简单，经济耐用，是明代的建筑标志之一。在钓源 65 号民居室内厅堂天花板与板壁之间就是采用这种织壁粉灰墙的方法，即竹子抹灰墙。据当地的说法，采取这种方式是源自朱元璋制定的节俭之规，为节约木材避免加税，采取竹筋抹灰的做法。同时竹是朱的谐音，用竹寓意“拥朱倡廉”，所以在钓源民居中室内厅堂天花板与板壁之间的抹灰墙也是当地的一大特色。

2. 隔扇

老子在《道德经》中说：“凿户牖以为室，当其无，有室之用。”凡房屋都有门与窗，门供人出入，窗用作采光通风。在满足门窗简单的使用功能之后，人们开始对门窗的外观有所要求，所以门窗的样式千姿百态。门窗属于室内立面装饰，是室内装饰的一部分，与整体陈设装饰息息相关，连成一体。钓源人很重视自家室内的隔扇花窗，隔扇花窗和木板壁的组合代替了室内门窗，隔扇作为轻型建筑构件被当成一般的围护分隔构件，其造型艺术独具匠心。

许多的民居大门和外门以及内房门都做成实板门，最多在门环上做简单装饰。但钓源民居室内的门都是由木板壁和隔扇构成，饰以精致华美的木雕，便成了祖祖辈辈引以为豪的室内艺术的一部分。隔扇也叫碧纱橱，民居内的隔扇每扇宽 40 厘米~70 厘米不等，一般用 6 扇、8 扇等双数在进深方向排布，其数量根据房间的进深大小决定。隔扇是木料制成的木框，木框左右的立框为边挺，上下横向的边框为抹头。由于隔扇由隔心、裙板和绦环板组成，抹头可以有好几道，所以每扇隔扇的复杂程度和高度取决于抹头的数量，隔扇有二抹、三抹、四抹、五抹和六抹之分。木制隔扇的装饰部位主要在隔心、裙板及绦环板。钓源民居中室内木隔扇的装饰题材丰富，技法精湛，制作精良，装饰题材包含具有教育意义的人物典故和各种吉祥寓意的纹样等。装饰技法有透雕、浅浮雕、深雕等多种方法，混合使用。住宅主人正是通过这些装饰来表达自己的人生理念，或者对美好生活的期盼。在钓源有些富裕家庭的隔扇经过雕刻后鎏金，以显示这户人家的社会地位与经济实力。

（三）地面

室内地面装饰的作用首先是满足实用性，而且美化空间环境。钓源民居的地面一般是素砖地面，以实用为主，没有什么多余的装饰。地砖颜色统一，采用条形砖，铺设方式为条砖平铺，错缝排列。欧阳氏宗祠后厅的地面便是条砖平铺，错缝排列，但特别之处在于用半砖镶嵌了几个脸盆大小的圆圈，规则地分布在地面上。据考证，这些圆圈的作用是当全族举行祭祀和典礼活动时，按辈分等级排位，后来逐渐变成一种地面装饰。

（四）室内家具

家具在民居室内空间中扮演着重要的角色，它让人和建筑的关系更加紧密。家具与室内各装饰立面组成了不同的使用区域，家具的内在功能直接影响着室内的功能，并且家具的外在形式影响着室内环境的视觉效果。钓源民居有着完美的家具装饰艺术，其陈列的家具大多为明清时期家具，明式家具在历史上已经达到了家具艺术的顶峰，清朝家具艺术继续发展。因此在钓源民居中陈列的家具，也可以说是家具艺术的博物馆。按照其功能的划分有床榻、椅凳、桌案、橱柜、台架、屏座等几类。下面将分类介绍。

1. 床榻类

钓源古村家家户户的床形式不一，装饰精致而华丽，做工考究。床是卧室中最重要的家具，一个家庭的生儿育女、生老病死都与床分不开。钓源村民十分重视自家的床具，不仅在功能上改进，在床的外形上也力求别出心裁。就装饰而言，雕花床造型的烦琐和绚丽已经把钓源室内装饰艺术的美观程度呈现到了极致；就文化价值而言，这种雕花床的文化意蕴赋予了其新的象征，表达平安吉祥、辟邪纳福之意。据统计，钓源村中至少有 150 张古床是架子床，约一半为雕花床，按功能分为新婚床、闺女床和富贵床等。架子床的结构通常是床面四角立柱，上安顶架，床面左、右、后三面装床围子。装饰多集中在架子床前部的床门周围，装饰以植物、动物图案，经过抽象变形组合成吉祥纹饰，比如福禄寿、梅兰竹菊、龙凤、麒麟、老鼠等，象征着和谐、平安、吉祥、多福、多子。这些床有的雕缋满眼，有的镏金精美，让人无不赞叹古人的聪慧和匠心。

罗汉床由榻演变而来，不仅可以卧，还可作为坐具。使用时，常于正中放一炕几，两侧铺设隐枕，放在客厅待客。《长物志》中描述“座高一尺二寸，屏高一尺三寸，长七尺有奇，横三尺五寸，周设木格，中贯湘竹，下座不虚。三面靠背，后背与两傍等，此榻之定式也”。[①] 这段话将榻的特征描述得很详尽，其实也表述罗汉床的特征。钓源民居中的罗汉床靠背做成实板，板面彩绘有人物故事纹样。床下的束腰以及腿足雕刻着卷草纹和花卉纹样，整体造型简单大方、装饰秀丽，虽不及雕花床的雕缋，却也精美秀丽。

图 4-3　蝙蝠纹扶手椅

2. 椅凳类

椅子和凳子是与人类接触最密切的坐具，在设计和制作时也逐渐讲究艺术感和装饰性。人们最早从席地而

① 参见冯阳《从〈长物志〉几榻卷谈明式床榻对现代床榻的影响》，《大众文艺》2014 年第 18 期。

坐演变为后来垂足而坐，椅凳的产生体现了其真正价值。钓源村中的椅子最常见的形式有两种：扶手椅和靠背椅。（图 4–3，图 4–4）椅子虽然造型简单，但装饰尤为精致，以龙、蝙蝠、麒麟和花瓶等象征吉祥福气的纹样雕刻在座椅的靠背和搭脑等处，椅子的精美装饰为室内增添了更多的人文和艺术感。

图 4–4　双龙戏珠靠背椅

3. 桌案类

桌案类包括桌子、案、几。桌案在中国家具中占有很重要的地位，功能是在板面上承放器物。桌案不但品种多，形式各异，也对人们生活习惯的改变产生过相当深刻的影响。方桌分为有束腰和无束腰，有束腰的桌子是指桌面下部缩进一圈，而无束腰的桌子是指桌面与四腿直接相连。钓源民居室内的方桌虽无束腰，但桌面四周都有装饰，超然而脱俗，独具一格。例如，钓源一处民居厅堂中摆放的方桌，桌面四周雕有龙纹和蝙蝠纹样，或者是镏金的花卉、花瓶的图案，或大方庄重，或富贵精致。（图 4–5，图 4–6）

图 4–5　双龙雕花桌

图 4–6　牡丹纹桌

4. 箱柜架格类

钓源民居内的箱柜架格类家具包括箱子、立柜、橱柜和盆架、衣架等。橱柜类家具用以贮存各类生活用品，有横式和竖立式，横式高小于宽，多叫矮柜；竖立式宽小于高，如衣橱、书橱等。钓源民居室内的架类家具有盆架和衣架。由于古建筑民居中没有独立的盥洗室，盆巾架便成为室内的盥洗设备，既可放毛巾，也可放脸盆，有高低之分，也有四、六、八角和米字形的多种形式。装饰题材有动物纹、植物纹和人物故事纹，如龙、蝙蝠、梅花、卷草等吉祥纹样，雕刻在盆巾架的表面做装饰。（图 4–7，图 4–8）

图 4–7、图 4–8　钓源明善祖祠内的盆巾架

三、室内饰品

钓源民居的室内饰品包括有观赏价值的艺术品、有实用价值的工艺品、有护佑作用的装饰品三类。观赏价值的艺术品有书法、绘画等。实用价值的工艺品有端砚、行酒令牌、民间彩灯等。护佑作用的饰品有海涵坛、年画、香炉、神仙像等。

（一）观赏价值的艺术品

书法绘画艺术是我国的国粹，不仅传达信息，还作为一种艺术形式供人们欣赏。书画艺术的介入为室内环境增添了艺术文化的氛围和格调，主要有匾额、楹联、屏刻、挂屏等。室内家具方正平整，书画品曲折、浓淡、粗细富有变化，悬挂于室内能缓和室内的沉闷感与规矩感。[①]

① 参见尹蓓《明清民居室内陈设的文化内涵》，硕士学位论文，青岛大学，2010 年。

匾额一般悬挂于厅堂或祠堂的迎面居中位置，起点题的作用。匾额内容有的寄意，有的抒情。祠堂是家族祭祖联宗、议决宗族事务、表彰功德、惩戒罪恶等精神生活的重要场所。在钓源欧阳氏祠的中厅上高悬“惇叙堂”的巨匾和礼派宗祠中的“存礼堂”堂匾。“惇叙堂”源自《尚书》中“惇叙九族”，惇为惇厚，叙为勤勉；“存礼堂”三字乃是钱谦益书写。这两块匾额意在告诫和劝勉族人要时时刻刻端正自己的思想和行为。

楹联是我国文学艺术的一种形式，陈设于室内墙壁、抱柱处，可以使人们在欣赏中既获得乐趣，又受到启发。钓源 49 号民居中保存了一副曹秀先书写的青花瓷联，内容为“一榻清风书叶舞，半窗明月墨花香”。还有明代祝枝山手书的“灯火夜深书有味，墨花晨湛字生光”青花瓷联，其艺术性、思想性珠联璧合，相得益彰。

钓源民居室内的镏金壁画、镏金家训和名言警句作为装饰呈现在门厅壁板处，把钓源人独特的艺术品位和他们所注重的节义精神传达给大众，让观者获得视觉美感，心灵受到洗礼，其装饰意义和教化意义达到高度统一。庄山 27 号民居厅堂两侧壁上的镏金画，一幅名为“访贤才于渭滨”；另一幅名为“求富贵亦寿考”。这两幅镏金画是名家徐庭焕所绘，经镏金制作实属珍贵。[①] 房主选择这两幅画装饰厅堂，目的是告诫子孙后代要像郭子仪和姜太公一样建功立业，大展宏图。另外，钓源人素来注重节义精神，所以在一些民居家中的门厅壁板上陈设有镏金书写的家训或者名言警句来约束自身行为。

（二）实用价值的工艺品

明代高濂在《遵生八笺·燕闲清赏笺》中称“砚为文房最要之具”。极端者如米芾，在回复向他索取藏砚的友人书帖中曰：“辱教须宝砚，去心者为失心之人，去首者乃项羽也。砚为吾首，谁人教唆，事须根研。”米芾虽有调侃夸张之嫌，但爱砚之深，则可见一斑。[②] 端砚是中国文人墨客历来钟爱的文房四宝之一，在钓源民居中保存着苏东坡端砚和欧阳修大沱砚，苏东坡端砚为长方体型制，呈紫褐色，右侧镌有行楷笔法的“鹤田处士之贻，东坡宝之”字样，落款是“绍圣元年”。该砚正面和背

① 参见丁功谊、李梦星《钓源古村的建筑文化特征》，《井冈山大学学报（社会科学版）》2014 年第 5 期。

② 参见刘森林《中华陈设：传统民居室内设计》，上海大学出版社 2006 年版，第 386 页。

面都是圆角边框，砚面接近墨池处有海涛波纹的图案。这块苏东坡端砚实用雅观，不加华饰，突出砚石之美。

特别值得注意的是，民居中还保留了罕见的象牙行酒令牌。以茶会友、饮酒行令，在我国已有悠久的历史。钓源渭溪村民家中的一套象牙茶酒行令筹，共48支牌签，这些牌签取自象牙不同部位制作，颜色呈金黄、深黄、鹅黄等。牌签分10类，刻有草、楷、行书体，以及人物形象。如“后生年少，多喝一杯”，或标有不同层次的筹码，如“状元、榜眼、探花、进士”，等等。这些象牙茶酒行令筹可反映古时钓源盛行的娱乐文化，它的实用性为钓源人的生活带来乐趣并保留至今，有一定的审美价值和历史研究价值。（图4–9）

民间彩灯也属于室内装饰物的一种，既是照明之物，又是中国传统节日的应时之物，起到增润和美化室内环境的作用。钓源民居内的彩灯以红灯笼、传统宫灯、壁灯为主出现在正厅，而一些卧室的彩灯已经被现代的节能灯泡代替。彩灯有比较广泛的群众基础，可为重要的节令风俗、人生礼仪彰显气氛。钓源民居最有特色的彩灯要属具有两百多年历史的玻璃灯笼，（图4–10）该灯笼是清代乾隆年间任安徽宁国知府的欧阳衡告老还乡带回钓源的，后由他的家人世代珍藏。这盏玻璃灯笼呈方

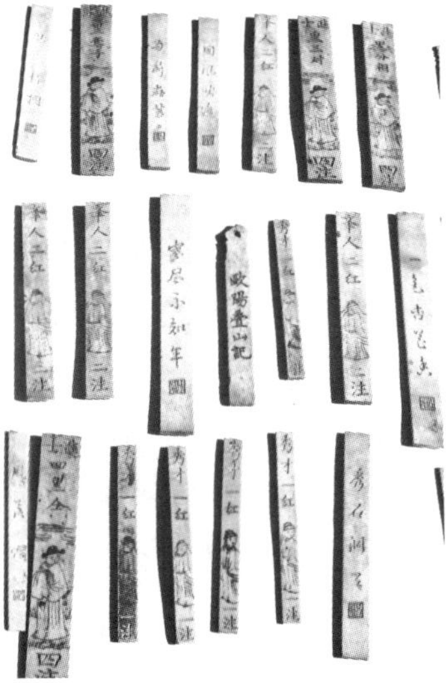

图4–9　象牙行酒令牌

图4–10　彩绘玻璃灯笼

（图片来源：李梦星《中国最美古村落 江西·吉安：钓源村》、李烨、周世玉、邹晓明主编《欧阳修后裔聚居地——钓源寻韵》）

圆形，由三组滑轮、铜链连接下方铜烛座和上方的铜圈，烛座下面还悬着红锦流苏。灯笼腹壁上绘有颜色艳丽的鸳鸯戏水图和双喜字及花卉枝蔓纹样，这些图案极富中国传统文化特色，整个造型精巧别致、雍容华贵。它的装饰性和实用性不言而喻，也可以看出古时我国手工业水平发展日趋成熟。

（三）护佑作用的装饰品

在钧源古村民居中，人们对易经风水的崇拜促使他们在家中安置一些具有护佑作用的物品，如香炉、海涵坛、神像等。

香炉即焚香的器具，具有护佑祭祀、敬神供佛、陈设装饰等多种用途。熏炉具有熏衣宁神之用，也属于香炉。两者都是古民居室内不可或缺的陈设品，形状上分圆形和方形，有方形四足、圆形三足，材质上包括金属、陶瓷、玉石等。钧源民居室内的香炉和熏炉多陈设于正厅中央案几之上，与花瓶、镜子、神像、牌位等放在一起，表达对神灵的敬仰和对祖先的崇拜。27 号民居陈设的熏炉造型独特，做工精细，该熏炉是青铜所铸，属于圆形炉，炉下有三足，雕刻成狮子头造型，炉身四周雕刻着八仙图案和“八仙”二字，炉身两侧是龙头纹样的手环，而熏炉顶部是镂空形炉盖，盖上有一只回首侧卧的狮子。此香炉除了自身的实用和美观价值之外，更重要的是具有护佑辟邪的作用，因为其外形采用八仙纹样和狮子纹做装饰，这两种题材纹饰象征庇护镇宅之意。（图 4–11，图 4–12）

图 4-11、图 4-12　青铜雕刻熏炉

图 4-13　海涵坛

海涵坛作为钓源民居中的陈设饰品具有很强的护佑作用，它位于民居厅堂上方的前梁中间，或者是大门的上方，有一个似半圆形的木盘，半圆侧壁上雕刻着莲花花瓣的图案，半圆一寸多厚。这个半圆形的木盘被当地人称作海涵坛，它有两个作用：一是方便从天井口飞入的燕子搭窝筑巢；二是起到护佑的作用。海涵坛内放有辟邪符，这道符是请会作法的道士画的驱妖辟邪符。（图 4-13）

年画是中国民间最普及的艺术装饰品之一，在中国每到过年时，多数地方都有张贴吉祥年画、门神以及对联的习俗，一方面以增添节日的喜庆气氛，另一方面因其内容和题材而具有一定的庇护作用。纸绘的年画内容以神仙画像为主，题材大多是神荼、郁垒、钟馗、财神、福禄寿喜和天官赐福等，寄托了人们对生活的诉求并希望寻求众神仙的护佑。

神像是供奉在民居室内的护佑品，可保佑人们平安祥和富足，人们对神仙像有一种自然的敬仰和崇拜之情。钓源民居的厅堂神案上常摆放观音娘娘、财神、福禄寿三星等神仙像，用来祈求家庭和睦、平安、幸福，或祈求财运等。

第二节　钓源民居室内陈设与装饰的艺术特征

室内陈设与装饰艺术的魅力来自室内环境的各组成部分，无论是室内界面、家具，还是室内饰品，都把独特的陈设与装饰艺术表现得淋漓尽致。钓源民居室内陈设与装饰体现出的地域性、民族性、艺术性区别于其他地区装饰而自成一派。通过室内环境中的陈设与装饰呈现给大众钓源民居装饰中不俗的一面，无论从表现形式、装饰手法，还是图案纹样、文化意蕴等方面，钓源室内装饰所传递的艺术价值都带给人们不同的视觉审美体验，值得仔细品味和探究。

钓源民居室内陈设与装饰艺术不仅体现了能工巧匠们的精湛技艺，也深刻反映出庐陵地区透过装饰所传递的人文情怀和当地人对人生志趣的追求以及美好生活的向往。为了更加深刻研究钓源民居室内陈设与装饰的艺术特征，本节从室内空间界面、室内家具、室内饰品三个部分切入，对钓源民居室内陈设与装饰艺术特征进行深入论述。

一、古朴与华美——室内空间界面

民居室内空间界面围合和分隔成不同功能的场所，这才有了厅堂、卧室、厨房、书房等功能分明的局部空间。所以室内空间界面装饰作为室内的背景装饰，墙、地、顶棚三部分界面的装饰紧密联系，共同构成整体背景装饰。钓源古民居室内空间界面装饰呈现出古朴与华美的风貌，让人印象深刻，不禁赞叹。

（一）虚实相生

老子的《道德经》有云“天下万物生于有，有生于无”，无不是虚无，而是无中存有。这种有无相生，虚实结合的哲学思想对传统民居产生了极大的影响。[①] 而“相生”即事物之间相互依存、相互作用、相互促进与相互转化，虚实相生就是虚与实的互涵互摄、互融共渗。室内环境中被凸显的装饰和弱化的背景俨然如同老子《道德经》中所描述的虚实理论，在钓源民居室内环境中把虚实相生的理论注入界面装饰艺术中，创造了特定的审美意境。

钓源民居灵活多变的布局造就了层次丰富的空间，虚与实互融共渗在室内空间环境具有不同的代表，虚实相生的围合（元宝井的外虚与建筑围合的内实）、虚实相生的分隔（室内花窗隔扇虚的通透与墙壁木板壁实的分隔）等。室内空间的分隔包括绝对分隔和局部分隔两种。绝对分隔是直接利用砌筑墙体或者木板壁这样的实体界面对空间进行高限定性的分隔，这样分隔出来的空间具有很好的私密性、领域性和抗干扰性，

① 参见贾宇《中国传统民居中的虚与实》，《山西建筑》2006年第24期。

是封闭性极强的绝对的界限。例如，钓源民居室内古朴简洁的清水墙和木板壁成了整个室内的背景，即空间中“实”的部分，木板壁为灰褐色杉木制作，斑驳中略显木质原始的黄褐色，宛如一幅古朴怀旧的“书卷”，而“书卷”中的内容便是空间分隔界面“虚”的代表——花窗与隔扇。花窗和隔扇是局部分隔的一种，局部分隔的完整性不如绝对分隔，但有一定的通透感使室内空间形态更加丰富，趣味性与功能性都会大大增强。（图 4–14，图 4–15）室内的木雕花窗装饰与实体墙、木板壁形成一组虚实关系，虚体的通透玲珑和实体的界面分隔正如花窗隔扇装饰与实体墙、木板壁带来一种虚实互涵互摄的效果。

图 4–14 团寿纹花窗

图 4–15 “回”字纹花窗

李允钰在《华夏意匠——中国古典建筑设计原理分析》第五章“建筑立面的构图”一节中表述：中国建筑立面的构图方式似乎比任何其他的方式可以取得更好的效果。因为，它很少仅是“两维”的一个“平面”（plane），它所形成的是一个有深度的“三维”的立体的“面”，一个雕刻意义的封闭用的“障”。[①] 人在由此而形成的规限出来的空间之中，自然感觉舒畅得多了，在“虽实尤虚”之中，自不会有身在笼中那样的感觉。这段话已经把虚实关系带给人的心理效应解释得很清楚，人们在这种虚实相生的空间中获得舒畅的感觉和放松的心态。钓源室内界面装饰

① 李允钰：《华夏意匠——中国古典建筑设计原理分析》，天津大学出版社 2005 年版，第 165 页。

真正的美学价值就是界面之间虚和实的展现以及虚实相生所赋予界面装饰古朴而精美的视觉观感，古朴的围合界面与精美的花窗隔扇在这种理论的影响下宛若天开呈现给人们。

（二）隔扇艺术

中国古建筑中由木门窗这种轻型构件作为建筑的围护构件之一，最典型的代表就是隔扇花窗，这也成为中国传统建筑的一个重要的特征。隔扇兼具门、窗和墙的功能，隔扇的设置是室内界面的另一种划分方式，并且隔扇已经不单单作为建筑构件而存在，它所展现的美学价值给室内空间环境增添了更多的艺术性、互动性和人文内涵。钧源民居建筑虽然历经沧桑，但家家户户的隔扇却没有因为时代的变迁而磨灭它固有的精彩价值，木板壁和墙壁的古朴衬托了隔扇艺术的华美。如下将从图案纹样和寓意、表现形式、雕刻技法和材料方面进行分析。

1. 图案纹样和寓意

钧源民居室内隔扇雕绘了形态迥异、不同风格的图案纹样，营造出动静结合、造型丰富的隔扇装饰艺术。图案纹样是人类形象地把握世界的方式，它以一定的形式构成而反映出一定的观念。[①] 人们怀着对大自然的认识，在隔扇的图案纹样中选择象征或寓意美好的装饰题材进行具体事物抽象化和抽象事物具体化的提炼、变形、组合，表达对生活的诉求，比如福禄寿喜、平安、吉祥、忠孝、多子多孙等丰富的文化内涵。华丽精美的图案纹样成就了室内隔扇装饰艺术，并加强了人们与隔扇装饰之间的互动。钧源民居室内的装饰题材是自居民长期生活以来形成的吉祥符号，归纳为以下几类。

（1）几何纹：钧源民居室内装饰所用的几何纹有“万”字纹、套方锦、冰裂纹、黻亚纹、方格纹等，几何纹主要作为隔扇中隔心处的底纹，形成连续纹样。

“万”字纹可以是直线的，也可以变幻成曲线，甚至拉斜成菱形，变化多样。多个“万”字组合，有“万字不到头”和“万字流水”之意，其形态延绵不绝，蕴含着百姓期盼福寿延绵不断。（图 4–16，图 4–17）

---

① 参见罗琼《中国传统吉祥纹样在设计中的应用》，《科教文汇（中旬刊）》2008 年第 2 期。

图 4-16、图 4-17 “万”字纹隔扇

套方锦是一组由四个直角套在一个四方形的四角后形成的一组大小四方形重叠的图案，在钓源民居隔扇的隔心处就出现了精美的十字套方锦图案。

冰裂纹，又称冰竹纹，模仿冰面龟裂的纹样，由直线交织而成，自由活泼，民间寓意平安。（图 4–18，图 4–19）

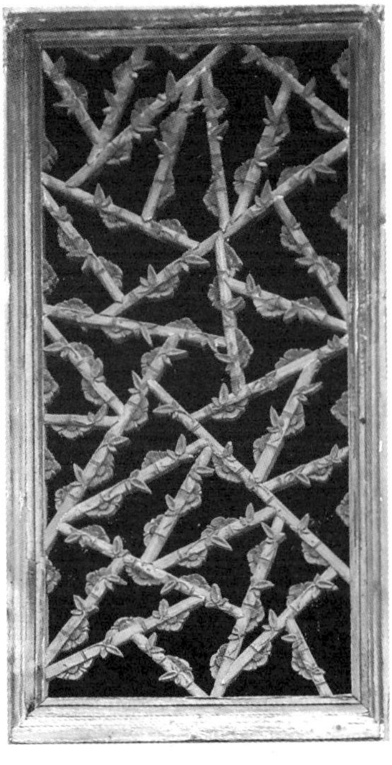

图 4-18、图 4-19 冰竹纹隔扇

黻亚纹，横竖棂仿照吉祥“亚”字组合，寓意明辨是非，善恶相悖。

方格纹，民间俗称豆腐格，网格纹。网是人民获得食物和财富的途径之一，具有招财进宝之意。网格纹的正方形孔洞又代表了处处正直。因此网格纹出现在隔扇上表示房主期望招财进宝，为人正直不阿。

（2）汉字纹：中国的汉字博大精深，源于象形。在室内装饰艺术中汉字纹样作为图形语言，具有强烈的装饰造型感，以汉字部首、偏旁来认知字义，使汉字具有丰富的情感色彩。装饰中经常取用的汉字有福、禄、寿、喜、吉、和等，汉字作为隔扇的装饰元素，通过一定的艺术加工，使文字图案化，并与周边的纹样相和谐，装饰感与趣味感十足。钧源28号民居中有一组由6块团寿镀金雕花镂空的隔心组成的隔扇，简单的寿字加以艺术处理后，纳入方形或圆形的轮廓中，与周边的回形纹协调统一。（图4–20）

图 4–20 “寿”字纹隔扇

（3）植物纹：果木花卉的雕刻纹样也是室内装饰经常使用的，一般趋于写实而很少使其图样抽象化。在钧源民居室内装饰中植物纹样的内容有牡丹、梅、兰、竹、菊、莲花、松、橘、石榴等。这些植物纹样不仅被用作室内家具的装饰图案，而且集中在隔扇绦环板和隔心的位置作装饰纹样。牡丹，富贵者也，其形态雍容华贵，富丽娇艳。梅、兰、竹、菊被称为四君子，梅，花中君子之首，品性高洁，不畏严寒。（图4–21）兰花以高洁、清雅、幽香而著称，是古代文人墨客的最爱之一，有许多咏兰、颂兰的诗词广为流传。竹，北宋文豪苏轼云：“宁可食无肉，不可居无竹”，高风亮节、四时长茂是竹的象征。菊意长寿，（图4–22）莲花意圣洁，松意长生不老，橘子通“吉”，石榴意多子。因此这些果木花卉取其寓意借以抒情，除此之外，在装饰纹样中还通常采用卷草纹作为点缀。

图 4-21　梅纹绦环板

图 4-22　菊纹绦环板

（4）动物纹：钓源民居室内装饰所用的动物纹饰包含龙、凤、麒麟、喜鹊、蝙蝠、孔雀、鹤、鹿、羊、猴、鱼等，中国人自称为龙的传人，龙在我国传统文化中占有十分重要的地位。龙凤象征富贵美好，麒麟有仁慈和祥瑞之意，蝙蝠通“福”，鹿通“禄”，羊通“祥”，寓意吉祥，鱼通“余”，寓意连年有余。65 号民居室内窗棂下方花格板采用镏金雕饰，造型是三只老鼠腾跃在花丛中。老鼠普遍不被人喜欢，俗话讲“过街老鼠，人人喊打”。但老鼠却在钓源民居装饰中被广泛使用，江西人有一贯循规蹈矩、中庸内敛的特点，但思维方式又往往让人觉得出乎意料。据考证，“鼠”谐音“许”，“鼠多”就寓意着“许多”。十二生肖中，鼠为首，以天干地支计，则为“子”，所以三鼠就寓意着“儿子许多”。（图 4-23，图 4-24）

图 4-23　鼠纹镏金绦环板

图 4-24　鱼纹镏金绦环板
（图片来源：李梦星《中国最美古村落 江西·吉安：钓源村》）

（5）器物纹：器物纹的雕刻多出现在隔扇绦环板上，以琴棋书画、香炉、花瓶、剑戟、宝鼎、书案等内容为主，寓意诗书传家或者是吉祥如意。（图 4-25，图 4-26）

图 4-25　器物纹绦环板

图 4-26　器物纹绦环板

（6）人物故事纹：人物故事图饰一般常根据隔扇的数量来选用不同的主题，比如四片隔扇选渔樵耕读，更多隔扇选二十四孝故事等。在钓源，人们践行仁义礼智信的节义精神，68 号民居前厅两侧隔扇的绦环板上雕刻的二十四孝故事是最生动的育人教材，如“亲尝汤药”“戏彩娱亲”“卧冰求鲤”等典故。（图 4-27，图 4-28）

图 4-27　亲尝汤药

图 4-28　戏彩娱亲

2. 表现形式

钓源民居的室内装饰艺术中隔扇装饰运用的表现形式有象征、谐音、组合。

象征是指由图案呈现的形态属性延伸出深层的含义。对钧源的木雕装饰图案而言，牡丹盛开体态丰腴，颜色艳丽夺目，象征富贵；梅花在严寒中怒放，体态洁白干净，象征坚韧不拔的品质和高洁空灵的气质；松、鹤象征长寿；莲子、石榴、葡萄都为多子植物，象征子孙万代，子嗣延绵和人丁兴旺。

谐音是利用汉字语言多音而字义相异的特点，中国人乐于凡遇喜事讨个好口彩。在钧源民居木雕艺术中隔扇的装饰图案常采用谐音的方式表达吉祥祝福，如鱼通“余”，意为剩余，连年有余；瓶通“平”，意为平安；蝙蝠通“福”；老鼠的鼠在钧源方言中有“许”的读音，老鼠在十二生肖中称子鼠，因此在钧源木雕的装饰中出现老鼠图案，意为子孙许多。

组合的手法是基于象征和谐音而产生的，将不同的题材创造性地组合起来，使其产生吉祥美好的寓意，这是中国人约定俗成流传至今的一种表达方式。在钧源民居中可以看到一些有趣的木雕图案，两只喜鹊站立于梅花枝头，这样的组合代表喜上眉梢、喜上枝头；苍劲屹立的松树下仙鹤回头仰望，代表松鹤延年；花瓶上插三把剑戟组合意为平升三级；麒麟和孩童组合意为麒麟送子，等等。（图 4–29，图 4–30）不同题材纹饰组合之后丰富了木雕的趣味性、装饰性和人文意蕴，使装饰纹样不再孤立，增加了与人的互动。

图 4–29　瓶升三戟

图 4–30　麒麟送子

3. 雕刻技法和材料

在钓源民居木雕艺术中隔扇的雕刻方式有浮雕和透雕：浮雕分为浅浮雕和高浮雕，是最普遍的一种雕刻手法，具体操作方法是先将木板面找平，然后用刀具将不需要的地方剔去，留下纹饰或图案。高浮雕和浅浮雕手法一样，只是高浮雕凸面变得更加立体。浮雕形象鲜明、层次突出，在绦环板上可见；（图 4–31）透雕是浮雕的极端发展，通常的做法是将不需要的地方提前用工具镂空，然后再开始雕琢，雕琢成单面或者双面。钓源 65 号民居前厅的两边隔扇的绦环板上采用透雕的手法，其中一块板上雕刻了三只老鼠，一只前跳，一只回首张望，还有一只惶恐地望着远方，整片透雕俊秀空灵，小巧玲珑。[①]

图 4–31　双龙寿纹绦环板

庐陵盛产杉木和樟木。由于杉木木质轻且坚固耐用，不易变形，因此隔扇四周的框架多采用杉木。樟木木质重且硬，有樟脑之香气，不仅耐虫蛀，还不易变形，是一种很好的家具用材。钓源古村万樟环抱，古木参天，所以在室内装饰上对于木料的选材十分讲究，通常采用大量樟木和杉木。《考工记》中有“天有时，地有气，材有美，工有巧，合此四者，然后可以为良”的说法。所以“天时”“地气”“材美”的自然因素与“工巧”这一人工因素有机结合起来，可以造就“良”的审美效果。[②]而工巧作为人工因素是指工艺精巧，钓源室内隔扇的雕刻工艺丰富多样，具体

① 参见丁功谊、李梦星《钓源古村的建筑文化特征》，《井冈山大学学报（社会科学版）》2014 年第 5 期。

② 参见王闻道《明清时期传统民居室内陈设艺术设计研究》，硕士学位论文，河北大学，2009 年。

的隔扇采用什么样的雕刻技法要根据木料的材质、图案纹饰、雕刻位置以及室内空间环境等来确定，工巧实现了装饰的可视性，具有重要意义。

（三）天井艺术

中国传统思想中天井有聚财的作用，又存在“四水归堂，肥水不流外人田”之意，大降的雨露和财禄源源不断流入自己家中。在房屋建造时，受传统思想的影响，钓源村独有的高位采光天井在室内部分增加了更多的装饰性和趣味性，做成了元宝的样式，在室内抬头仰望可以看见一道豁口，村民称作“抬头见宝”，阳光穿过豁口进入室内直洒墙壁，满足室内的采光通风。雨天时，为避免雨水从豁口落进厅堂，豁口下方做了一个条形沟槽，钓源人把这个沟槽制成元宝的形状象征着财富，有些人家还在元宝形天井下方题写匾额或对联，使装饰变得更加有意义。（图4–32）

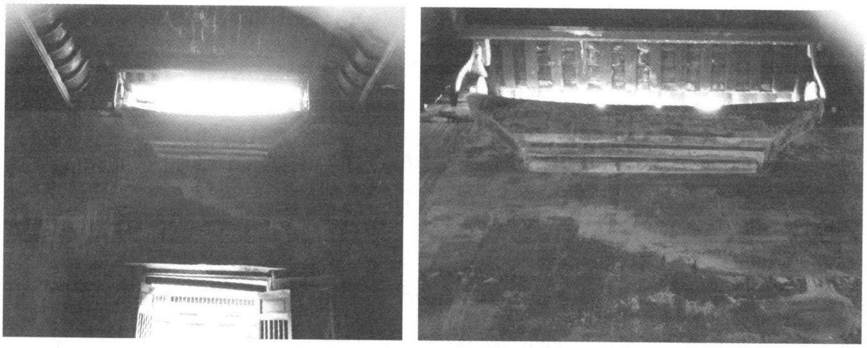

图 4–32　“元宝”窗

二、富贵与吉祥——室内家具

（一）以用造“形”

钓源民居的室内家具历经岁月洗礼而熠熠生辉，至今仍然被使用。这些家具不仅是祖先留下的财富，村民们不敢有所怠慢，而且每一样家具在今天存在的意义更大。不同家具的功能体验、生动活泼的图案雕刻、漆红描金的家具色彩和承载祥瑞的人文理念等内容紧紧相扣，塑造了钓源民居室内家具，彰显出家具艺术富贵与吉祥的一面。

钓源村的民居中大到架子、床，小到椅凳、装饰，别出心裁，都是围绕功能而展开的，即以用造“形”，强调家具的使用功能，因此会产生使用对象和使用行为；“形”是指家具的具体造型和家具表面的装饰图形。家具的造型和装饰最终会依据家具的使用对象和使用行为而产生。例如，在一处民居家中前厅太师壁的桌案两边摆放了一对扶手椅，桌子在厅堂的正中心位置，扶手椅左右置之，呈对称布局，扶手椅粉饰红漆和镏金雕花，看起来富贵喜庆。按照中国人的传统思想，这对椅子是供房屋主人接见宾客时坐的，故椅子靠背处的装饰图案匠心独运，搭脑处雕刻着双龙戏珠的纹样，靠背板呈十字交叉式，上部为喜鹊和梅花纹，中心为寿字纹，左右下部是麒麟纹，这些纹饰都是大众喜闻乐见的吉祥纹饰，寓意主人喜庆吉祥，仁慈长寿。装饰造型富贵也显示出房主经济殷实。在钓源民居中像这样外形富贵夺目、寓意吉祥美好的家具不胜枚举，而这些家具装饰的产生是以使用对象来确定的。

（二）床载祥瑞

钓源民居的室内家具中，值得瞩目的就是姿态万千的雕花床，这些雕花床是村民最重视的雕饰装潢之物。清代李渔曾言：“人生百年，所历之时，昼居其半，夜居其半。日间所处之地，或堂或庑，或舟或车，总无一定所在，而夜间所处，则只有一床。是床也，乃我半生相共之物，较之结发糟糠，犹分先后者也，人之待物，其最厚者莫过于此。”[①] 古人对床有着特殊的情结，床是人们身心休养的归属，是人类繁衍的巢窝，也是人类生老病死的载体。所以在钓源人的心目中床的价值不再那么单一，而床的装饰象征着更深层次的意义。一张床可折射出拥有者自身的文化品位、财富仕途、社会地位等，因此人们把各种承载祥瑞、寓意美好的吉祥纹样装饰在床上，从楣板、门罩，到床足镏金的雕花装饰，附着于床的表面，纷繁斑斓，极尽奢华，别具特色，尊崇以用造“形”的艺术特征。民居中陈设着富贵吉祥的雕花床主人不同，有新婚夫妻、闺中女子、富裕的商人，等等，床的主人把自己的内心诉求告诉能工巧匠，请其打造这神圣之物。归纳起来有闺女床、新婚床、富贵床、花架床，等等，每款装饰造型迥异，美轮美奂。

① （清）李渔：《闲情偶寄》，浙江古籍出版社 2011 年版，第 111 页。

42号民居家中的新婚床的门楣中间是麒麟送子图，象征早生贵子，两侧饰以浮雕梅兰竹菊，用竹节分隔每块绦环板，这些雕刻寓意夫妻之间男人像竹节凌云直上，女人像梅花贞洁芳香。床门上部的花罩由冰裂纹和一串排列整齐的石榴纹构成，表达了夫妻最大的心愿——子嗣延绵。床门的两边是仙官赐福、龙凤呈祥的纹饰，寓意夫妻二人生活幸福祥和。（图4–33）

图4–33　42号民居新婚床

图4–34　紫竹纹闺女床

钓源很多民居中都有闺女床，闺女床的门楣和门罩的边框用紫竹包裹，紫竹竹节之间用金漆彩绘，象征女主人如竹坚贞。门罩两侧透雕牡丹，寓意为高贵、天姿国色。富贵吉祥的装饰纹样被巧妙合理地安排在这张闺女床表面，表述心愿、承载祥瑞。（图4–34）

图4–35　双龙戏珠富贵床
（图片来源：李梦星《中国最美古村落 江西·吉安：钓源村》）

钓源村还有一张较为特别的床，装饰富丽，美不胜收，其上饰太极八卦和福禄寿三星图，两旁是双龙戏珠和八仙图。令人意想不到的是，床内侧栏板上饰金瓶宝剑、诗书之册，寓意平安健康、满腹诗书。而这精美绝伦的四扇栏板是可以开启的，隐藏的空间是用来放置被子的。（图4–35）

三、淳朴与自然——室内饰品

钓源民居内的装饰陈设品在整个室内环境的营造中柔化了空间，丰富的饰品点缀烘托着室内的氛围，统一和谐的室内环境使人们获得美的享受。其室内饰品不像徽派民居中的陈设品素雅清新、意境深远，而是形成了庐陵民居淳朴自然的室内装饰品风格。

室内陈设有供实用、欣赏和保佑庇护的装饰品，大到匾额、楹联、壁画，小到香炉、花瓶、镜子等。陈设艺术不仅要求单件艺术品的精美古雅，而且更注重多件艺术品之间的和谐，注重古玩书画与家具、房间乃至庭院的形制风格间的和谐。[①] 当视线进入厅堂，迎面是屏壁构成室内轴心和底景，视觉中心集中于屏蔽上方悬挂的吉祥年画，对联分设两端。屏壁前依次为条案、八仙桌、扶手椅，再往前为两旁分设的椅几，条案上陈设花瓶、镜子、钟表、香炉等，清代李渔的《闲情偶寄·器玩部》“位置”一章中提出“忌排偶”和“贵活变”的陈设原则，论述了均衡之变与忌排偶。均衡原则反映在大格局和一些从事正式活动的场合，比如厅堂，“忌排偶”主张灵活多变的形式，这种统一中求变化的美学法则从那时的陈设布局中能够充分体现。

《闲情偶寄·居室部》“墙壁”一章提出“厅壁不宜太素，亦忌太华。名人尺幅自不可少，但须浓淡得宜，错综有致”[②]。钓源古村崇文重教的观念根深蒂固，所以凡是书香门第都有书法绘画挂于墙壁，而普通民居室内则挂年画和楹联。由此看出钓源人对文化修养的重视以及祈福护佑的追求。钓源民居室内的壁画和楹联既是装饰品，也是宣扬传统道德观念的载体。庐陵传统文化中重要的内容之一是族规家训，所以钓源村的祖先用室内壁画和楹联传播家训格言，教化后人注重自己的节操和义行。68 号民居房门上的镏金楹联“荆花兄弟乐，心地子孙耕。忍能居九世，恕可处终生”教导家人要和睦相处，心地善良以及胸怀宽广地处世为人。49 号民居门厅家训用金漆描绘，其内容就是《朱子家训》的内容，共 624 个字，其中“居身务期质朴，教子要有义方。莫贪意外之财，莫饮过量之酒”等句子深中肯綮，比如尊敬师长、勤俭持家、邻里和睦等，

---

① 参见曾赛军《室内软装饰的审美文化研究》，硕士学位论文，湖南大学，2010 年。

② （清）李渔：《闲情偶寄》，浙江古籍出版社 2011 年版，第 97 页。

这些价值观在今天仍然有现实意义。[①]

第三节　钓源民居室内陈设与装饰艺术的审美观念

中国传统建筑的装饰方法丰富多彩，蔚为大观。无论造型与形式，还是题材与内容，都存在多种表现手段和效果，加之历史与地方特色的影响，使之越加纷繁。但是，在这多样的表象之中，总会浮现出一些观念的影子，这些观念不但是创作的核心，也成为特定社会文化的真实反映。钓源民居室内陈设和装饰的审美观念是功能演进观、庐陵文化观和民俗艺术观的集合体，这三大观念的集合构成大众对特定装饰的主观审美意识。探究钓源民居室内装饰审美观念可以对庐陵民居装饰美有着更深层次的理解和把握，并且促进大众对钓源民居室内装饰艺术的审美体验。

一、功能演进观

回顾建筑装饰艺术的发展轨迹，可以确定的是建筑装饰不是在建筑设计初始状态就存在的，而是随着建筑功能的演进在不同程度上出现的建筑装饰艺术，并在之后蓬勃发展。审视建筑的美观性，装饰是基于建筑功能上的选择，是随着人类对自然环境与现实生活的各种功能性需要而产生的。所以装饰艺术是后来出现的，建筑设计最初始的状态是功能大于装饰，这是装饰存在的基础，也是最基本的层次。

功能演进观是指由人对建筑功能需要的满足而演变成功能是建筑装饰创造的动力。例如，中国古典建筑中象征等级和地位的“台基”的出现，最初用于满足“防潮”“防洪”等实际功能的需要，即墨子所说的“下润湿伤民”。台面因有排水的需要产生了排水口，而排水口成为装饰对象被美化和修饰。（图 4–36）

① 参见高洁琼《钓源民居装饰体现的文化内涵》，《金田》2015 年第 7 期。

图 4-36　鳌鱼雕刻台基

台基满足防潮防水的需要，排水口也是为了满足排水，但排水口设计成圆雕鳌头的造型气势恢宏，最终发展成为台基的装饰。建筑装饰艺术从功能的角度切入形成了这样的演变，才是对装饰艺术最客观、最基本的认识。钓源古村民居室内的陈设装饰艺术中，界面装饰如“元宝”形天窗、雀替装饰、隔扇装饰以及家具装饰等，都是遵循着功能演进观而发展的，体现了装饰艺术的审美观念，揭示其装饰艺术的审美价值。

既然谈到功能，陶思炎先生认为功能在演变的过程中经历了始生功能、衍生功能以及泛化功能。始生功能是人们对一物、一事起初的需要，功能目标单一而直接。衍生功能是次生性的功能趋向，其功能目标扩大，传习和增衍一定的文化意义。泛化功能的目标指向更加扩大，是在前两者的应用和适应中产生的，成为一种新创造的动力。根据这一理论分析钓源民居室内装饰艺术，比如祠堂中的建筑构件之一“雀替”，雀替在《中国建筑图解词典》中解释为：“放在柱子上端用来与柱子共同承受上部压力的物件。”[①] 雀替的始生功能体现为它作为建筑的一种承重构件，是人类为了解决居住问题，满足建筑的承重需求而采取的一种创造。而随着雀替的普遍应用，人们意识到雀替的造型不够美观，于是设计出含有吉祥寓意的鳌鱼外形，象征独占鳌头。雀替的新形象作为室内的装饰体现了其泛化功能，独占鳌头的文化寓意是衍生功能的体现。雀替经历了从始生功能到衍生功能，再到泛化功能这一系列的演化，最后变成了装

① 王其钧主编：《中国建筑图解词典》，机械工业出版社 2007 年版，第 101 页。

饰，这就是装饰艺术审美观念中功能演进观的真正体现。

二、庐陵文化观

在中华民族的史册中，庐陵文化是先进文化的代表，具有相当重要的历史地位。江西庐陵文化是具有浓郁地方特色的文化，这种伴随庐陵历史发展而积累形成的意识形态，其表现形式丰富多样，影响着当地的民居建筑。庐陵传统民居是庐陵文化的物化形态，包含了丰富的审美观念和美学意蕴，展现了庐陵人实用、美观、情感三位一体的独特建筑美学观。[①] 钓源传统民居是庐陵民居的一个缩影，庐陵文化作为最关键的意识形态驱动着人们的审美观念，使民居建筑室内陈设装饰和人类审美取向与情感产生共鸣，从而获得视觉的美感和心灵的归属感。

（一）崇文重教

古庐陵人才辈出，涌现了许多杰出人物。庐陵最杰出的人物，非欧阳修莫属，在一代文豪的引领之下，崇德尚学、耕读传家的传统思想促成了庐陵人士崇文重教的观念。钓源古村是欧阳修后裔的聚居地，崇文重教的观念表现得非常强烈，他们希望在世世代代的鞭策下，子孙能够出人头地，延续望族的荣耀。钓源村内广建书院学舍，设旗杆石和“忠节第”牌坊，父子登科、兄弟连科的侧匾彰显科举的辉煌，崇文重教的思想成为一种理想的追求，让欧阳氏的光辉实至名归。

而这种观念与钓源古民居室内环境结合后，室内的陈设和装饰也抓住崇文重教的理念，使之变成一种审美观念，这种意识逐渐融入建筑装饰中。雀替是中国古建筑的特色构件之一，其装饰造型精美绝伦。钓源民居中雀替的造型令人赏心悦目，钓源人希望子孙能够出人头地、高中科举，于是将崇文重教的审美观念集中到雀替这个小小构件中，设计出像鳌鱼回首一样的精雕细琢和饱含意味的雀替形象，取独占鳌头之意。还有屋柱上木蝉形象的雕刻挂件，以示科第蝉联。

崇文重教的审美观念还体现在许多民居的家中陈设上，各种文学大家的书法楹联垂挂于墙壁，老村长欧阳钟麟家中厅堂左右两面墙壁上悬

---

① 参见丁鸣《江西传统庐陵民居雕饰研究》，硕士学位论文，湖北工业大学，2011 年。

挂着王羲之的书法楹联“文章移造化，忠孝作良国”，（图 4–37）上半句的“文章”即知识文化，是指知识文化可以转移人的造化，改变人的生活，而细看文章的“章”，早为何出头？老村长说这代表文章能通天，可见庐陵文章节义的说法并不是空穴来风。因钓源村的族谱被毁，据不完全统计，村内曾考取 9 位进士、30 多位举人、20 多位五品以上官员。钓源村对文化的重视势必成为一种根深蒂固的观念，且影响到村民的审美取向，才会将含有崇文重教思想内容的书法楹联作为室内陈设，他们认为这就是美好的表达和传递。还有青花瓷制成的楹联挂于墙壁，“一榻清风书叶舞，半窗明月墨花香”，（图 4–38）“灯火夜深书有味，墨花晨湛字生光”，这些佳句中的“书叶舞、墨花香、书有味、字生光”，字字珠玑，是对文化的赞美，也是人们对知识的崇敬。钓源人崇文重教的传统思想进入了审美观念的范畴，崇文重教形成审美观念里的审美元素，并造就出这样的装饰与陈设。

图 4–37　王羲之书法楹联

图 4–38　青花瓷楹联
（图片来源：李梦星《中国最美古村落 江西 • 吉安：钓源村》）

（二）节义之志

节义，是一个人所坚持和秉承的道德情操，也是为人处世的原则和规范。欧阳修的功德与品行让欧阳家族的后人树立了以节义为志向的人生追求，并在钓源这片土地上代代传承。钓源古村的族谱在“文化大革命”时期被大量销毁，只有《续修安福令欧阳公通谱》中的首册成了族史唯一的证据。根据资料显示，第五世欧阳弘为钓源开基祖，第十三世形成了钓源“仁、义、礼、智、信”五个房支。用五常之道命名后族房支，可见钓源的祖先对子孙的殷切期望，以此指导和约束后代的举止行为。在族谱中还有一段话“以忠事君，以孝事亲，以廉为吏，以学立身”，以这四句话为标准让家族的节义精神形成了具体的行为规范和道德标准。忠孝节义的道德观念是庐陵文化的精髓，是代表地方性的主流思想，更是人一生的精神追求，影响着人们生活的方方面面。钓源古村不仅将忠孝节义的道德观念口口相传，也在建筑上以固化的形式传递这种美好的品质。文忠公祠大门上方的门当镌刻了“文行忠信”四字，宣扬了所秉持的道德观念；村里保存了一块横梁构件——忠孝节义石雕，这块石雕的雕刻内容分别是“岳母刺字”“乳姑不怠”“孟母教子”“关公护嫂”，代表忠贞、孝道、节训、义行，“忠节第”牌坊上的楹联“忠节家声旧，文章世泽长”。这些价值取向被描绘在建筑上，诠释了钓源古村最重要的道德观。

1. 忠孝传家——“二十四孝”木雕

节义精神根植于人们的思想观念之中，也成为一种审美观念，反映在建筑室内空间中。钓源民居室内陈设和装饰也在节义精神的作用下转化为审美观念，为室内的气氛增添更多的人文性和艺术性。老村长家中厅堂一侧悬挂的楹联“情系故园景增秀，志追先贤品自高”，追先贤指的就是追随欧阳修老祖宗的品德，从老村长将这楹联挂于厅堂看出其审美情趣和人生追求。孝是我国最基本、最重要的伦理道德思想，贯串于我国数千年的历史之中，它是我国传统文化的重要组成部分。孝也是钓源节义精神之中最基本的思想，最实实在在的节义行为。庄山村68号民居中厅堂的隔扇雕刻了著名的“二十四孝”图案，但现在仅存“十二孝”图案。以“二十四孝”为主题的隔扇木雕能够出现在民居之中，足以看出钓源人对孝文化的重视、对节义精神的推行。“二十四孝”是中国古代孝文化的代表，是传统孝文化高度浓缩的产物，在民间流传极为广泛，民众对之有着极高的心理认同。二十四孝的表现以“成教化”为主，通过榜样的树立对人们起到教育作用。人们通过对二十四孝的艺术化表现传达出自身对“孝”的推崇与理解。[①]这栋民居隔扇上的十二孝中，“戏彩娱亲”“卧冰求鲤”“亲尝汤药”“为亲负米”等践行孝道的故事变成形象的说教方式呈现在厅堂两侧，是“忠孝传家”传统道德的真实写照，也是节义之志的具体践行。

2. 节训义行——家训格言

钓源村许多民居中用镏金书写的门厅家训、格言警句光彩熠熠，异常醒目，比如49号民居门厅中的家训用金漆描绘，其内容就是《朱子家训》中的文字。

> 黎明即起，洒扫庭除，要内外整洁。既昏便息，关锁门户，必亲自检点。一粥一饭，当思来处不易；半丝半缕，恒念物力维艰。宜未雨而绸缪，毋临渴而掘井。自奉必须俭约，宴客切勿流连。器具质而洁，瓦缶胜金玉；饭食约而精，园蔬愈珍馐。勿营华屋，勿谋良田。三姑六婆，实淫盗之媒；婢美妾娇，非闺房之福。童仆勿用俊美，妻妾切忌艳妆。祖宗虽远，祭祀不可不诚；子孙虽愚，经书不可不读。居身务期质朴，教子要有义方。莫贪意外之财，莫饮过量之酒。与肩挑贸易，毋占便宜；见穷苦亲邻，须加温恤。刻薄成家，理无久享；伦常乖舛，立见消亡。兄弟叔侄，须分多润寡；长幼内外，宜法肃辞严。听妇言，乖骨肉，岂是丈夫；重资财，薄父母，不成人子。嫁女择佳婿，毋索重聘；娶媳求淑女，勿计厚奁。[②]

其中“居身务期质朴，教子要有义方。莫贪意外之财，莫饮过量之酒”等句深中肯綮，继承了中国文化的优秀传统，比如尊敬师长，勤俭持家，邻里和睦等。“村中村”民居的板扉上写有“育好儿女须方寸中放宽一步，欲成家业宜凡事上吃亏三分”，8号民居房门上的镏金楹联“荆花兄弟乐，心地子孙耕”“忍能居九世，恕可处终生”，这些格言警句是老房主那个时代所认同的观念意识，直言教育子孙后代处世待物的准则。

---

① 参见孟笑晨《民间美术中的二十四孝图》，硕士学位论文，山东工艺美术学院，2014年。

② （宋）朱熹：《朱子家训》，华东师范大学出版社2014年版，第28页。

节义之志通过建筑装饰中的楹联书法来警醒世人、教化后人，钧源人十分看中节义精神，这种精神的发扬小到家庭宗族，大到治国平天下，因为每个人都是宗族的一分子，不能令族人蒙羞就必须恪守道德而约束自己的行为。一个人有了节义的精神就会有远大的人生抱负，最终能发展到“修身齐家治国平天下”，这样民族气节的高度便是至高无上的。

节义之志作为一种道德观念被本土人士普遍认同，并纳入审美观念之中，作为真善美的衡量标准出现在不同的领域。节义的观念由抽象变为具体，已经不单是道德意识，更是一种审美意识，占据在人们的审美观念里。忠孝传家和节训义行在钧源民居室内装饰陈设中将节义精神中最精彩的部分演绎得淋漓尽致，在欣赏钧源民居装饰时影响着大家的审美体验。

（三）风水观念

在中国传统民居设计中，人们很重视住宅的吉凶祸福和宅主的盛衰安康，所以村落的选址布局、民居内的陈设装饰，都是经过人们认真推敲和精心处理的。钧源民居整个村落的布局便是借鉴风水理论形成了现在特有的特征，村落的S形布局、水向西流、三门两锁、七星伴月以及歪门斜道是人们对风水观念的理解作用下的产物，民居的室内环境也不容忽视，中国人历来重视家居环境，喜欢用带有传统特色的装饰品加以美化，这些装饰品承载着人们对生活的现实冀盼，包含着对于生命长久、人际和谐、家庭美满的追求。在这些愿望的包裹下，室内的装饰物和陈设品开始被人们赋予新的功能，已经不单纯是具有“物”的功能的表象，而是在心理上成为能够满足人们某种特殊需求的载体，于是有了在室内“风水”中用来“趋吉”“化煞”的功能。[①]

太极八卦的图案在中国传统建筑中赫然醒目。钧源民居中八卦图常出现在民居或者祠堂的构件上，门扉、房梁的椽头，窗花隔扇以及各种家具表面，八卦图赋予了这些物件不同寻常的含义，其趋吉避凶的功能性被大众普遍接受和认同，并将美观的装饰上升到中国传统哲学观念上。八卦图案既是美观装饰还是精神寄托，所以风水观念在室内的代入感更加强烈。65号民居厅堂壁板处有一块镂雕镏金的花窗，木窗中出现了几

---

① 参见张钰粮《中国民间装饰在室内设计中的“风水”功能》，《四川建筑》2009年第4期。

图 4-39 八卦图花窗
（图片来源：李梦星《中国最美古村落 江西·吉安：钓源村》）

幅连排的八卦图，依据《易经》中的解释，这几个卦画代表这是一个八口之家，四男四女，即两夫妻加三儿三女。图中卦画三横未开口，乾卦代表父亲；三横全开口，坤卦代表母亲；（图 4-39）结合花窗的卦画依次代表：

兑，少女；离，中女；震，长男；乾，父亲

巽，长女；坎，中男；艮，少男；坤，母亲

由此能够看出，《易经》的思想已经渗透到钓源人的生活中。这八卦的分解图说明了此户人家的家庭构成，这是现在简单的理解，原意是显示房主的命象和天象的关系，花窗中的其他雕刻图案有喜鹊、鱼、马、元宝、铜钱等，可以推断出房主希望自家喜庆吉祥、富贵有余。钓源古民居还有一个有趣的建筑装饰构件，位于民居厅堂上方的前梁中间，当地人称这个装饰构件为“海涵坛”。海涵坛的下方刻有八卦图形，用以镇宅化煞。钓源的先人借助风水学中有挂“山海镇”驱邪避妖的说法，将山海镇改进成海涵坛；海涵坛的另一个作用是燕子窝，若有燕子飞进来，那么这个家庭显得生机勃勃，人丁兴旺。风水观念渗入钓源村生活的细节中，早已纳入了人们审美观念的范围，帮助人们欣赏。

（四）等级观念

中国古代的封建社会占据历史舞台很长一段时期，并且影响了人们的生活观念，也改变了他们的生活方式。等级制度是封建社会的基础，逐渐演化为一种社会秩序、行为规范或行为准则，而中国古民居建筑就是这种制度观念的物化形式。[1]

钓源村很多民居室内会呈现出对称与均衡的装饰布置形式，这种形式带给人正统、严谨的感觉，隐含长幼尊卑的等级观念。在正规和礼仪性的厅堂表现得尤为突出，对称和均衡的陈设装饰给人正统严谨的仪式感。欧阳氏宗祠的中厅和后厅分为两级平台，引人注目的是由青砖铺设用半块砖镶嵌的几个脸盆大小的圆圈，有规则地分布在两级地面上，上一层是 3 个，下一层是中间 2 个，两边各 3 个。这些圆圈的装饰也同样十分讲究，用于祭祀时排位，全族举行祭祀和典礼活动时男丁都要参加。最上端的 3 个圈，中间的是族长的位置，两边的是族里年龄最长的老者的位置，下一级的圆圈是各房房长的位置，这些圆圈的位置是按辈分排列的，严格执行了长幼尊卑有序的等级制度。（图 4-40）

图 4-40　欧阳氏宗祠地铺
（图片来源：李梦星《中国最美古村落 江西·吉安：钓源村》）

三、民俗艺术观

民俗源于生活，民俗艺术具有美的形式构成要素，寄寓着下层民众的审美意识、审美情感和审美理念。它作为一种根植于民间传统的艺术形式，是民俗文化、民俗观念、民俗心理的重要载体。民俗艺术的表现形式也是多样的，诸如年画、门神、木雕、石雕、剪纸、脸谱、面塑、舞龙、

① 参见刘森林《中国古代民居建筑等级制度》，《上海大学学报（社会科学版）》2003 年第 1 期。

舞狮、高跷、秧歌、傩舞、歌谣等民俗艺术形式，但是在钓源室内陈设装饰的范畴内，根据走访调研，挂灯笼、贴年画表现得尤为盛行，家家户户的厅堂壁面都贴有年画，而且为大家所喜闻乐见的年画贴于厅堂的轴线中心吸引人的眼球，内容大多是福禄寿喜和三星高照，颜色以红色、金色为主，艳丽夸张，与居室的素色背景形成了鲜明对比。年画的起源可以追溯到人类远古时期的自然崇拜观念和神灵信仰观念。我国早期的年画都与驱凶避邪、祈福迎祥这两个主题有着密切联系，在祈祷丰收、祭祀祖宗、驱妖除怪等年节风俗习俗化的过程中，逐渐出现了与之相适应的年节装饰艺术。[①] 年画在人们欢度佳节时，不仅可以制造热烈、喜庆的气氛，还有美化装饰房间的观赏作用。这种装饰艺术经久不衰，观众之多、需求量大，形式多样，在民居中经常出现，木雕石刻也是如此。

（一）形式观感

按照心理学分析，“感觉是对事物个别特性的反映，如对事物的色彩、线条、声音、质地的感官印象，是通过感官与对象的直接接触而获得的”[②]。民俗艺术的美感就是通过人的感官与对象接触而获得的审美体验，无论是吉祥雕刻，还是年画门神，大都色彩鲜艳、造型生动、图案层次丰富，能给人以强烈的美感。人们贴年画是寄托了人们对风调雨顺、农事丰收、家宅安泰、人马平安等祈福迎财、驱灾避邪的愿望。但随着这种民俗艺术的发展，人们对待年画的原始观念演变成他们更多地认为年画也是妆点室内家居的一种必要装饰。年画的色彩、图案、文字、形状等审美元素刺激着人的视觉感官，因此人们产生的形式观感奠定了基于年画装饰审美观念的方向和深度。

（二）意义追索

意义追索是揭示民俗艺术内在的价值观念，比如村民张贴年画最原始的初衷是在欢庆喜悦之余得到一种心灵上的慰藉，并借助年画中的故事，形象而准确地表达出内心所祈求的美好愿望，寄托自己对未来祈福纳祥的期盼。这些是民俗艺术审美观念的重要组成部分，它们满足着人

---

① 参见吴祖鲲《传统年画及其民间信仰价值》,《中国人民大学学报》2007 年第 6 期。

② 陶思炎、孙发成:《民俗艺术的审美阐释》,《西南民族大学学报（人文社会科学版）》2010 年第 5 期。

们心灵和精神的审美需要，也符合钧源民居室内装饰陈设的审美观念。

第四节　民居室内陈设与装饰的认知与评价

一、民居室内陈设与装饰的认知

民居室内陈设与装饰艺术是建筑装饰艺术的分支，是人类艺术意志的体现。探究传统民居室内陈设与装饰首先要归纳装饰艺术的认知要素继而分析其审美价值才能获得一个全面的认知，将从以下四个方面论述。

（一）色彩认知

色彩是建筑视觉形态的基本要素之一，它的存在离不开具体的物质形态，却具有比形状、材质更强烈的视觉感染力，色彩那种“先声夺人”的力量引起了人们的注意力。中国传统建筑装饰对色彩的运用让建筑室内外的环境变得更加多姿多彩，最大限度地发挥了建筑装饰的审美功能。中国传统建筑的色彩法则比较复杂，如室内陈设，有家具和其他摆设，墙上挂画、壁饰等，建筑本身的色调融在其中，形成了色彩多样化的室内环境。

1. 设色认知

中国传统建筑的色彩设置是十分讲究的，宫殿、园林、寺庙以及民居的用色截然不同。本文仅针对民居室内装饰和陈设的色彩进行研究，比如钧源民居室内陈设装饰雅俗共赏，而整体呈现出的环境色彩浓淡相宜。钧源民居室内装饰与陈设的色彩带给观者的感觉十分亲切舒服，是具有民族特征的。白色的抹灰墙变成灰褐色的墙壁，深褐色的木板壁透出木材的原色，暗红色家具和隔扇装饰配以镏金的木雕以及鲜红的年画和墨色书法等各种色彩纷繁的装饰品，构成了钧源独有的民居室内家居装饰色彩。不同地域中室内装饰色彩的设置会有相应的特征或者标准，具体的用色要考虑以下三个方面。

（1）建筑材料与室内装饰色彩

色彩是建筑材料的天然属性之一，古代室内空间色彩呈现两种现象：官式礼治建筑室内色彩丰富艳丽，民居建筑室内色彩自然质朴。民居室内色彩的自然质朴源自建筑材料的使用，钓源民居室内的白灰墙、青素色石砖地铺以及所有木构架和木质家具，这些建筑材料的选择和运用构成了钓源民居室内的色彩主格调。室内墙、地界面所占面积最大，作为梁柱、家具、门窗等装饰陪衬，室内界面色彩决定了室内空间的整体色调。

（2）等级制度与室内装饰色彩

中国传统的色彩观念随着封建制度的形成和发展而逐渐被赋予一定的等级观念，而建筑色彩也受到相关影响。《春秋穀梁传》中记载：“楹，天子丹（朱红色），诸侯黝垩（黑白色），大夫苍（青色），士黈。”[①] 当时楹柱上所涂颜色已经同等级制度联系起来。到了宋代，朝廷对民间的建筑居室用色及装饰做了更为严格的规定，“非宫室寺观，不得彩画栋宇及其黔其梁柱窗户雕柱础，凡庶民家，不得施重拱藻及五色文彩为饰”。从这些严格的规定可以看出，色彩成为统治阶级的专用。[②] 明清两代对色彩的等级制度有了更加详细严格的规定。

从上述可看出，建筑的色彩装饰在不同的历史时期有严格的规定，传统的中原儒家思想在建筑色彩的执行中相对灵活，在大的政治环境下等级制度仍作为一个因素影响着钓源民居室内的装饰色彩。钓源村为唐末欧阳修高叔祖欧阳弘肇基，南宋年间欧阳修七世孙欧阳腾祭祀钓源，自此欧阳修后裔在钓源生息繁衍，古村落的民居大都是清水墙、灰黑瓦，建筑外观用色朴实素净，与大自然融为一体。钓源民居室内的背景颜色朴素暗哑——褐色木板壁、灰墙、青石砖等，符合封建等级制度的规定。随着钓源的发展，封建等级制度的相对性也逐渐显现，明清的钓源被称为“小南京”，财富达到前所未有的高峰，吸引众多豪商富贾前来，那时一些民居内出现镏金壁画和木雕，镏金的大胆使用一方面充当了重要的居室装饰元素，另一方面显示房主的雄厚财力和经济地位。钓源人对色彩的把握和运用有其自己的理解，也相对跟随社会主流的色彩观念。在一些经济富足的民居中，他们把室内家具和隔扇雕刻精彩的部分饰以镏金的颜色，还有钓源人最重视的雕花床用暗红镏金相配，显示富贵而华丽，镏金彰显出了当年钓源繁华的景象。但是一些普通家庭的室内色调偏暗沉、素净，没有夸张的色彩，室内界面颜色和家具颜色都相对低调，

① 参见徐鉴《中国五色与当代居室室内装饰色彩探析》，硕士学位论文，太原理工大学，2010 年。

② 参见公晓莺《广府地区传统建筑色彩研究》，博士学位论文，华南理工大学，2013 年。

遵守封建等级色彩制度，只是随着后来的发展，室内开始出现颜色艳丽的年画、花瓶等装饰品。

（3）民俗活动和民俗文化与室内装饰色彩

民俗活动具有悠久的历史传统，它所表现的物质形态有些是和建筑相关的，因此它是乡土建筑色彩的一部分。民俗活动在乡村进行得更红火、保持得更长久，乡村中的民居从外观到室内装饰将民俗活动表现得尤为突出。大多祠堂在进行祭拜活动时对红色的运用是最普遍的，如红对联、红蜡烛等；陕西地区的农村妇女们将捏好的面花放在室内窗沿和炕头上，面花艳丽的颜色丰富了室内的装饰色彩；陕北窑洞里炕头上有妇女们手工做好的虎头帽、虎头枕等，大红色的虎身、绿色的虎眼配以黑眼珠，色彩鲜明，有着高原的浓烈和深沉；在南方，例如广东、福建、江西等地民居大门上的门神画像、厅堂年画是最常见的，春节家家户户在门板中间贴上新门神、换上新对联、挂上红灯笼，而厅堂内的年画以红色和金色为主，一派吉祥喜庆之气。原本朴素淡雅的房间被年画、对联、灯笼的颜色点缀，增添了些许活泼和生气。

2. 色感认知

色彩具有表情性，能够刺激人们不同的感观情绪，让人产生生理和心理反应。色彩可以营造出不同的感觉，如温暖、重量、距离、软硬、膨胀、收缩，等等，这些感觉是借助色彩中的冷暖、明度、纯度等要素来实现的。北方建筑浓妆艳抹，南方建筑清新淡雅，能够留下这样的印象是有根据的，如北京四合院垂花门装饰用色鲜艳，施以红绿蓝金彩绘，而徽派民居粉墙黛瓦，它的木门窗和家具几乎是浅棕色或木本色的。所以不同民居呈现的装饰色彩带给观者的感觉是不同的，大部分人都认为色彩的情感表现是靠人的联想而得到的，色彩的联想在民居室内装饰色彩的认知过程中很重要。（表 4–1）

表 4–1　色彩带给人的联想

联想 色彩	抽象联想	具体联想
红	热情、革命、危险	火、血、太阳、苹果
橙	华美、温情、嫉妒	橘、柿、秋

（续表）

色彩＼联想	抽象联想	具体联想
黄	光明、幸福、快活	光、柠檬、香蕉
绿	和平、安全、成长	叶、田园、森林
蓝	沉静、理想、悠久	蓝天、大海
紫	优美、高贵、神秘	紫罗兰、葡萄
白	洁白、神圣、虚无	雪、白云、白纸
灰	平凡、忧恐、忧郁	阴天、鼠、铅
黑	严肃、死亡、罪恶	夜、墨、煤炭

（表格来源：《中国传统建筑室内装饰艺术》）

色彩的表现性触动了人们的视知觉，对色彩的感知来源于人们的联想，可以从这一角度对室内装饰色彩有更明确的认知。

（二）形象认知

1. 装饰形象的程式化

室内装饰艺术属于形象艺术，以其可视的形象表现其内容，室内装饰形象受制于构件的形式并且在室内装饰中同一主题形象会被重复使用，因此在建筑装饰中出现的动物、植物、器物等形象已被简化概括成一种程式化的形态，这种程式化形象的特点既保持主题真实形象的特征，又比真实形态更为精练。在一些典型的民居，如徽派、赣派民居室内装饰中擅用木雕，室内梁架、隔扇和家具全是大片的木雕，表现出各式主题形象，不同的题材所表现的形象传达的意蕴各显纷呈。

室内装饰图案中常用的牡丹、莲花等植物，如果用在影壁等大幅的装饰画面里，它们真实的形象还能够雕刻出来，但是用在花窗和隔扇这种限定的区域里，其形象则需要简化和精练。所以经过长期实践，牡丹、莲花等植物形象都被工匠创作出简练和几乎定型化的形态。[①]（图 4–41）装饰中的器物形象也以程式化的式样出现，代表文人生活的琴、棋、书、画主题被简化成竖琴、棋盘、书函、画卷的固定形象出现在建筑的门扇、

① 参见张宁《关中四合院民居装饰图案的吉祥意蕴探究》，硕士学位论文，西安美术学院，2012 年。

花窗和梁枋上。还有八仙人物的题材在装饰中被概括成“暗八仙”，也就是八仙所使用的器物，汉钟离的小扇、张果老的渔鼓、曹国舅的玉板、何仙姑的荷花、韩湘子的紫箫、吕洞宾的宝剑、蓝采和的花篮、铁拐李的葫芦，这些器物的形象也被定型化。（图 4–42）

图 4–41　牡丹、莲花纹
（图片来源：张道一《吉祥文化论》）

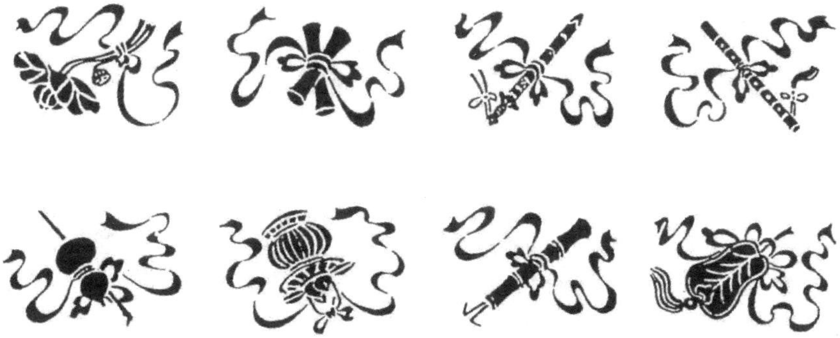

图 4–42　八仙器物纹
（图片来源：张道一《吉祥文化论》）

2. 装饰形象的变异

在建筑装饰中，动物、植物的形象被程式化为一种定型的式样，在实践中随着动物、植物形象的大量运用越发显得单调呆板失去了生动性，所以为弥补这种缺陷，装饰形象进行了变异。同一种形象变异出多种样式，造型的多样化在装饰方面越来越成熟，推动了装饰艺术的进步。

龙是远古时期中国百姓的图腾标志，龙不是自然界某一种原生的动物，它是综合多种动物的一个复合体。在建筑装饰中，由于构件形态的不同，龙的形态还是做了变异的处理。（图 4–43，图 4–44）在宫殿建筑中，龙的造型随着构件的不同而变化，天花上的龙盘卷，呈团形居于天花中心，称为团龙；梁枋上彩画中心的龙平伸，龙身向前行进，称为行龙；御道和影壁上的九条龙，龙体舒展，遨游于云水之间；团龙、盘龙、行龙、坐龙、升龙等将龙的造型做了不同形态的处理，变化出多种龙形装饰。在民间百姓的心目中，龙象征着神圣、吉祥、力量和欢腾，皇帝垄断不了龙的使用权，尤其是在农村舞龙灯、赛龙舟已经成为千百年来的传统习俗，因为百姓对龙的崇拜和生活中的需要，用龙在民居室内各种构件上做装饰比比皆是，最常见的是将龙头和植物卷草形或者回纹形的龙身、龙足相连，前者称“草龙”，后者因为回纹拐来拐去叫作“拐子龙”，“拐子龙”又像古青铜器上的夔龙。民居室内的门窗、家具和装饰品上雕刻龙的纹样习以为常，以龙为原型的装饰中龙的造型变化出不同的样式，这是古人的智慧和对龙特有的情节。人们对龙和狮子有着共同的喜

图 4–43　双龙戏珠纹

图 4–44　双龙捧寿纹

爱，但狮子是自然界原生的动物，其形象塑造是在原生形象上变化出多种表情与神态，尤其是狮子的四肢和头部，在一些乡土建筑的柱础、牛腿、雀替以及梁架等构件上，狮子的形象多种多样。还有将植物的形象进行变异，这种变异不顾植物的自然生态特点随机将植物纹饰进行改变，例如树叶上生出花朵、花朵里又开出树叶，或者移花接木让牡丹荷花共生、桃李长在一棵树上等，这些变异的纹样装饰感极强，充分显示了工匠们的想象力。

（三）功能认知

人作为社会人、文化人，对物的占有不仅仅是因为“赤裸裸的有用性”，除满足于人自身的物质需求外，还有精神需求。要求日常生活中的一切对象，诸如器物、服饰、住房、交通工具等，不但有使用功能，还要有相应的象征功能、审美功能等。[①] 对建筑装饰而言，功能的内涵和外延发生了变化，它不再是单调的审美装饰功能。民居室内陈设与装饰的功能认知可以从四个方面概括：结构功能、审美功能、象征功能、教化功能。装饰与功能密切相关，从某种意义上说，不存在没有功能的装饰，也不存在没有装饰的功能。功能是一切造物最基本、最普遍的属性，即造物的首要目的。从装饰艺术的角度探究，功能是装饰艺术的核心，更是人们审美的物质基础。对民居室内陈设与装饰的功能认知可以从不同层次进行客观分析。

1. 结构功能

在民居室内，一切装饰都是在物体结构的基础上体现的。例如，建筑的细部构件雀替、便于通风采光的天窗、划分室内空间的隔扇、有压画作用的横穿等，雀替、天窗、隔扇、横穿的出现是基于建筑结构的需要，结构功能符合人们需要的目的性，是装饰艺术美学价值得以生长的基点。

2. 审美功能

审美功能给人带来生理和心理上的愉悦感和满足感。例如，民居室内陈设的各种家具，扶手椅的靠背、桌子的束腰、架子床的门围门楣处

---

① 参见李稳《功能与装饰在两种语境下的重新审视》，硕士学位论文，江南大学，2008年。

的装饰，满足了家具本身的结构功能之后，在这些具体的结构上雕刻或者彩绘各种装饰图案，让结构功能得到更好的发挥，也使家具的形态更加丰满并具有艺术感染力，让人们的视觉和心理获得美的体验。

3. 象征功能

民居室内装饰艺术的象征功能是指通过人们的联想和生活经验，凭借现实中的具体有形之物说明一些抽象的概念。例如，民居室内装饰中出现的年画，年画的内容大部分是三星高照、天官赐福和神荼、郁垒、钟馗等，象征吉祥喜庆和消灾免祸、趋吉避凶。还有许多民居厅堂中的陈设布局也会有某些象征功能，例如厅堂太师壁前的桌案上陈设花瓶、钟表和镜子，它的讲究是人推崇的一种生活境界——终生（钟声）平（花瓶）静（镜子），希望一生都能平平安安，顺顺利利。年画和花瓶、钟表、镜子在民居室内已经作为一种装饰而存在，人们的联想和生活经验赋予了它们更深层次的象征意义，使装饰艺术的象征功能更加凸显。

4. 教化功能

在许多民居室内装饰艺术中赋予了装饰一定的伦理教化功能。教育教化的内容包括敬祖穆宗、忠信孝悌、勤劳节俭、耕读传家、崇文重教，等等。例如，关中民居亦寓教化于匠心独运的装饰中，匾额和家训的内容大多是“耕读传家”“克勤克俭”，关中民居中的先辈们为子孙后代积累财富的同时并没有忘却在他们人格品德等精神财富方面的教育；钓源民居室内装饰中的二十四孝木雕讴歌了孝文化，犹如体现庐陵民居的深厚人文精神和隐含伦理教化意义的教科书，对后辈起着潜移默化的日常教育作用。这些具有教化功能的装饰是文化素养遗风流传的艺术体现，是对中华民族传统思想美德的继承和延伸，在当代仍然有积极的意义。在民居室内陈设与装饰的四种功能认知中，结构功能是最基本的层次，它与审美功能、象征功能和教育功能并不矛盾，互融共生。这种共生的过程传递了装饰艺术真正的功能价值并推动装饰艺术向前发展。

（四）寓意认知

寓意指借一物体或画面隐喻美好的事物，有寄托或蕴含之意。在中国古建筑装饰中，借助图案纹样隐喻吉祥美好的例子比比皆是，寓意的手法如前文所述，包含象征、谐音和组合，它们构成了寓意传达的方法。对民居室内陈设与装饰的寓意认知内容有两大类。

1. 祥——寓意吉祥

（1）寓意家族兴旺

狮与嗣谐音，用雌雄狮子伴幼狮还表示“子嗣昌盛”之意。麒麟是幻想中的瑞兽，传说孔子在未出生之前有只麒麟到他家去口吐玉书，孔母用绣球系在麒麟角上，不久孔子就降生了，所以民间有“麒麟送子”一说；还有用鱼和老鼠的形象来表达祈盼子孙兴旺的愿望。植物类有石榴、莲子、桂圆、藤瓜果、荔枝等寓意家族兴旺。石榴为多籽的果实，古人称其为“千房同膜，千子如一”，将它当作生殖繁衍、多子多孙的象征。还有年画五子登科、五子夺魁等装饰都是寓意家族兴旺的表征。

（2）寓意功名富贵

用盛开的梅花、牡丹和凤凰的形象来寓意功名高中，富贵荣华。鳌鱼有“独占鳌头”之意；蝉寓意科第蝉联；荔枝、桂圆、橘子之类的圆形果实长在一起，寓意“连中三元”；猴子骑马捅蜂窝，以谐音表示马上封侯。辈辈封侯，老猴骑在马上背着一个小猴，表示晚辈亦封侯。

（3）寓意延年益寿

寓意长寿的吉祥物有松、桃、灵芝、菊花、鹤、龟、猫和蝶、绶带、白头翁、祝寿图、寿星、寿字符等。松和鹤结合在一起组成最常见的祝寿图，如“松鹤延年”“松鹤长春”；桃是果实中最有代表性的长寿吉祥物，古人认为吃桃可延年益寿，所以民间常用桃为老人祝寿，因此称寿桃；灵芝本是菌类植物，因有药用价值而被视为瑞草，加之艺术渲染，不但可以长寿，还能起死回生；“猫、蝶”谐音耄耋，祝人长寿，将猫、蝶合绘是一种生活情趣，又可借谐音寓意耄耋长寿；绶带是一种丝带，绶谐音寿；白头翁寓白发老人，也表示长寿。

（4）寓意富贵发财

中国几千年来以农业为主，富足的表现首先是农作物大丰收。所以农作物的图案大量出现在一些民居装饰中。杨桃、仙桃、佛手、菠萝、柑橙、荔枝、香蕉等琳琅满目的农作物预示着五谷丰收，用之不尽，生活富足。鱼的形象寓意连年有余，金鱼谐音金玉，寓意金玉满堂；铜钱和元宝也是富贵发财的象征；民间还通过崇奉财神，渴望富裕发财，俗说“刘海戏金蟾，步步钓金钱”，刘海戏金蟾的典故运用到装饰中，寓意财源滚滚。

（5）寓意吉庆祥和

中国人对天下太平、安居乐业的生活无比向往和憧憬，龙至则风调雨顺，五谷丰登；凤至则国家安宁，万民有福；[①] 象驮宝瓶，瓶与平同音，瓶中还插有花卉作装饰，寓意太平有象，即天下太平、五谷丰登的意思。两只活泼的喜鹊登在梅花梢，欢乐地“唱和”，梅与眉同音，取喜上眉梢的寓意；蝙蝠的蝠谐音福，在装饰中出现蝙蝠与铜钱连在一起，即“福在眼前”，五只蝙蝠围绕一个“寿”字，即“五福捧寿”，由蝙蝠和桃子组成的画面寓意“福寿双全”，蝙蝠口含如意寓为福寿如意。

2. 镇——寓意辟邪

古时由于受原始神灵观念的影响，人们把生活中遇到的死亡、疾病、灾害等看作鬼魂作祟，所以需要一些俗信有法力的物件来镇鬼驱邪、消除灾厄。为了保护宅居的安全，人们把一些辟邪物装饰于宅居之中，这样起着装饰作用的同时又有辟邪的功能。[②]

鳌鱼形似龙，好吞火，故立于屋中，有防火避灾的用意。在民居的室内装饰中，鳌鱼的形象出现在雀替或用作压字画的横掌，这种表现形式与民间流传的吻兽具有防火避灾的用意是一致的，也有希望子孙后代高官显贵、独占鳌头的心愿。八仙的法宝，通常称为“暗八仙”（即葫芦、渔鼓、芭蕉扇、宝剑、花篮、箫管、荷花、玉板），也常作为室内陈设与装饰的图案用来辟邪，八仙各有法宝。“八仙过海”的故事在民间流传已久，成语“八仙过海，各显神通”比喻在克服共同的困难时，各自显示本领。但“八仙过海”作为吉祥图案有着借助众仙的神通和法宝驱邪消灾的意义。鳌鱼、暗八仙、八卦图、海涵坛等这些出现在室内的装饰符号寓意辟邪镇宅保平安。

二、民居室内陈设与装饰的评价

（一）系统评价

装饰艺术和其他艺术都是人们评价的对象，民居室内陈设与装饰艺术评价是以民居室内陈设和装饰为主体的特殊思维活动，这种思维活动

---

① 参见胥璟《岭南明清建筑“陈氏书院”装饰艺术初探》，硕士学位论文，西南交通大学，2009 年。

② 参见胥璟《岭南明清建筑“陈氏书院”装饰艺术初探》，硕士学位论文，西南交通大学，2009 年。

直接反映了评价者的文化修养、艺术情趣、审美心理等。评价可分为主观评价和客观评价，既有专业的艺术工作者的评价，也有不专业的群众性评价，所以最后如何得到一个合理的民居室内陈设与装饰艺术评价显得尤为重要。这个评价既要符合本文的装饰艺术评价体系，又要借助计算机技术分析，最终主客观相结合，完成相对系统且科学的评价。

装饰艺术评价是审美观念系统化所形成的思想体系，是较为复杂的思维活动。要求评价者特别是专业评论工作者，具备一定的专业知识、多学科的基础知识、艺术家的才能、美学家的修养、工程师的水平和传达装饰艺术审美感受的能力。根据评价对象的实用价值、艺术价值、功能和教育作用能做出较正确的评价，并从中获得审美体验。由于评价者并非是专业人士，必然会存在评价的不准确性和差距，为了尽量减少这种误差，使每个人对民居室内陈设装饰有更加全面深刻的认知，通过前文对钧源民居室内陈设与装饰艺术的表述，建立一个全面的民居室内装饰艺术评价系统刻不容缓。从以下三方面进行评价。

1. 从装饰类型去评价室内陈设与装饰

中国传统民居受地域文化、民俗风情、生活习惯等因素的影响，室内装饰迥然不同，但总体而言，民居室内陈设与装饰艺术的类型都是由三部分构成的，分别是空间界面装饰、室内家具陈设、室内装饰品。这三部分的有机组合所营造的民居室内装饰艺术可以有不同的风格，从空间界面装饰中的天花、墙面、地面，到家具陈设中的床、桌凳、柜架的装饰，再到室内装饰品中具有实用和欣赏价值的艺术品。对室内丰富而多样的装饰艺术进行分门别类，做评价的时候首先要看室内呈现的装饰类别是否丰富，其次要从整体到局部观察每个单件装饰品的艺术审美价值，最后根据具体的民居结构、室内布局、空间功能这三个维度的属性与民居室内装饰类型有机联系起来，逐一评价装饰艺术的丰富性、恰当性和装饰性。（表 4–2）

表 4–2 室内装饰类型的内容

室内围护界面	顶棚、墙面、柱面、地面、门、窗等构件装饰
室内家具艺术	椅凳、桌案、床榻、橱柜、屏风、其他等
室内装饰品	欣赏价值：书法、字画、挂屏、年画等 实用价值：陶瓷、玻璃器皿、金属制品、钟表、灯具、文具等 护佑功能：年画、镜子、花瓶、神像、香炉等

2. 从艺术特征方面去评价室内陈设与装饰

民居室内的界面装饰丰富了室内背景，家具装饰增添了家具的艺术性和功能性，室内装饰品则注入了更多民间审美取向。对这三部分的体验如果给人的内心带来了认同感、愉悦感和满足感，这就是一个相对完美的室内陈设和装饰表现。针对民居室内陈设与装饰评价的艺术特征，一方面涉及装饰品的美学价值，另一方面涉及装饰物之间创造出的审美意境。

（1）器以载道

“器以载道”体现了民居室内陈设与装饰的一种艺术追求，“器”是物质层面，有形的、具体的。“道”是精神层面，无形的、抽象的。所以在民居室内陈设与装饰中采用这种艺术表现方式，将具体的“器”通过艺术加工的形式赋予道德文化和象征意义。这一过程中的艺术加工包括了陈设和装饰物外在的色彩、形象等。

民居室内界面、家具和陈设品若干颜色共同构成了整个民居室内环境色彩。然而在室内装饰艺术色彩的设定上要反映当地民居的地域品格才能够让人对某一处民居的印象更加深刻，色彩的力量已经作为第一视觉性的装饰元素呈现给大众。比如陕北民居室内色彩要表现黄土高原的热烈朴实，所以在室内装饰中采用色彩艳丽充满浓郁地方特色的装饰品，如剪纸、炕围画，使用明度高的红、绿、黄等颜色表现跳跃喜庆之感；而徽派民居室内色彩要表现出儒雅古朴，所以会采用灰、褐等明度低的颜色表现怀旧安静之感。所以器物的装饰色彩应反映出民居地域特点，并不是矫揉造作地布置装饰色彩，只求美观而遗失了内容。

民居室内陈设与装饰包含了一定的文化意蕴，装饰图案又多以吉祥纹样为主，丰富装饰物的内涵，并经过变异、组合等手段，象征和传达出特定的道德观念和人文理念，使其艺术性和精神性高度统一，这些带有一定寓意的陈列和装饰物烘托了室内的艺术氛围和情感意境。例如，剪纸艺术创造出大量丰富有趣的图案纹样，用于装点民居环境，剪纸的形式本身就深受大众喜爱，加之它所体现的中国吉祥文化以及广泛的群众基础，传达出深厚的历史文化信息，所以它不仅是民众情感表达和精神寄托的载体，也是中国传统民居室内陈设与装饰中的经典艺术品。

（2）以境为尚

中国传统民居室内陈设与装饰讲究意境美，所以“以境为尚”是中国传统民居装饰设计追求的最高境界，而这种特定的意境美要借助陈设和装饰来获得。居室中凡是歌颂山水花草、自然风光的楹联都表现的是一种天地万物的大和之美，这种意境反映出的是超然世外的闲适心态。而有些居室里歌颂品德、喜好诗书的楹联则表达了崇尚礼义、诗书传家的理想。两种美学意境反映了居室主人不同的情感取向。上乘的陈设和装饰所营造的意境，不仅要能被一般人接受和赞叹，还要能发人深思，通过联想，领略到这一意境妙在哪里，从而受到启迪，得到教益。[①] 以境为尚是对民居装饰艺术整体的归纳，而不是对某一装饰品的研究，意境就是室内陈设装饰所要集中体现的某种情怀和主题思想。古人所说的意境就是他们在创造居室陈设和装饰艺术时抒发自己的人生感受，而这种意境只能依靠陈设装饰艺术去表现和营造。

古代文人学士、能工巧匠都将室内环境及其器用是否含道、能否载道作为评判作品优劣的重要依据，也就是说作品的形象要反映某种文化，这种特定的文化也要通过外显的形象来传递，而最终达成作品的艺术特征。境界美的表现方式也大抵如此，并不是空洞的，民居室内意境和气质的营造就是装饰艺术追求的制高点。因此，进行装饰评价时，把“器以载道”和“以境为尚”的艺术特征纳入装饰评价指标，这种评价思维是符合中国人的传统观念和认知的，也符合艺术特征这一特定体系。

3. 从审美观念方面去评价室内陈设与装饰

审美观念是人们的主观意识，不同层次的人会对相同的陈设和装饰有不同的评价，比如专业从事设计研究的和非专业人士可能存在不一样的理解。所以可以从审美观念的方向去看待民居室内陈设与装饰艺术，再加以评价，把功能观和文化观作为评价因子去深入分析研究某种装饰，这样的评价才更全面、更系统。在评价装饰时要从最基本的层次去分析，民居室内的一切陈设和装饰艺术的结构功能都是最先出现的，并随着人们的需求逐步演进或者延伸出更多的功能，如审美功能、象征功能和教化功能等。在这一演变的过程中，美学价值应运而生，使一件原本简单且单薄的物件装饰性越来越强烈，功能的演变促进了室内装饰艺术的发展，并且在评价居室内一切装饰品的审美价值时，可以变得更主动、更清晰。

此外，把文化作为审美观念的要素去评价装饰艺术，民居内的陈设

① 参见王闻道《明清时期传统民居室内陈设艺术设计研究》，硕士学位论文，河北大学，2009 年。

品和装饰品提高了居室的艺术品位，这种艺术品位来自文化的熏陶，可以是当地的主流文化或者是民俗文化，当评价者对当地文化有一定的认知后才能相对准确地去评价民居室内装饰艺术。就像人们评价某个民居内的装饰，可能这些装饰同时蕴含了几种文化，耕读文化、忠孝文化、风水文化或者是某种民俗文化，等等。以对这些文化的了解作为评价基础，民居内的装饰艺术才能够被大众所认可或者有理有据地指出不合理的因素，而不是毫无依据地去品评。

（二）基于眼动记录的审美分析

在中国古民居厅堂陈设和装饰中，我们总能看到呈现对称式的陈设装饰，这并不是一种偶然的现象。这里所说的对称是基本对称，即人们虽然可以感到轴线的存在，但轴线两侧的处理手法并不完全相同，这种方法往往显得比较灵活。同时，对称是极易达到均衡的一种方式，能够取得端庄严肃的空间效果。所以，人们对对称的偏爱是长期累积而成的，产生于人体的平衡感觉。经年累月，形成一种美学原理。① 这些理论是现代人的主观看法，那么古代的文献也有专门记载居室布置、装潢、器玩的陈列和摆设，文震亨在《长物志》中谈到钟磬不可对设、瓶缶忌成对，谈到“悬画宜高，斋中仅可置一轴于上，若悬两壁及左右对列，最俗”。而李渔在《闲情偶寄》中提出“忌排偶”，他并不笼统地反对对称，而是反对那些左右相似的机械对偶，对于高低错落、虚实有致的照映他是赞同的。这些论述道出了他对对称式陈设和装饰的看法，但都属于主观思维，本节通过客观、科学的眼动追踪技术来研究关于钓源民居厅堂装饰的对称布局和色彩布置对人们的审美体验、视觉心理变化的影响。

1. 眼动测试内容

当人们在观看对称性装饰的图片时，视觉起始点首先会落在一处颜色醒目的区域，然后沿着这一区域在对称布局的中轴上移动注视点，在此时颜色和布局引导人们的视觉做移动。本次测试是为了证明这种视觉反应，并验证眼动轨迹、人的关注点这两个指标是否与装饰存在必然的联系。如果眼动反应符合民居厅堂装饰的色彩安排和陈设对称布局，这种装饰就是最佳的审美体验形式。

---

① 参见展望之《中国装饰文化》，上海古籍出版社 2001 年版，第 15 页。

2. 眼动测试设计

眼动测试设备——Tobii 眼动仪

眼动仪是心理学领域研究人的眼动的重要工具，眼动仪常用作记录人的眼动轨迹、关注点等眼动规律特征，以此研究心理学中的视觉注意、视知觉等方面，并被广泛用于网页界面、广告设计等用户调研中，以确保对用户视觉方面的需求有深入的了解。

3. 眼动测试对象与测试素材

（1）对象

本次测试对象选取年龄在 18~30 岁的在校本科生、研究生，身体健康，视力或矫正视力正常，无色盲、色弱等视觉异常，随机抽取来自不同专业的 12 名学生作为被试者。

（2）素材

本次测试素材为钧源一处民居厅堂陈设与装饰的照片，一张为真实拍摄、一张为去色处理的照片。这两张图片都作为实验的素材进行观测。（图 4–45，图 4–46）

图 4–45　实验内容图一

图 4–46　实验内容图二

4. 眼动测试步骤和数据采集

（1）眼动测试步骤

A. 实验开始之前，主试者要让被试者阅读被试知情书，使其了解实验内容并签字同意参与实验。

B. 让被试者坐在距离显示器屏幕 70 厘米的座椅上，被试者的眼睛和屏幕中心保持水平，以便眼动仪对被试者瞳孔的捕捉处于最佳状态。

C. 正式实验开始之前，被试者会在电脑屏幕上看到实验指示语，根据指示语进行实验内容。

D. 图片欣赏完毕则实验结束，眼动仪会自动记录和保存所有实验数据。

（2）数据采集

A. 注视轨迹图。描述了被试者主观性的动态眼动轨迹。受刺激物的影响，注视点的顺序和注视时间呈现出一定的规律性。每个注视点以“带有 1、2、3 等顺序数字的圆形”表示，数字的顺序是被试者注视点的前后顺序，圆形的大小代表每个注视点的持续时间。

B. 热点图。描述了被试者对对象关注时间的长短情况，由此可以看出，被试者对哪个对象比较关注，热点图色彩由绿色渐变成红色，注视时间越长，红色就越深；注视时间短，那么色彩就呈现绿色。热点图呈现色彩由绿变红渐变的直观效果。

C. 集簇图。描述了被试者眼动密度集中的区域，在一定程度上也展示了被试者感兴趣的区域划分，集簇图的主要目的就是测试主要注视点的分布情况。

5. 眼动测试结果分析

（1）整体比较——面装饰

A. 注视轨迹图分析

从注视点个数来看，图 4–47 显示被试者的注视点多数集中于整个厅堂装饰的中轴，而厅堂左右两边的装饰注视点个数较中轴相对较少且分散。图 4–47–2 与图 4–47–1 不同的是被试者注视点非常分散，视觉吸引非常平均。

从注视轨迹来看，图 4–48–2 被试者的注视点轨迹呈现这样的规律：被试者先欣赏厅堂装饰图 4–48–1 中轴的区域，其后在关注到厅堂装饰图 4–48–1 左右两边的信息。这一规律通过注视轨迹图中圆圈内的数字可以看出，笔者随机抽取了几个被试者的样本，普遍呈现出这样的视觉规律。

图 4-47-1　12 人的彩色厅堂注视点个数分析图
（图片来源：眼动仪）

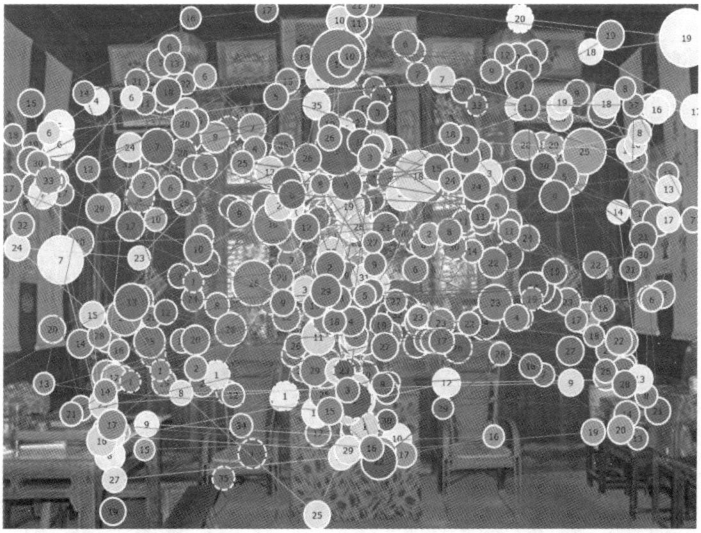

图 4-47-2　12 人的无色厅堂注视点个数分析图
（图片来源：眼动仪）

图 4-48-1 注视轨迹图样本一
（图片来源：眼动仪）

图 4-48-2 注视轨迹图样本二
（图片来源：眼动仪）

图 4-48-3　注视轨迹图样本三
（图片来源：眼动仪）

图 4-48-4　注视轨迹图样本四
（图片来源：眼动仪）

图 4-48-5　注视轨迹图样本五
（图片来源：眼动仪）

B. 热点图分析

热点图中红色代表被试者对画面信息关注的时间久，绿色代表关注的时间短。图 4–49–1 的热点图中可以直接看出被试者对中轴的几处装饰关注时间久，尤其是年画部分说明被试者对其更感兴趣。而图 4–49–2 和

图 4-49-1　12 人的彩色厅堂热点图
（图片来源：眼动仪）

它的注视轨迹图一样，注视点比较分散，但被试者对厅堂装饰中的神像部分关注较久。

图 4-49-2　12 人的无色厅堂热点图
（图片来源：眼动仪）

C. 集簇图分析

图 4-50-1　12 人的彩色厅堂集簇图
（图片来源：眼动仪，注：图中左、中右色块分别为红、绿、黄）

图 4-50-2　12 人的无色厅堂集簇图
（图片来源：眼动仪）

图 4-50-1 表明被试者在观看这幅厅堂装饰图片时通过注视点个数的分布自动划分了被试者对这张图的感兴趣区域，分别为红、绿、黄三块区域，每一区域的参与值（Participants）呈现了注视点在此集簇区域内的被试者人数的百分比。根据图 4-50-1 体现兴趣区一（绿），所有被试者都欣赏了这个区域、欣赏兴趣区二（黄）的被试者人数占总人数的 83%、欣赏兴趣区三（红）的被试者人数占总人数的 91%，因此被试者对绿色区域的装饰更感兴趣，其次是位于两侧的红、黄区域的装饰。图 4-50-2 表明眼动仪对无色的装饰并没有划分出明显的兴趣区，参与值为 100%，所以被试者面对无彩色装饰时，视觉上并没有受到明显的刺激，审美体验过程相对一般。

（2）局部比较——点装饰

根据注视轨迹图、热点图和集簇图的数据说明，再次深入对装饰画面中间区域进行数据研究，眼动仪在之前的测试中记录了 12 个被试者对 28 号民居厅堂装饰的挂画、年画和摆件三个部分的眼动结果。（图 4-51）

图 4-51　挂画、年画和摆件分区图

根据眼动仪对挂画、年画、摆件三个装饰区域的数据输出得出以下结果，（表 4–3 和图 4–52，图 4–53）综合比较来看，挂画、年画、摆件三个装饰区域中年画的平均注视次数和平均注视时间最高，其次是摆件，最后是挂画。通过测试产生这样结果的原因是色彩刺激、视线距离、文化认同、眼动轨迹等因素影响了人们的眼动。

表 4–3　平均注视次数和平均注视时间

兴趣区 注视数 / 被试样本	年画	挂画	摆件
YXX	14	3	1
WB	6	2	2
XHC	12	2	3
JWB	5	1	4
ZY	7	1	6
HYR	9	4	1
SQQ	5	4	9
LPY	7	1	1
HW	3	1	1
QY	5	3	0
LTC	6	0	2
ZY	2	0	5
平均注视次数（次）	6.75	1.83	2.92

兴趣区 注视数 / 被试样本	年画	挂画	摆件
YXX	3.18	0.92	1.92
WB	0.85	0.35	0.19
XHC	2.03	0.35	0.75
JHB	0.92	0.23	1.13
ZY	1.36	0.2	0.94
HYR	4.35	1.94	0.29
SQQ	2.38	1.21	2.38
LPY	1.5	0.25	0.19
HW	0.55	0.1	0.31
QY	1.24	0.76	0
LTC	1.16	0	0.79
ZY	0.66	0	0.78
平均注视时间（秒）	1.68	0.53	0.81

（数据来源：眼动仪）

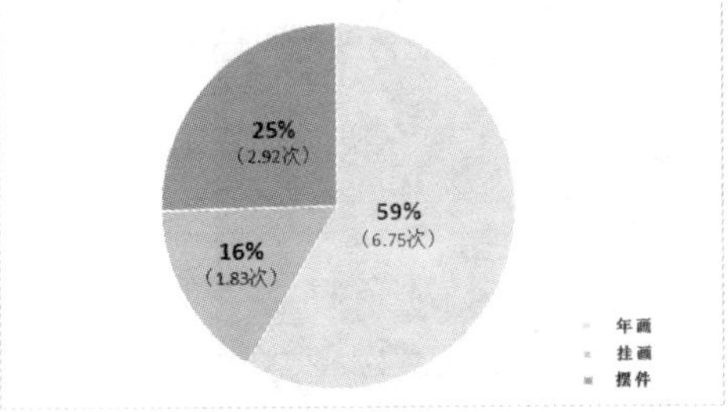

图 4-52　12 人 3 个兴趣区的平均注视次数百分比分布图

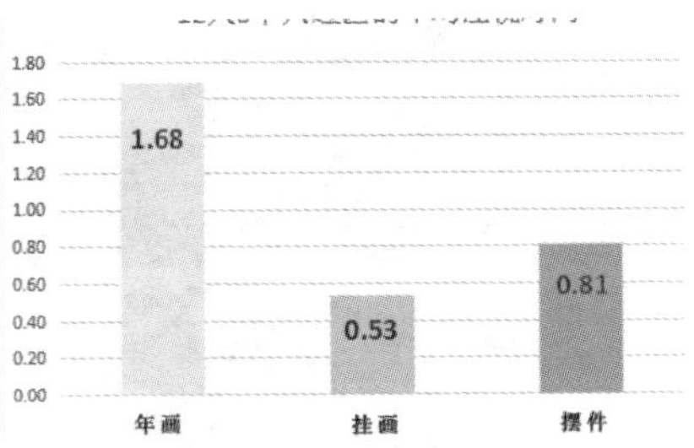

图 4-53　12 人 3 个兴趣区的平均注视时间图

6. 总结分析

通过上述比较，可以得知，当厅堂装饰的元素和传达信息内容多时，色彩因素和陈设布局影响人们对环境装饰的审美体验最直接。色彩吸引人们的视觉注视点，颜色刺激了人的视觉，使眼睛有落点，内心感到安全稳定。对称性装饰布局遵循了人的眼动习惯，那就是多数人的眼动轨迹是由中间运动移至两侧，因此按照这种规律陈设和装饰环境是比较恰当的方式。通过眼动追踪技术测试人们对钓源民居厅堂装饰的审美体验，整体数据比较（注视轨迹图、热点图、集簇图）和局部数据比较（挂画、年画、摆件）表明了 27 号民居厅堂装饰符合人们的审美体验，因为眼动与装饰中数据值和装饰的主要表现元素相吻合，大多数人会在这样的装饰中得到视觉有落点、心里舒适轻松、审美享受最大化的体验过程。

7. 综合评价

民居室内陈设和装饰与人们的生活息息相关，对民居室内陈设和装饰的研究有助于人们从审美角度对自身生活的环境有更加明确的认知和评价，从而对民居室内装饰艺术产生足够的重视并确保继续传承和发扬中国的传统文化以及装饰艺术。首先，前文对钓源民居室内陈设与装饰艺术从类型、艺术特征、审美观念进行了详细的论述并推崇认可其陈设装饰艺术，从而以此三方面作为评价因子，建立了符合钓源民居室内陈设与装饰艺术的评价系统。其次，借助眼动追踪技术对钓源民居室内装饰中的厅堂陈设与装饰进行了眼动跟踪测试，测试结果表现出一定的规律性，钓源 27 号民居厅堂的装饰色彩和陈设布局两个因素最鲜明地影响着人们的视觉运动，而钓源民居厅堂采取的装饰色彩和对称性布局让大多数被试者都捕捉到了厅堂装饰与陈设所表现的重点和精彩部分，使在这一过程中人们的视觉运动和审美体验达到高度统一。因此，通过主客观结合的手段全面而深入地挖掘和研究，最终讨论和评价钓源民居装饰是符合人们的审美心理、审美情趣和审美体验的，是民居装饰中和谐适度、表现得体的装饰类型。针对其他地域或风格的民居室内装饰进行评价时，笔者所建立的评价系统也是适用的，这种评价模式和方法可以作为一种参考，对不同民居室内陈设与装饰进行更为详细的研究，达到高效的审美和准确的评价。

第五章 钓源古村保护问题研究

第一节 钓源古村保护设计分析

一、钓源古村保护和开发利用概述

古村落的保护与开发利用二者之间是相互关联、不可分割的辩证统一的关系。首先要明确的是，保护是重中之重。古村落的保护是一种平衡、有序、和谐的发展观念。古村落凝聚了人类的思想与智慧，以实物的形式全方位地见证了历史的发展，古村落的历史、艺术、科学价值，具有不可复制与不可替代的特征，这些特征就更加决定了保护的首要地位。“保护为主”界定了保护与利用开发之间的关系。保护的“四性”即原真性、整体性、可读性和可持续性，[①]要保护原本的、真实的、历史的原物，任何后期修复工作都要遵循原真性原则，达到“整旧如故，以存其真”。

从实际层面来说，古村落的保护与开发的关系是古村落能否得到保护、能否建设得更好、能否使社会经济与现代生活得到改善和满足的问题。正确的认识是古村落保护的关键。正确处理保护与开发的关系，是做好保护工作的前提条件。“保护”的概念相对广泛，保护的目标包罗万象。对古村落的保护是选择有价值的东西进行保护，而不是盲目地全盘保护。保护主体主要包括有形的物质实体以及无形的精神文化，即保护古村落的历史原真性、风貌完整性和古村生活的延续性。同时，“保护”

---

① 参见赵勇、骆中钊、张韵等编《历史文化村镇的保护与发展》，化学工业出版社 2005 年版，第 23 页。

是一种可持续发展的观念，也是一种持续发展的方法。[①] 保护好古村落的真实性和完整性，其自身的科学与文化价值才能得到体现，价值越高，魅力、吸引力越大，从而能带动村落周边相关产业，促进经济的发展，使古村落变成永不枯竭的财富。

2002 年 10 月，“保护为主，抢救第一，合理利用，加强管理”的 16 字文物工作方针被写入《文物保护法》，以法律的形式捍卫保护的地位。[②] 对古村落的利用是保护的基本方式。利用的方式、原则多样，利用得好能促进保护，利用得不好会造成损坏。在利用前面加上“合理”二字，一方面回答了保护与利用的关系，另一方面提出了如何合理利用才不至于造成破坏。

保护与利用是二合一的整体。古村落的保护问题通常是在利用开发过程中发生、发现、解决的。在商品经济的影响下，古村落的利用开发不能受当下利益的影响，不能将保护与利用开发纳入市场机制，避免造成不必要的损失。目前，我国大多数古村落开发利用率偏低，不仅古村落的价值得不到充分体现，同时也阻碍了古村落保护的步伐。

合理利用没有硬性的统一规范标准，不但容易出现许多不合理的利用情况，而且还不利于真正的合理利用。对古村落的保护，凡属于保存历史原貌、保护文物价值、传递历史文化信息的利用方式都视为合理的利用。[③]

总而言之，开发利用是古村落保护的必然途径。在开发过程中，利用是发展古村落的捷径；而在利用中，发展旅游是目前的主要利用方式之一。利用是方法，保护和开发是目的，并且保护是前提。保护是社会文明的标志，社会的进步促使保护性的开发，没有保护就没有可持续发展。对古村落的保护，不仅要正确处理保护与开发利用的关系，还要依赖保护来创造新的经验和物质条件。

钓源古村从辉煌时期的“小南京”，到现在变为宁静、落寞、待保护开发的古村，时代的变迁使古村落的保护工作刻不容缓，保护好钓源古村有重大的历史意义。

---

① 参见王玮、董靓《历史遗产可持续发展模式与策略研究——以历史文化名城阆中为例》，《中国人口·资源与环境》2011 年第 S1 期。

② 参见张宇明《谈谈文物保护法对博物馆文物保护与利用工作的指导作用》，《博物馆研究》2004 年第 1 期。

③ 参见赵勇、骆中钊、张韵等编《历史文化村镇的保护与发展》，化学工业出版社 2005 年版，第 23 页。

钓源古村是人类物质文化遗产，既是历史的见证，也是研究社会、科技、文化、艺术发展的重要例证。钓源古村是庐陵地区历史的缩影、文化的结晶，伴随着各民族人民流动聚散，古村吸收了各民族的不同特点。加快对钓源古村的保护与开发，能够有助于了解中华民族的伟大创造与灿烂文化，有助于精神文明的建设。钓源古村是优秀的范例，是城市规划、建筑创造的历史活教材，只有细读并了解这些传统建筑，才能把中国古代建筑文化发扬光大，建设具有中国特色的新城镇、新农村。

二、钓源古村保护现状及存在的不足

钓源古村保存着大量的明清时期古建筑。这些古建筑多为砖木混合结构，且大多建筑相邻，中间形成狭小的通道。古建筑外部表面经历多年风雨，雨水侵蚀严重，建筑内部为木质结构，虫蚁腐蚀严重。因年久失修，影响到村民的正常生活起居。由于村民的保护意识不强，且保护资金匮乏，古建筑的维护工作很难全盘开展。建筑墙体剥落，梁柱腐化严重，少部分建筑已经倒塌，部分建筑成为危房。部分石雕、木刻随意丢弃，甚至破坏严重。（图 5–1）

图 5–1　损坏的石雕

由于缺乏整体的保护修葺规划，大量的钢筋混凝土等现代建筑材料被村民运用在房屋自主兴建与修缮过程中，还有私搭乱建的现象严重，导致破坏了古村的整体建筑风貌。同时，古村的人居环境恶化，有待改善，应提高古村的卫生条件，使古村的整体保护得到可持续发展。

古村村民烹调煮饭多以木材为主要燃料，屋里屋外堆放了大量的木材，房屋内部装饰、家具多以木材为主，且消防灭火设备不规范或缺失，存在重大火灾安全隐患。如今，电磁炉的普及推动了古村现代化的脚步，电线的超负荷运行、“老龄化”、私搭乱建现象严重，很大程度上打乱了钓源古村进行有效保护、修葺的节奏，使古建筑在日常生活中受到蚕食性的破坏。

错误的保护方式对保护主体产生毁灭性的破坏。笔者先后多次到钓源古村实地调研，最近一次发现礼派宗祠得到了“精心保护”。（图 5-2）这种刷红漆式的“保护”在全国范围内非常普遍，这样的“保护”对饱经风霜遗留下来的古建筑来说，无疑是造成了又一次新的、不可修复性的破坏。而这样的保护切断了历史的传承，古建筑的原真性被破坏，令人惋惜。刷红漆式的“保护”，也反映了当地政府对历史文物保护的无知和意识的浅薄。对古建筑原汁原味的保护，应从古建筑中追溯历史的渊源，追寻文化脉络。

图 5-2　礼派宗祠“保护”前后对比

随着古村旅游业的蓬勃发展，游客来古村旅游络绎不绝。游客数量的增加，促使古村旅游配套设施齐全，特别是在旅游主路线上增加了商业化网点，破坏了古村的整体风貌，建筑功能的改变，也破坏了原有民居的格局。

古村作为重要的历史文化遗产，肩负着传播历史文化、文明的重任，还承载着一代人的美好记忆。由于年久失修，民居的维护与修葺资金紧张，现已有部分民居倒塌或成为危房，对古建的保护不容小觑。时代的进步、科技的发达使村民向往着现代的生活方式，而游客憧憬村民恬淡、静谧的田园生活，这一矛盾在古村落的保护问题上暗潮汹涌。

文化价值观强调遗产的文化价值和旅游开发的文化制约，经济价值观强调遗产的资源价值和经济利润的最大化追求，观念的不同直接引发"所有权与经营权分离"的争论，旅游开发造成的破坏与贫穷造成的破落构成了争论双方各自的立足点。[①] 经营是必要的，关键在于经营方式和经营的维度，应在平衡点上走出一条路，建立相应的管理制度。

现代经济的增长，科技日新月异，诱导着村民走出古村，追求理想化的生活方式，大量青壮年劳动力输出，只有老弱妇孺留守古村，使古村趋向于"空心化"。古村缺乏有意义的公共生活和文化生活，生产和生活上的合作互助也日益减少。同时，大量非本土文化、商品、人员的流入，破坏了古村生态平衡体系，影响了古村的历史原真性。

三、钓源古村保护基本原则

古村落的保护和整治要尊重历史原貌，考虑现实因素，要对古村落修旧如旧，体现特色，提升品位，增加价值，古村落的整合保护规划就是挖掘其内涵的过程。实施保护之前要严格实地调研，要对古村落保存现状进行全面普查，组织专家进行评估、鉴定，建立完整的古村档案和保护名录制度。要编制具体翔实、操作性强的建设保护规划，在保持原有风貌的基础上，按照保护规划，对钓源古村进行维护和整治，不能大兴土木，加强对村民自建房的管理和引导。并进一步完善古村落的道路、

① 参见陈乙文《古村落的保护与利用问题研究——以高迁古村落为例》，《小城镇建设》2008 年第 2 期。

供水、排水、供电、通信、网络、垃圾处理等基础设施建设。在修缮和恢复古村落原有风貌的同时，要充分挖掘古村落中的传统艺术、传统民俗、人文典故、地域风情，对古村当地的非物质文化遗产要加大挖掘力度，重点保护古村落内的文物点、风景点，并与古村落融为一体。推进特色产业发展，鼓励发展旅游产业，促进钓源古村可持续发展。

要打造美丽和谐生态的钓源古村，应尽可能多地保留古村原有的生态自然风貌。多保留保护，少改造拆建。要把古村落的自然植被、水系、山丘视为珍宝，作为钓源古村弘扬个性、彰显特色的亮点与重点。在整体建设中，要“望得见青山、看得见碧水、留得住乡愁”。自然生态要保持山清水秀，保留原有的自然景观，合理利用，科学改造。

要以发展的眼光看古村，对生态环境的规划设计要满足古村的整体风貌特色。古村有许多历史悠久的樟树和柏树，在规划时要与古村绿化科学衔接，形成自然、完整的绿化体系。满足村民的生活要求，满足古村的经济发展，让村民与历史相融，山水相亲，与自然相近，营造和谐共赢的古村生态环境。

文化是古村存在的灵魂，缺少文化的古村犹如死一般的寂静。钓源古村有着悠久的文化历史，一对对竖立在宗祠前的旗杆石，默默地散发着古村灿烂文化的光芒。吉安古称庐陵，著名文学家、史学家、政治家欧阳修，是庐陵伟人名士的杰出代表。他与钓源的欧阳氏同宗，其高祖父与钓源开基祖欧阳弘是叔伯兄弟。[①] 至今在古村的文忠公祠还供奉着欧阳修的神主牌位，浓郁的庐陵文化在钓源被发扬光大。

钓源古村作为一个旅游景点，以其独特的文化魅力吸引着八方游客。游客在旅游观光的过程中，不仅饱览美景还受到文化的熏陶。这就要求古村维护其独有的文化特色，排除外来文明对古村文化的干扰；要求村民对古村文化进行更加深刻的理解，铭记于心，传承于后。一个没有独特文化魅力的景区就没有特色，不能满足游客对文化的需求，就很难吸引游客观光。古村的存在与文化的传承是相辅相成的，失去了文化的古村就失去了存在的意义。

---

① 参见李梦星《中国最美古村落　江西·吉安：钓源村》，中国文史出版社 2014 年版，第 42 页。

四、钓源古村保护与修复思路

（一）传统空间形态

根据钓源村的实际发展得出，未来以传统农业、养殖业为主进行发展将占主要部分，针对钓源村的实际情况，对其传统风貌保护难以做到严格控制，保护重点落在对外围边界空间体系的维护与内在村落空间保护两者之中，包括与民众活动相关的各级空间和建筑的保护，以及对村落空间原有结构的维护上，既要维持原有的“八卦”形状，也要发展村落内部空间，保证居民生活方式与村落空间的对应关系，从而保留村落传统文化空间。具体措施：第一，对村落周边自然环境、地貌特征的保护，包括山体、水体、绿化等自然因素，从而建立村落与自然和谐共生的基本关系；第二，实行新区古村分离方法，建立明显的分界线。由于钓源村用地面积较少，与山体、水体联系密切，因此新区必须建立在村外，保证村落整体景观、天际线不被破坏，尽可能降低对古村落原有形态的破坏，让人们清晰地认识到村落结构和空间发展状况。

（二）居住空间

在近年来的发展变迁中，钓源村宗族文化体现在村落空间形态的各个层面上，影响到村落空间形态的发展与变化。首先，物质文化变迁对村落空间形态产生了直接影响。随着人们生活水平的提高以及村落破旧房屋的更新换代，传统居住空间逐渐被新农村房屋所替代，用钢筋、水泥、石棉瓦建造的现代房屋，与传统空间格格不入，形成较大反差，违反了村落空间的统一性，加上村民们的违章建筑尺度过大，对村落整体空间风貌产生了严重破坏。其次，人口的增加导致村落迅速扩张，突破了原先的村落边界，导致围墙、院落等传统建筑强制性拆除。最后，在村落发展中，为了发展当地旅游业，村民们试图保护原有村落风貌，但由于缺乏对空间形态相关的研究，造成建筑、空间形态的修缮只停留在表面，产生了画蛇添足的现象。具体措施：第一，对于村落内新建民居，要保证不破坏原有建筑风貌、原有街巷特征、院落围合等外部空间形态，并在尺度、材料、形制等方面遵循原有特征而进行控制建设，保留传统“天井式”的民居样式，发展适应现代生活的“新型天井式”民居。以家庭为单位，形成住、养、种三合一的多功能居住空间，将居住空间的意义多样化，形成商住结合的多功能空间模式。第二，保留传统建筑特征，包括：清水墙、风火马头墙、重檐屋面等居住空间特征，墙面大量使用蓝灰勾缝，形成新旧建筑的融合特征，保证空间的整体协调感。第三，使用传统手工艺进行建筑改造及修缮工作，这样不仅能达到保护村落风貌的目的，而且能够促进当地传统建筑手工艺的传承，更为严格地实行保护。

（三）交通空间

便利的交通是促进钓源村与周边村落联系的基础。钓源村已经形成了较为便利的交通网络，各村基本都通车，各旅游景点相连，交通便捷，只有少量较为偏远及规模较小的村落交通状况略差。为了钓源村旅游业的长远发展及钓源村人民生活质量的提高，我们应对钓源村整体交通线路进行升级改造，进一步完善钓源村内居住空间、商业空间、宗族空间等的联系。具体措施：第一，增加村落至市区往返班车车次，明确班车时刻表，便于村民及游客往返景点及市区；第二，完善村内旅游景点路线，在各个大小交通节点设立交通指示牌及游览车站站牌，提供较为齐全的交通配套设施，便于村内旅游业发展；第三，修缮现有街巷巷道，尽可能按照“一横”“两纵”“五条巷”“一边界”的街巷特点，达到从外至内的“井”字形街巷结构特征，便于宗祠、民居等空间联系。

（四）宗族空间

在中国南方，尤其是江、浙、沪及闽南一带，有大量的村落聚族而居，整体村落以宗族血缘为基础，从而构成宗法制度的社会群体。宗族制度成为维系村落发展的客观条件，使血缘村落能够绵延数百年而不破散。钓源村“围祠而居”的特点延续至今，宗祠是表现宗族凝聚力量的核心之地。它是以礼制为中心，以宗法为制度的组成模式，承载着宗族成员的无限归属感及凝聚力。宗族空间是钓源村宗族文化的物质载体，因此维护钓源村宗族空间是保护和发展宗族文化的一种有效手段。具体措施：对于重要的宗族空间，如寺庙、宗祠，则本着“修旧如旧”的原则，进行较为全面及严格的保护和修复。必须按照较为传统的手工艺进行修缮工作。

（五）景观节点

钓源村中现存传统景观节点富有当地浓厚的宗族文化特色，保存较完整，并具有深厚的历史文化意义。如“七星伴月”“三门两锁”“歪门斜道”等均为钓源村的主要特色景观节点。具体措施：第一，明确景观节点的一级、二级保护模式，设立一级景观节点（具备当地传统景观风貌特色），设立二级景观节点（具备人工开发等后期形成的景观风貌特色），通过此保护模式，将一级景观节点作为当地旅游特色的重中之重予以开发利用，既能宣传钓源村文化景观模式，又能唤醒村民的自觉保护意识，二级景观节点以辅助旅游开发为目的，宣传人文及祖先事迹，既能成为钓源村的展示名牌，也能为后人所纪念与传颂；第二，利用钓源村社区中完善的村民自治体系，结合钓源村手工业特色，形成自主经营模式，发展具有当地特色的旅游服务，为游客讲解村落空间形态，形成特征。将文化与旅游相结合，使村民由内而外地建立起对景观节点的保护意识，更好地展现给游人及国外学者，发展及宣传钓源村当地宗族文化特色，为钓源村人文发展奠定基础。

五、钓源古村的保护策略

（一）钓源古村整体格局的保护

延续聚落形态是保护与开发的首要任务。古村聚落形态的形成建立在传统的农耕文明基础之上，应积极维护和展现千年来农耕文明形成的历史文化，使古村的历史精神与文脉得到保护并代代相传。

1. 整体延续性保护框架

保护框架是对保护区特色分析后而得出的，由自然环境要素、人文环境要素和人工环境要素三部分共同构成。自然环境要素是指有特征的地形地貌和自然景观，自然环境要素需进行环境卫生的日常管理。人文环境要素是指人们精神生活结晶的环境表现，指对居民社会生活、习俗、生活情趣、文化艺术等方面所反映的人文环境特征，即历史传统文化，无形文化遗产。人工环境要素是指人们的创建活动所产生的城市物质环境，以及各类文物景点所反映的人工环境特征，人工环境中的文物保护单位和保护建筑、特色构筑物、古迹遗址及其空间环境要素，如街巷路面、院墙、古树名木、古井、砖石、木构件、水域、桥梁、山体等，需按照严格保护、定期维护的原则进行管理。

表 5-1　保护要素构成表

人工环境	空间格局	以家族为纽带的众多宗祠成为村落建筑组团，紧凑的建筑布局、迷离狭小的巷道空间构成村落传统空间格局的框架
	文保单位	欧阳氏宗祠、文忠公祠、仁派宗祠、礼派祠堂、“八老爷”别墅
	保护建筑	49 号民居、楚畹公祠、钱庄、村中村、明善祖祠、年年有余等
	特色构筑物	“忠节第”牌坊、古井
	古树名木	古村落的古树以池塘沿岸分布居多，村中也有少量古树
自然环境	沿河风光	古村沿池塘呈自然分布，河岸古樟矗立，绿树掩映，风景秀美
人文环境	历史人物	欧阳万、欧阳弘、欧阳重、欧阳慎、欧阳齐、欧阳衡等
	民俗节庆	春节、元宵节、清明节、端午节、中秋节、小年、冬至、元宵节、送神、灯彩、宗祠节庆仪式等
	民间信仰	道教、佛教
	民间艺术	戏剧、耍龙灯

分区保护开发控制是为了维护钓源古村的完整性和延续性，综合考虑古村与周边环境因素，将古村划分为三个保护区，即核心保护区、风貌控制区、协调发展区，并进行针对性的保护规划。（图 5-3）

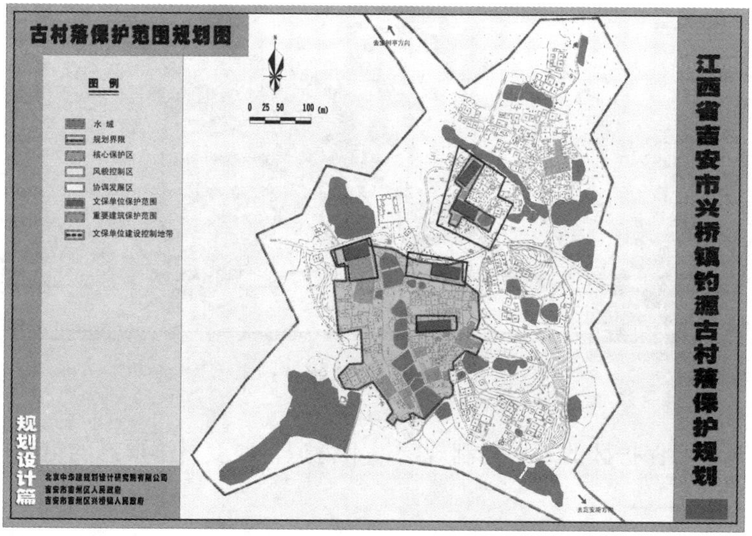

图 5-3　古村落保护范围规划图

2. 核心保护区

核心保护区是保护建筑、历史建筑较为集中，空间格局保存完好，街巷风貌特征明显，需要严格控制的区域。[①]

核心保护区以庄山村为中心，北起村公路，南至村外围池塘，西至树林，东到山脊线；渭溪村重点地段为文忠公祠、仁派祠堂周围地区。面积为 6.35 公顷。

区域内应保持传统的街巷布局原貌；古建筑只能修缮，不得随意改变原状，不得施行日常维护外的任何修建、改造、新建工程，以及其他任何有损环境、有碍观瞻的项目。在必需的情况下，对建筑外观、内部结构体系、平面格局、内部装修、损坏构件的修整应严格依据原址原貌修复，并严格遵守《中华人民共和国文物保护法》和其他有关法律法规所要求的程序进行，并保证满足消防要求。[②]（图 5–4）

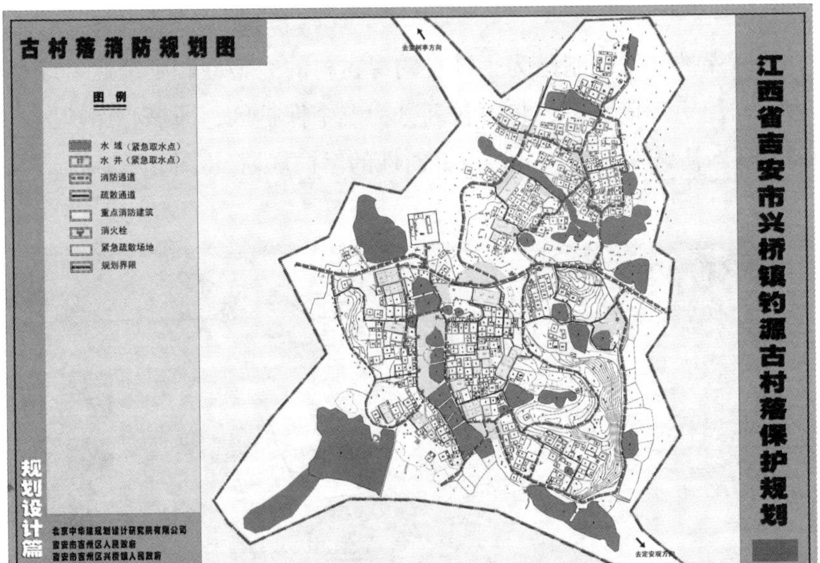

图 5–4　古村落消防规划图

对核心保护区的规划控制规定，不得擅自改变村落形态的空间格局；

① 参见卢世主《传统村落历史环境保护设计——以江西吉安钓源古村为例》，《民族艺术》2011 年第 1 期。

② 参见卢世主《传统村落历史环境保护设计——以江西吉安钓源古村为例》，《民族艺术》2011 年第 1 期。

不得擅自新建、扩建道路，对现有道路进行维修时，应当保持或者恢复原有道路格局和景观特征；严格控制在核心保护区内进行新建、扩建活动，新规划确定的新建和扩建建筑应当与本保护区的风貌特色相协调；核心保护区内不得拆除历史建筑，确实因特殊情况需要拆除的，应当履行报批手续。

核心保护区的保护规划与措施为维护现有的使用功能，创造出各种条件予以利用，积极发展旅游业。

对现有部分文物点内不利于文物保护的新建建筑应予以搬迁，恢复其原有功能，并加以维修整理，对外开放，加以利用。原址原样恢复旧貌，作为旅游景点对外开放。

对核心保护区的保护要求从如下几方面进行。

产权性质：应由村委会逐步作价收回建筑产权，恢复原建筑性质和使用功能或成为文物保护点，由专人管理，作为旅游展览定时开放。

建筑形式：严格遵守《中华人民共和国文物保护法》和其他相关法令、法规的规定要求。

高度控制：保持现状或根据原状进行恢复，建筑高度应控制在 1 层，屋脊高度不超过 6 米。（图 5–5）

3. 风貌控制区

为了确保古村落历史风貌的完整性，在核心保护区外围的古村落建成区划定为风貌控制区。风貌控制区内的建设活动，其高度、体量、色彩和形式，应根据维护历史风貌的原则进行严格控制。

范围：为核心保护区以外规划界线以内的区域，面积为 35.69 公顷。

控制原则：该范围内各种修建性活动应在规划、管理等有关部门指导并同意下才能进行，其建筑内容应根据文物保护要求进行，以取得与保护对象之间合理的空间景观过渡。在此保护范围内的一切活动应经规划部门、文物管理部门等批准，审核后方能进行。

对风貌控制区的规划控制规定：新建、扩建、改建建筑应当在高度、体量、色彩和空间布局等方面与本保护区的风貌特色相协调；新建、扩建、改建道路时，不得破坏本保护区的历史文化风貌。

功能性质：功能应以居住和公共建筑为主。建筑内容应根据文物保护要求进行。

建筑形式：以坡屋顶为主，体量宜小不宜大，色彩以青、灰为主色

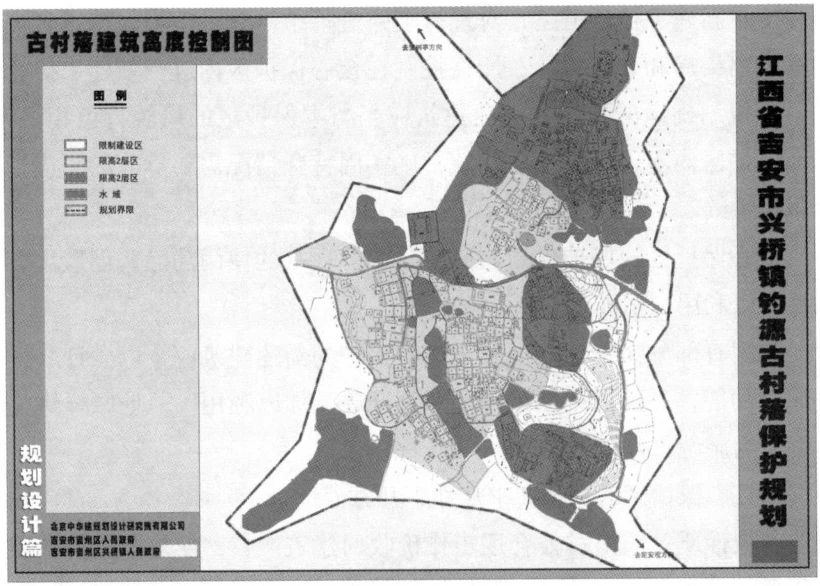

图 5-5　古村落建筑高度控制图

调，对任何不符合上述要求的新旧建筑，除必须搬迁和拆除的以外，在规定日期内都应改造其外观形式和建筑色彩，以达到整体环境的统一。

高度控制：建筑高度应控制在 2 层以下，屋脊高度不超过 9 米。①

4. 协调发展区

为保护古村落周边的良好自然环境，如农田、河流、池塘、山体等，在风貌控制区外围划定协调发展区。在协调发展区内，应维持原有的自然生态体系，对各种新建活动应进行严格控制。将风貌控制区外围的基本农田用地及周边的山水环境全部划归到协调发展区，即与古村落的生态环境保护控制范围边界重合。对协调发展区的建设控制，应当符合古村落生态环境保护控制的要求。

范围：为了保护钓源古村整体的环境风貌，设在建设控制区的外围，需要严格控制的自然生态和景观的区域。

协调原则：在保护钓源古村整体风貌的前提下控制建设，在此范围内的新建建筑或更新改造建筑，其建筑形式要求在不破坏古村历史风貌的前提下，可适当放宽，新建筑应鼓励低层，该保护范围内的一切建设

---

① 参见卢世主《传统村落历史环境保护设计——以江西吉安钓源古村为例》，《民族艺术》2011 年第 1 期。

活动均应经规划部门批准审核后方可进行施工。[①]

对协调发展区的规划协调要求：

协调发展区内严禁任何与古村整体风貌不协调的建设活动；协调发展区内应严格控制新建、扩建、改建道路，不得破坏田园生态环境。

表 5-2　核心保护区和风貌控制区面积统计表

	核心保护区	风貌控制区	村镇建设用地
面积（ha）	6.35	35.69	42.04
比例（%）	15.10	84.90	100.00

（二）钓源古村自然生态保护

古村落空间形态的重要元素之一是自然生态环境，保护规划范围内的山川、水系、古树等是其保护的主体。要对绵延起伏的长安岭等山体进行封山育林，杜绝砍伐树木，保护山体植被。古村落内的“七星伴月”的七口大水塘是水系的重要代表，是最具灵气与魅力的构成要素，要杜绝生活污水向内排放，以及在水塘内洗涤物品，保持水质的清洁。古村内有大量的樟树，选取树龄较长，形体优美具有代表性的古树进行造册登记、挂牌标识、设栏保护。为了保护古村落的自然生态，保持钓源古村的自然风貌，整体保护框架如下。（表 5-3）

表 5-3　整体保护框架表

重点项目	具体保护措施
千年古樟	主要划出重点保护片区，寻找代表性的古樟重点保护，并由专业队伍进行针对性维护。加大对古树保护的宣传力度，提高村民的保护意识
七星伴月	主要保持水质清洁，对水塘进行清淤工作，恢复水的灵气
长安岭	主要是封山育林，保持植被完好，杜绝砍伐树木，减少水土流失，改善居住环境
水库水源	主要恢复钓源水库的蓄水功能，提高蓄水能力，提高水质，在枯水期为下游提供水源
生态工程	在村口农田种植水稻、瓜果、蔬菜等，增大机械耕作面积，促进农作物增产，改善古村周边农业景观环境，呈现独特的田园风光

① 参见卢世主《传统村落历史环境保护设计——以江西吉安钓源古村为例》,《民族艺术》2011 年第 1 期。

（三）钓源古村硬质环境的保护

1. 传统街巷系统保护

钓源古村的街巷系统是古村千百年来不断发展壮大所形成的，见证了古村的兴盛与没落。街巷形成的不同时期，体现了当时的营造艺术、施工技艺、建筑材料，古村中的“歪门斜道”是街巷系统中的瑰宝。对街巷的保护规划要以保留原始风貌为主，保留其固有的材料、走向、宽度等。关于旅游开发交通的问题，主要改善古村外围的交通，古村内部交通在保留原貌的基础上开发为人行游览步道。古村沿“七星伴月”景点周围的民居尚存良好，应加强维护修葺、修旧如旧，延续原始肌理，保护沿街巷建筑的自然轮廓线，保护古村自然、古朴的天际轮廓线。

2. 传统街巷保护整治

坚决整治在街巷堆放生活用品、杂物的现象，还原街巷原始风貌，保证游览路线的通畅。对于街巷中损坏的路面，应采用相同的材料，在可识别的条件下进行修缮。在街巷排水处增设管道，处理修缮好排水工程，避免生活污水对街巷的破坏与影响；电力、通信、给水线路尽量改为地下，杜绝乱拉私接的现象发生，影响建筑整体美观，影响古村整体风貌。

3. 沿街立面的保护与更新

对于建筑外立面与古村落整体风貌不相协调的部分，要坚决拆除整改，还原建筑的原本特征，展示建筑的原始风貌。特别是空调外机的挂放，应该尽量避免出现在沿街立面，使现代生活气息和淳朴古村落完美结合；对于不同时期的古建筑，从建筑本身的历史环境出发，要尽量贴合当时的建筑材料与施工工艺，保持古建筑的原真性；对于建筑外立面破损、剥落的情况，要遵循可识别性的维护原则，要与整体风貌协调统一，在更新与维护过程中，要保持建筑立面的整体性与完整性。

4. 建筑分类及其保护方法

分级原则：古村落建筑可以按照建设年代划分为历史建筑和现代建筑两大类。

具体建筑依据其历史、科学和艺术价值，评定为四级，前两级为历史建筑（保护建筑），后两级为现代建筑（保留、整治建筑）。

建筑分级评定：历史建筑（1949 年以前）依据其历史、科学和艺术价值，评定为两级。

保护建筑（文物和准文物建筑）具有较高历史、科学和艺术价值，已列入或应列入各级文物保护的古建筑名录中。

历史建筑（一般历史建筑）具有一定的历史、科学和艺术价值，能反映古村落历史风貌和特色。

现代建筑（1949 年以后）分为与传统建筑空间环境风貌协调的建筑和与传统建筑空间环境风貌不协调的建筑。

一般建（构）筑物（无风貌冲突）：与古村落历史风貌无冲突，建筑高度、色彩、风格和历史建筑及其环境相协调。

一般建（构）筑物（有风貌冲突）：与古村落历史风貌有冲突的建筑，其建筑高度、色彩、建筑材料或建筑风格等与历史建筑及其空间环境不协调。

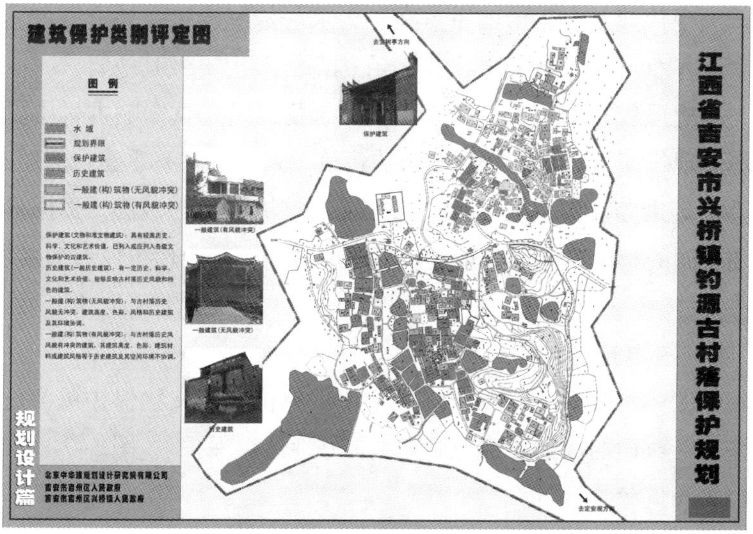

图 5-6 建筑保护类别评定图

建筑分级保护措施：为了增强保护的可操作性，对规划范围内现存建筑进行分级保护，依据各级建筑的情况，便于有针对性地制定不同的保护措施。

保护建筑：经过对保护范围内的历史遗存进行详细踏勘和审核后，本次保护共划定保护建筑 45 处。

保护范围：建筑本身和其组成部分的四周界线以内为保护范围。

保护要求：不得改变保护建筑的立面形式、平面格局、内部结构体系和建筑高度，按原有形式和原有材料进行维护和修复，修旧如旧，允许内部进行适当改造；建筑修缮的重点是恢复其传统建筑与院落的布局，在细部做法上采用庐陵传统民居的传统做法、式样和材质等，以达到“只修不建，修旧如旧、以存其真”。保护建筑禁止拆除。

对于古建筑的建筑高度，具有地方特色的传统立面形式、平面格局和内部结构装饰不得改变，外观损毁的建筑按原有形式修复，内部损坏的结构和装饰可采用现代建筑材料替代，但色彩、铺地形式等要与传统历史风貌相协调，允许内部进行适当改造，增加厨卫设施等。古建筑原则上不能拆除。对于特殊地段由于整体规划而需要进行拆除或改造的古建筑，要由相应专家组成的委员会审核，批准后方能进行实施，有条件的话在拆除后可以进行迁建式保护。

与历史风貌无冲突的一般建（构）筑物：是与古村历史风貌和环境相协调的现代建筑，整治的重点在于力求与传统建筑在外形、色彩、空间尺度等方面与传统建筑“形似”。在内部处理上不做其他要求。

与历史风貌有冲突的一般建（构）筑物：是严重影响古村历史风貌和环境的现代建筑，必须整治更新的建筑，采用拆除、重建、降层改造、综合整治等措施。应采取“渐进式”逐步整治更新的做法，根据具体情况采用不同的整治模式，改造建筑形式风貌，以符合传统风貌的要求。

（四）古建筑保护

将钓源古村的保护对象，以文物保护单位和非文物保护单位进行分类，采取针对性的保护方法与原则，更好地进行保护。（图 5-7）

1. 文物保护单位

文物古迹是具有历史价值、科学价值、艺术价值，遗存在社会上或埋藏在地下的历史文化遗物和遗迹。[①] 对古村落的发展乃至周边地区的发展都有重大影响与意义，是钓源古村的重要核心组成部分。文物保护单位包括“年年有余”宅、“村中村”群宅、歪门斜道、定安寺等。

保护范围分为文物保护区和建设控制区。文物保护区范围内都必须按照文物保护法的要求进行保护，不得随意改变现状，如果遭遇破损情况必须维护时，必须严格按照维护的审查手续，按原样修复。建设控制

① 参见卢世主《传统村落历史环境保护设计——以江西吉安钓源古村为例》，《民族艺术》2011 年第 1 期。

图 5-7　古村落保护建筑分布图

区内不允许出现与文物保护建筑风貌不一致的建筑物，要保证建筑风格的统一，发现破坏风貌的建筑应坚决拆除。（表 5-4）

表 5-4　钓源古村文物保护单位一览表

名称	编号	保护等级	保存现状	保护修复措施
“年年有余”宅	M1	市级	构架基本完好；地面残旧；二楼废弃不用	对金雕花进行重点保护；维修木结构；修葺二楼
“村中村”群宅	M3	市级	主体结构部分基本完好，但由于时间久远，构件附有一定的污渍	进行简单的维修整理，清理构件的尘埃污渍，保护雕花等装饰免受破坏
歪门斜道	M10	市级	建筑保存较为完好，没有较大的损坏，室内木板墙局部被破坏	修整部分破损的梁构件，清洁室内墙面及地板等污渍，维修破损的木板隔墙
定安寺	Q1	市级	构架基本完好；地面残旧；杂物较多，光线较暗；天井堵塞	庭院杂物较多，杂草丛生，宜全清除；维修木结构；清理杂物，修理门窗
宝树亭	Q2	市级	构架基本完好；地面坑洼，破损严重；道路交通不便	维修木结构，修补地面，填平坑洞；对周围环境进行改造
“八老爷”别墅	Q3	市级	一楼修整后现为钓源村的文化艺术展馆；二楼破损比较严重，部分楼板已经腐朽，不能通行；“逍遥床”遭严重破坏，已经不复存在	修整二楼破损的结构部件，清理加固已经腐朽的地板，清洁门窗框的污渍，并结合“逍遥床”等传说，使其具有神秘的人文色彩

（续表）

名称	编号	保护等级	保存现状	保护修复措施
楚畹公祠	C1	市级	构架基本完好；地面铺砖损坏严重；天井严重堵塞，杂草丛生；屋内堆放杂物	维修木构架；修复地面铺砖，恢复原貌；清理天井杂物，疏通排水沟渠；清理祠堂内杂物
礼派祠堂	C2	市级	构架基本完好；地面坑洼，破损严重；祠堂内堆放杂物较多	维修木结构，对雕花壁画进行翻新，修补地面，填平坑洞。拆除祠堂内的炉灶，清理杂物
纶祖祠	C3	市级	构架基本完好；天花破损；地面残旧，后堂破损较严重；天井堵塞	维修木结构；清理后堂，重点结构不修；清理祠堂周边环境
仁派祠堂	C4	市级	构架基本完好；堆放杂物较多，常有村民在内举行酒席，对壁画损坏严重	维修木构架；修补地面，填平坑洞；拆除炉灶，对壁画进行专门维护；清理杂物
欧阳总祠	C5	市级	部分构件及地板具有一定程度的损坏，墙面脱灰，雕花纹理模糊不清	修葺破损部分，清洁、修补外墙面，清理祠堂环境，保护青石地面和木刻雕花，疏通下水道
文忠公祠	C6	市级	部分构件有一定程度的损坏，内有精美的雕刻石板，檐木等挂件	修葺破损部分，清洁、修补外墙面，清理祠堂环境，保护雕刻石板，清理天井、下水道

2. 非文物保护单位

按古建筑建筑风貌可分为四大类。（图 5–8）

一类风貌建筑：指保存完好的古建筑和按风貌要求重新修复过的风貌建筑。包括欧阳氏宗祠、仁派宗祠、文忠公祠等。

二类风貌建筑：原有建筑风貌基本保留，但门窗、墙体有不同程度破坏。包括“八老爷”别墅、楚畹公祠、欧阳安寿民居等。

三类风貌建筑：原有建筑形式基本保留，但风貌较差，门窗、墙体和屋顶有较大程度的破坏；门窗被重新开设，失去了原有的风貌特征，建筑质量较好，但风貌欠佳。包括钓源小学、明善祖祠等。

四类风貌建筑：严重阻碍视觉的建筑（含两层以上的新建筑）、违章搭建的临时建筑、风貌已经无存的建筑、质量较差的建筑。包括古戏台遗址及渭溪村新建两层小楼等。

针对以上四类风貌建筑情况，制定出相应的保护措施。（表 5–5）

图 5-8　古村落建筑风貌评价图

表 5-5　古建筑建筑风貌保护措施

保护类别	保护措施
一类风貌建筑	定时进行维护工作，重点注意重新修复过的部分，维护古建筑的历史原真性
二类风貌建筑	以文物保护法为基准，通过利用原材料及相同的施工工艺，把破损需要维护的地方，尽可能保留，展示原始风貌
三类风貌建筑	进行维护加固工作，建筑的外立面应遵循传统做法，尽量还原原始风貌，但建筑内部可以使用现代工艺与材料，延长建筑的使用寿命，提高建筑的安全指数
四类风貌建筑	为了维护临街面的整体性与完整性，要求对违章建筑进行拆除，按照建设规划要求进行风貌改造，保证风貌上的统一

（五）基础设施改善

1. 道路交通

外部交通：从兴桥镇到钓源古村先走 4.5 千米的 S224，再走 3.7 千米的乡道，全程 8.2 千米，约 15 分钟。省道为路面宽 12 米的沥青马路，乡道为路面宽 4.5 米的水泥马路，每天上、下午各有一班公交车驶入，目前勉强满足出行、旅游、运输等。

目前的道路勉强能够满足村民的生活、交通要求，但以长远的发展视角来看，仍有碍于钓源古村村民出行及古村的旅游发展。在乡道的 3.7 千米路段中，有福容薰衣草花园和麻下水库两个旅游景点，以及沿路周边几个村庄，旅游业的发展使道路变得拥挤，很大程度上影响了旅游的通达性，应该提高道路等级，拓宽道路宽度，把宽 4.5 米的水泥马路升级为宽 6 米的柏油马路，杜绝村民在道路上晾晒稻谷，堆放建筑原材料的行为。增加公交车来往古村的班次，预计设置上午 9：00 从兴桥镇出发，9:30 从古村返回；12：00 出发，12:30 返回。下午 2：00 出发，2:30 返回；5：00 出发，5：30 返回，一天往返于兴桥镇与钓源古村共计 4 趟公交，并且要严格按照时间点发车，便于游客做好观光时间安排。公交车班次的增加，方便了散客去古村旅游，并且有利于古村村民出行。

内部交通：钓源古村的主要车行道路是由村外延伸过来的一条宽 4.5 米的水泥路。在村口处附近形成两条分支，一条环绕庄山村，另一条贯穿渭溪村。目前，分支路段破坏严重，路面破损、凹凸不平，应提高道路等级，拓宽现有平整路面，严禁超载、大型汽车通过，增强对道路的保护意识。

主要人行道为宽 2 米~4 米的青石板道，是村民进行日常生产生活和组织古村旅游线路的道路。次要人行道是村民日常生产生活服务的道路，多为宽 1.5 米~3 米的青石板路和鹅卵石路。人行道的布局主要是以方便村民出行和联系景点为出发点，尽量规划为环形的旅游线路。依照现状分析，拓宽现有人行道的可能性很小，道路的宽窄程度由建筑与建筑之间、地形、水系决定，没有更改的余地。目前可行的是督促村民在人行道上不要堆放生活用品及杂物，在转角、分叉路口标明游览方向，保持人行道的通畅，提高游客游览通行速度。（图 5–9，图 5–10）

2. 停车场

自驾游的兴起，暴露出各个旅游景点停车难的问题。为了妥善解决这个问题，从目前钓源古村游客规模、接待能力、节假日出游高峰等因素综合考虑，得出车流量、人流量密度，规划停车场面积。目前在古村有两个停车场，庄山村和渭溪村各有一个。庄山村停车场有 38 个大小各异的停车位，占地面积约为 1100 平方米；渭溪村停车场规划相对规范，有 60 个标准停车位，占地面积约为 1500 平方米。由于庄山村停车场受地形的约束，不宜改建扩大；渭溪村停车场四周还有扩大的空间，在原有的基础上规划扩大停车场面积，增至 2000 平方米，增加 20 个停车位，并预留医护、消防、警车专用停车位。停车位均采用生态停车场方式建造与扩建。通过扩大停车场面积、增加停车位数量，达到缓和停车难的

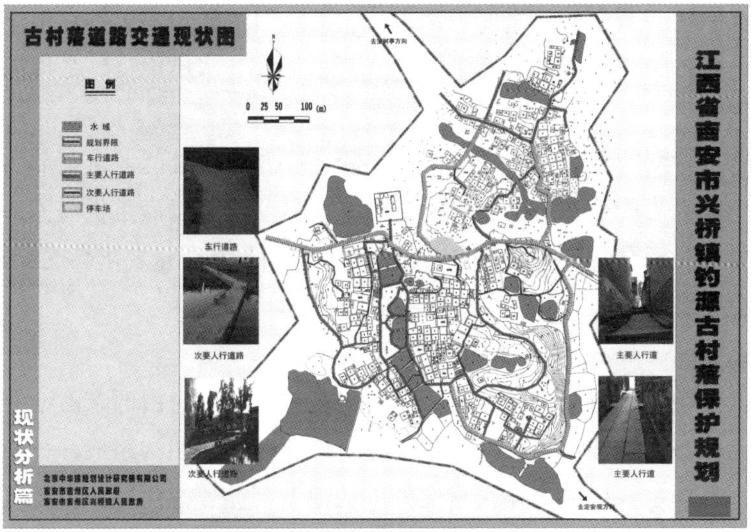

图 5-9　古村落道路交通现状图

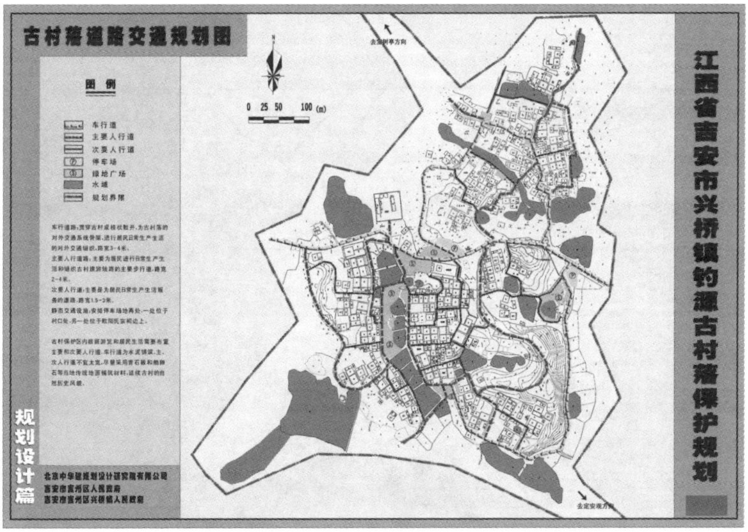

图 5-10　古村落道路交通规划图

问题。

3. 给水规划

安全、稳定的水资源供给，是村民劳动、生活、卫生的必备条件。古村内有两口古井，至今还有村民在“七星伴月”的古井中取水，当作生活用水。有的村民在自家院子里打了水井，依靠人力压水设备获取生活用水，或在房顶上修建蓄水池，通过电力把水抽起，在重力的作用下，水顺着管道形成自来水。为了使全村村民用水便利，改善古村的给水系统迫在眉睫。渭溪村北水库虽离古村较近，但水质较差，不宜用作生活用水，离古村 2 千米远的麻下水库，蓄水量大、水质优良，是理想的水源供给体。

给水管网的建设是一项庞大的工程，需要政府部门、水利部门及相关部门的大力配合。自给自足的给水方式目前是可以满足供需关系，随着古村的经济发展、旅游业的成熟，对水的用量和质量要求会逐步提升，矛盾会越发凸显，完善给水管网才是长远之计。

4. 排水规划

依据钓源古村北高南低的天然地势高差，庄山村由两条沿池塘和主要道路分布的主要排水明沟和沿主建筑修建的次要明沟组成，村民的生活用水和雨水经由明沟排至村庄外围的池塘沉淀、净化后，可流入临近池塘储蓄。渭溪村多为新建建筑，其天然的地势高低差有利于直接排水，排水系统较为分散，但均可排入村庄外围的池塘储蓄、净化。（图 5–11）

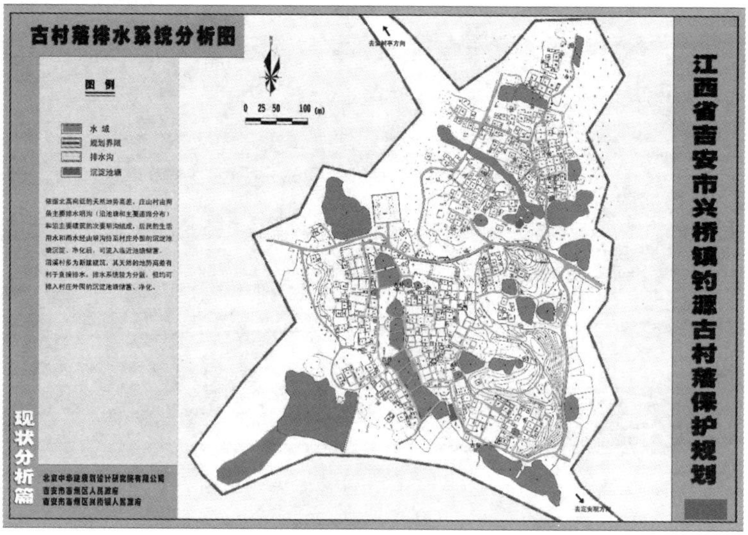

图 5–11　古村落排水系统分析图

5. 环卫设施规划

旅游公共厕所：钓源古村现有三座旅游公共厕所，目前勉强符合游客的需求。两座位于庄山村，一座位于渭溪村，成散点式分布，符合公共厕所 500 米的最大服务半径，有较为明确的指向标志，服务于游客。公共厕所按照旅游景区服务规范要求，建筑标准按照一类或二类标准执行，建筑面积为 30 平方米，建筑风格与古村整体风格较为接近。但内在配套设施较差，多数水阀不能正常使用，通风效果差，异味较大。随着乡村游的兴起，来古村的游客络绎不绝，对古村的基础设施造成巨大的考验。要求增加对公共厕所的资金投入，将三座公厕增加到五座，并定期进行卫生消毒清洁。对原有固件设备进行检查、维修工作，确保公共厕所的干净程度及配套设施能正常使用，给使用者带来卫生、便捷的使用环境。（图 5–12）

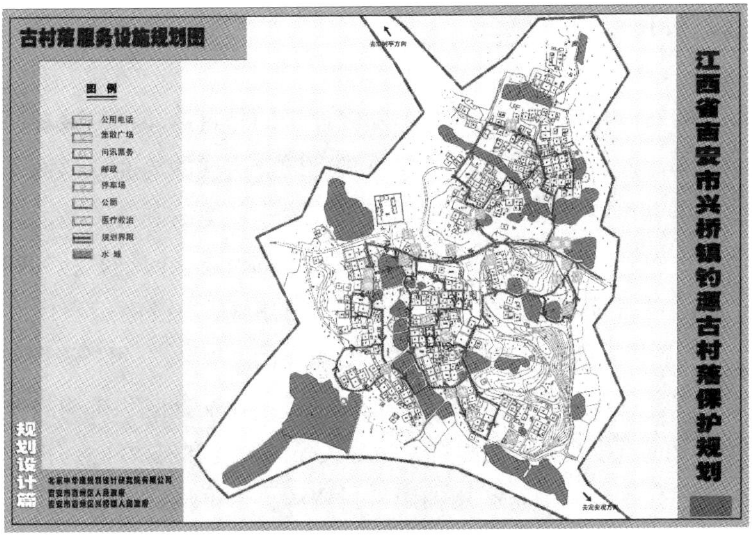

图 5–12　古村落服务设施规划图

垃圾处理体系：目前，钓源古村还没有完整的垃圾处理系统。虽有几个简易的垃圾池，但早已荒废许久，垃圾外泄，没有及时清理外运，甚至随地倾倒生活垃圾，散发出阵阵恶臭，与古村整体环境格格不入。面对以上问题，古村应该加强村民的环保意识，并积极建立垃圾处理体系。首先，要合理增设垃圾箱数量，作为初步垃圾收集手段。根据《环境卫生设施设置标准》第 3.2.5 条规定，公共环境内的垃圾箱的服务半径一般不应超过 70 米。旅游景区可根据游客密度、游客流量、主次干道，适量调整垃圾箱的服务半径。垃圾箱的设计要美观、耐用，符合古村的整体风格。其次，要建立垃圾收集中转站，集中收集处理垃圾。由于村民生活质量的提高，不可降解的生活垃圾增多，同时游客人数的增加，带来了大量的旅游垃圾，为了维护古村的卫生环境，必须建立垃圾处理系统。

可规划建设在庄山村偏西的旅游公厕旁，公厕与垃圾收集中转站的合体设计在城市规划中屡见不鲜，也能灵活运用于乡村规划设计中。中转站与村外环村的水泥路直通，减少了垃圾运输距离的同时，也避免让游客扫兴。

第二节　钓源古村的可持续发展前景

一、可持续发展概述

传统的发展是单纯发展经济，随之而来的是自然环境的破坏，自然资源的枯竭，社会的动荡不安等一系列问题。这样的局面，迫使人们要以理性的思维角度重新审视经济增长与社会、环境的利益关系，谋求新的平衡点。1987 年正式提出“可持续发展”的概念,《我们共同的未来》一书中对“可持续发展”做出了全面权威的解释，“既满足当代人的需要，又不对后代人满足其需要的能力构成危害的发展”①。可持续发展是一种变化过程，资源的开发、投资的方向、技术开发方向和机构的变化都是互相协调的，并增强目前和将来满足人类的需要和愿望的潜力。②

目前，有效地保护与利用钓源古村资源，走可持续发展道路的有效途径之一是大力发展旅游业。钓源古村开发旅游业，能否保持其可持续性，密切关系到钓源古村的未来发展。可持续旅游发展是可持续发展在旅游方面的延伸。对钓源古村进行旅游可持续发展，要做到对旅游资源的适度、合理挖掘与开发，维护与利用并重，不仅要满足游客对钓源古村的好奇心，同时也要维护古村居民的合法利益需求，实现对钓源古村文化及环境的保护。

1989 年，联合国环境规划署通过了《关于可持续发展的声明》，其中明确声明“可持续发展意味着维护、合理使用并且提高自然资源基础，意味着在发展计划和政策中纳入对生态环境的关注和考虑”。这就明确提出了可持续发展和生态环境保护的关系。生态环境与可持续发展是密不

① 参见世界环境与发展委员会《我们共同的未来》，王之佳、柯金良等译，吉林人民出版社 1997 年版，第 52 页。

② 参见董连胜《省域战略投资管理研究》，博士学位论文，大连理工大学，2008 年。

可分的整体。要实现可持续发展就必须维护人们生存的生态环境。经济快速增长必然带来环境问题，要正确处理生态环境与可持续发展的问题就必须要积极发展经济，需要用经济的良性可持续发展来提供足够的资金，以保证技术上的支持。

整个社会经济的可持续发展的根基是农村经济的可持续发展，县城、村镇经济的可持续发展又是基层经济可持续发展的中坚力量。[①] 钓源古村经济的可持续发展，面临着巨大的机遇与挑战。摆脱农耕社会自给自足的现状，将结余的劳动成果用于为他人服务或进行买卖交易，从而带动经济的流通，带动经济的可持续发展。

钓源古村资源的可持续性：钓源古村保存着大量明清时期的古建筑，以及优美的自然生态环境，浓厚的文化底蕴，淳朴的生活气息，这些先天的优越条件为钓源古村发展旅游业奠定了坚实的基础。因此，在发展旅游业的过程中，要对古村中的古樟树、古石桥、牌坊、宗祠、书舍等进行保护和修缮，保护古村的建筑空间体系，运用相应的科学技术手段，保护古村地域自然生态的多样性、原真性，使之不易受到外界因素的干扰。

钓源古村经济发展的可持续性：在旅游方面，古村通过旅游开发所获得的经济收益，要大于为旅游开发而支付的成本；开发旅游不得妨碍古村自然的可持续发展；力求保持古村旅游经济收入的持续稳定增长；对于渭溪和庄山两个自然村的旅游分红，也应该随着旅游收入的增长而增长，为村民提高经济福利，提高村民对旅游开发的积极性。

中国现有古村落的分布规律，一是分布在古代乡村经济文化相对发达，但近现代交通重心发生偏移的地区；二是分布在区域环境相对偏僻独立的地区；三是分布在小环境相对独立的地形险要处。[②] 这些古村落往往交通不便利，经济欠发达，因此保存了较为完整的古建筑群和淳朴的文化生活气息。目前，开发古村旅游业是改变经济结构，带动经济发展的有效途径之一。这样不仅带动了古村经济的增长，改变了村民收入来源的单一性，还有效地提高了村民的生活质量，改善了古村的生态环境，最终达到古村的整体可持续发展。

---

① 参见梅冬芳《农村经济可持续发展问题浅析》,《边疆经济与文化》2011 年第 3 期。

② 参见刘沛林《古村落：和谐的人聚空间》，上海三联书店 1997 年版，第 3—5 页。

古村落是历史遗存下来的一种既脆弱又特殊的旅游资源，在现代文明和旅游活动的影响下，古村落很容易受到外来势力的影响，从而失去原本的纯真性。古村落旅游可持续发展，强调的是在保护古村原始性、纯真性的前提下，对古村落进行合理适度的旅游开发。

古村有着悠久的历史，沉淀、积累了千年的文化物质。它们是最具本土性的、民间性的文化代表，表现出了强烈的独立、独特的自我个性。做好古村旅游可持续发展，必须深度挖掘、开发古村的文化地域独特性。在挖掘、开发的过程中，必须深入对本土传统文化的了解，在旅游市场的发展过程中，重点推销本土传统文化，为本土文化的传播发展寻找新的生存之道。游客在享用传统乡土气息文化大餐的过程中，潜移默化地将传统文化进行传承与延续。

古代城邦建立受到“天人合一”的道教思想的影响。因此，古村落的选址、布局和建设也同样注重“天人合一”的思想境界，追求人与自然、人与人、人与社会之间的和谐共处。古村落发展旅游业必然要保持“天人合一”的布局，村民或主动、或被动地维护着古村落的原始布局，从中增强了村民的生态保护意识；而游客在游览过程中，也切身体会到了古村传统的生态意识。

二、钓源古村可持续发展当前存在的矛盾

古村落的发展面临着机遇与挑战，外来企业对古村旅游发展的投资，非本土商品、人员的大量流入，外来文化的入侵逐步蚕食本土文明，将破坏古村的历史原真性，破坏古村原有的生态平衡。这样的矛盾在很多古村落愈演愈烈。随着科技的发展，村民也同样向往着现代文明的生活方式，逐渐改变了现有的生活状态。建筑外观的现代化，建筑材料的与时俱进，切断了传统风貌的延续，破坏了古村的整体风貌。古村落的历史原真性具有十分脆弱且不可逆的特点，在面对外来文化的入侵时往往极易被忽略。

钓源古村的保护与旅游开发的矛盾主要体现在以下几个方面：一是古村民宅所有权与经营权之间的矛盾；二是开发旅游带来的收入效益与资金分配之间的矛盾；三是古建筑保护与村民居住之间的矛盾；四是旅游开发商的开发蓝图与古村的文化价值方向之间的矛盾。

古村有限的生活空间与不断增加的游客之间的矛盾日益突出。主要体现在街道景区拥挤，游客大声喧哗，古村自然环境破坏等方面，这些问题直接打破了村民安静、祥和、恬淡的生活品质和正常的日常作息规律。

当地政府和旅游景区开发商在经济利益面前，很容易迷失方向，忽略古村旅游的承载能力。由于游客人数的增加，景区的接待能力有限，极易打破古村的生态平衡，加之游客随意丢弃垃圾的现象严重，对古村环境造成相当严重的破坏，与此同时也降低了游客对景区的满意程度。通过对钓源古村的旅游开发现状分析，游客的人均消费水平低，主要收入为旅游门票。由此可以得出，钓源古村的旅游收入增长还是要依靠客流量，而游客的增加，必然带来游客与景区之间的矛盾，钓源古村旅游发展不平衡，庄山自然村景点相对集中且古建筑风貌保持完整，游客集中。渭溪自然村景点相对分散且古建筑风貌破坏严重，现代化建筑较多，游客稀少。

旅游的多元化是目前旅游发展的必然趋势之一，游客希望在旅游过程中能亲身体验当地的风土人情，品尝特色美食，购买特色纪念品。一般普通的观光旅游模式已经不能满足游客多元化的口味。钓源古村还属于普通式的“走马观花”型旅游模式，无特色旅游纪念品，相应的风俗也要到特定的节日才能欣赏。目前游客只是看看古建筑，缺乏游客与古村的互动性。

计划经济的思维观念，在村民的意识里根深蒂固，思想落后，缺乏改革创新精神，制约着农村经济的可持续发展。钓源古村青壮劳动力外流、劳动力素质低等问题，不符合新形势下古村可持续发展的需要。劳动力问题与经济增长问题已成为当下的重中之重，合理解决两者之间的矛盾，是促进古村经济可持续发展的关键。

我国的科技发达程度已在国际上名列前茅，科技带来的经济发展突飞猛进。但科技对农业生产的贡献率相对较低。尤其在南方，科技对农业的渗透和辐射带动不强，科技成果向现实生产力转化能力弱。农业科技含量较低，仍处于资源消耗型的初级阶段。[①] 钓源古村的科技生产能力较弱，农业耕作多以人力为主。现代科技的发达不能促进农业生产率的

---

① 参见梅冬芳《农村经济可持续发展问题浅析》,《边疆经济与文化》2011 年第 3 期。

提升，妨碍了古村经济的可持续发展。

生态环境保护是一个庞大的工程，需要各个方面的齐心协力才能达到预期目标。政府要起到主导地位，村民要积极响应政府的号召。目前，钓源古村在生态环境保护方面投入不够，村民的生态环境保护意识薄弱，夏季收割水稻后，将稻秆就地焚烧，严重污染空气。在现实生产中，依旧存在轻视生态环境保护的现象，破坏了农业生态环境的平衡。

三、钓源古村可持续发展的路径

对于古村落的保护问题，必须走保护与利用双管齐下的道路，没有保护的利用是对古村落的严重破坏，没有利用的保护是不可持续的保护，因此，对古村落的保护必须开启保护与利用并重的良性循环模式。农村城镇化的脚步越来越快，对古村落的合理开发利用与积极保护，在当今社会显得格外重要。

目前，钓源古村面临最严峻的困难是资金问题。对古村落进行修缮维护需要大量资金，当地财政拨款、社会资金救济等无法弥补资金短缺的空白。从以往经验来看，不仅要依靠外来经济的扶持，还要发展古村经济产业，提高村民的经济收入，钓源古村的保护才能更好地可持续发展。

旅游资源的保护利用与可持续发展之间有着千丝万缕的联系，旅游资源的良性发展与利用，成了钓源古村旅游业健康发展的重要前提之一。因此，钓源古村旅游资源的保护利用与可持续发展之间的辩证关系格外显著。

从哲学角度来看，矛盾存在于事物发展的方方面面，即事事有矛盾，时时有矛盾。旅游资源的保护利用与可持续发展是相辅相成的，缺一不可；二者既互相联系又互相矛盾，是辩证的统一；二者在相互联系中共同发展，要先保护再利用，保护好了才能更好地利用；二者也在矛盾中寻求共同点，共谋发展之路。

古村非物质文化的保护。非物质文化遗产指被各群体、团体、有时为个人视为其文化遗产的各种实践、表演、表现形式、知识体系和技能及其有关的工具、实物、工艺品和文化场所。通俗地说，有社会风俗、节庆典礼、婚丧嫁娶、传统手工艺等。这些文化具有世代相传的特点，并且与时俱进，在劳动生活中不断发展创新，得到村民的认同。

非物质文化最大的特点之一是贴近生活，在生活中体现为“活”的存在，并依托于人延续。用发展的眼光来看，一切现存的非物质文化既是逝去的历史、文化的记忆，又处在与自然、现实的互动中，不断变化；它是过程中的文化，它的生命力就在于发展演进中。[①]非物质文化的另一个特点是地域性，表现为一个地方独有的难复制的文化信息。只能在特定的自然环境与人文环境下传承发展。

钓源古村作为一个旅游景点，可以由开发商组织村民闲暇时节排练特色节目，如晃花轿、舞龙灯、渔翁戏蚌等传统戏曲表演，并支付一定报酬。这样不仅增加了古村旅游的看点，使游客从多角度了解古村，村民还因此增加了一条收益渠道，古村的非物质文化得到了保护与传承。在与时俱进的社会大背景下，没有发展就等于灭亡，古村固有特色的非物质文化要与时俱进、可持续发展，使前人思想文化的结晶“活”在当下的生活里。

由于古村旅游产品结构单一，游客对古村旅游渐渐失去了信心，为了扭转局面，应大力推广旅游多维文化体验。古村旅游文化体验，就是要让游客感受到情感性和体验性的旅游活动，让游客在生活背景差异化下，亲身参与古村活动，得到身体和内心上的愉悦享受，获得难忘的旅游回忆。如游客参与农家乐活动，带上劳作工具与村民一同劳动，感受劳动的光荣，分享劳动后的丰收喜悦。这些劳动对于久居城市的游客来说，实为一大乐趣。如参与节日庆典，每逢正月十六就会举行送神仪式，据村里的老人说，是将张仙人等神仙的画像请出神堂，敲锣打鼓的一行人跟在后面，村民拿着纸做的彩旗跟在最后面，一路走到西面水塘的大樟树下，在水塘边把神像、彩旗烧掉，送神即告结束。全村老小都参与，整个场面非常热闹。游客通过这种传统的送神仪式感受到古村村民的淳朴，体验到不一样的古村文化。

根据对钓源古村的地理位置、古村资源、游客流量及客源组成的现状分析，制定了由近到远的客源市场计划，以本省及相邻省份客源为基础，积极开发全国客源市场乃至国外客源市场。

---

① 参见朱以青《文化生态保护与文化可持续发展——兼论中国的非物质文化遗产保护》，《山东大学学报（哲学社会科学版）》2012 年第 2 期。

通过对钓源古村旅游综合的分析，制定了针对国内“立足东部、发掘中部、拓展西部”的旅游发展政策。国内市场以江西、湖南、广东、福建、安徽为主市场，充分利用与邻省的地理环境优势、人员来往密切、经济流通快捷的特点，拓展邻省客源市场。同时做好钓源古村旅游开发推广工作，努力发掘客源市场的潜在力量。

表 5–6　客源等级表

市场等级	目标地
一级市场	宜春、萍乡、抚州、赣州、南昌、上饶、景德镇、九江等周边城市为主要客源市场
二级市场	广东、湖南、福建、浙江等省份为代表的华南、华中、华东地区所组成的客源市场
三级市场	华北、东北、西南、西北及其他地区所组成的客源市场

依据来赣的海外游客的数量及地域分析，钓源古村的海外客源市场战略应遵循“立足东南亚，开发欧美市场”的策略。海外客源市场以东南亚为主市场，在稳定和扩大客源市场的同时，积极开发欧美客源市场。

（一）古村景点的开发

祠堂书院：对古村祠堂、书院的重现。欧阳氏宗祠、文忠公祠、楚畹公祠、仁派宗祠、礼派宗祠、楚畹书院、纶祖祠等。

民居遗韵：古村民居风采展示。“年年有余”宅、欧阳群英、欧阳安寿、歪门斜道、欧阳定如、欧阳瑞林、高岸里、“村中村”群宅等。

湖光水色：古村池塘及水库景观。七星伴月、心心相印、村外水库等。

古树山林：古村山林及名木景观。夫妻樟、古柏、千年古樟等。

古村专题旅游组织：因古村旅游接待能力有限，相应旅游配套设施不完善，避免游客无序观光，故设计了一条以钓源古村宗祠文化为核心的生态旅游一日游线路。（表 5–7）

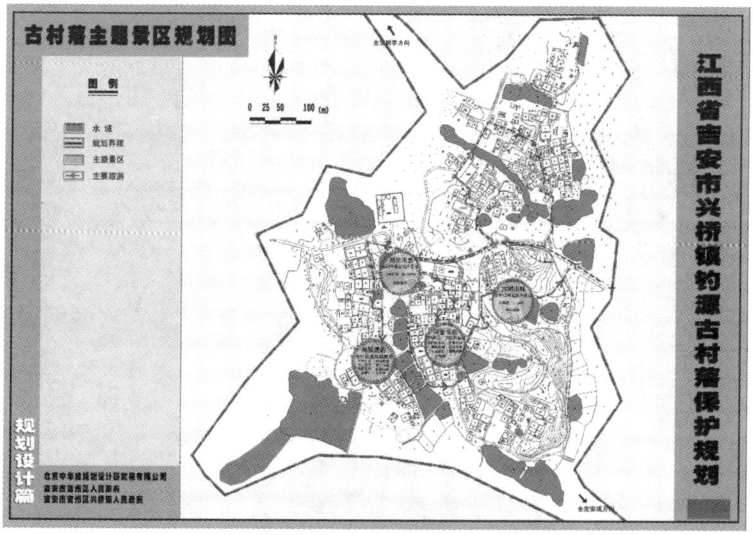

图 5-13　古村落主体景区规划图

表 5-7　一日游路线表

时间	路线
上午	主入口—“天钓”雕塑—六角亭—欧阳氏宗祠—心心相印—42 号民居—礼派宗祠—27 号民居—“年年有余”宅—三连栋院落—经祖祠—古驿道—定安寺—纶祖祠—“村中村”群宅—欧阳瑞林—拜寿堂—明善祖祠—七星伴月
下午	歪门斜道—欧阳安德—钱庄—古戏台—楚畹公祠—欧阳钟麟—“八老爷”别墅—仁派宗祠—文忠公祠—宝树亭—夫妻樟—村口广场

（二）旅游线路规划

外部旅游线路：钓源古村外部旅游线路的设计安排，应着重与周边城市进行联动协调，实现与周边城市旅游景区的优势互补，共促发展。（表 5-8）

表 5-8　外部旅游线路安排表

旅游线路	路线
纵向旅游路线	广州市—河源市—赣州市—吉安市—钓源古村—南昌市—九江市—武汉市
横向旅游路线	长沙市—宜春市—吉安市—钓源古村—赣州市—龙岩市—莆田市—福州市
本省旅游路线	南昌市—宜春市—吉安市（钓源古村）—井冈山—赣州市—兴国县—于都县—瑞金市—抚州市—鹰潭市—上饶市—景德镇市—九江市—南昌市
吉安市旅游路线	钓源古村—渼陂古村—井冈山—武功山风景区—白鹭洲书院

内部旅游线路：主要是以钓源的历史为主线，以各个景点为连接点，串联起钓源旅游展示区。

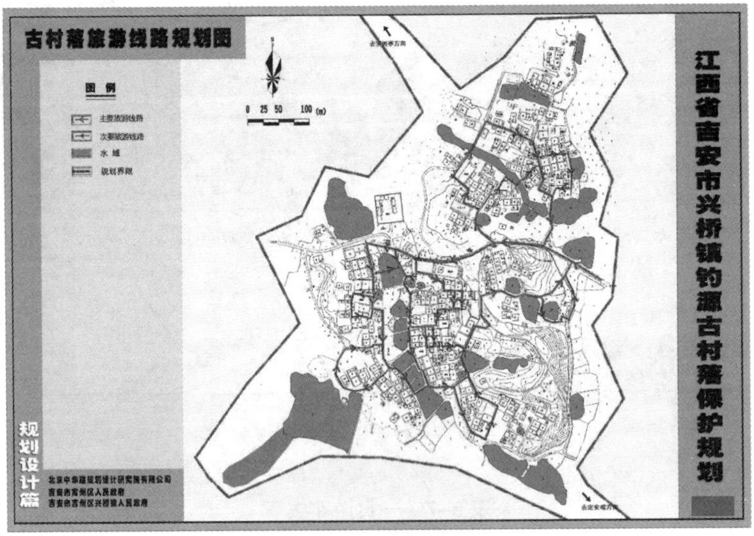

图 5-14 古村落旅游线路规划图

表 5-9 内部旅游线路安排表

线路等级	路线
主要线路	主入口—“天钓”雕塑—六角亭—欧阳氏宗祠—心心相印—42 号民居—礼派宗祠—27 号民居—“年年有余”宅—三连栋院落—经祖祠—古驿道—定安寺—纶祖祠—“村中村”群宅—欧阳瑞林—拜寿堂—明善祖祠—七星伴月—歪门斜道—欧阳安德—钱庄—古戏台—楚畹公祠—欧阳钟麟—“八老爷”别墅—仁派宗祠—文忠公祠—宝树亭—夫妻樟—村口广场

（三）加快古村农业基础设施建设，改善农业生产条件

要加强农田水利建设，开挖抗旱井，修建、加固水渠，重视耕地保护，实施土壤改良。加大对农业机械化大生产的推广力度，加强生态环境建设，加强农业的节能减排，加强农业污染防治。增加对农业生产的投入，将惠农政策实实在在地落实到农业生产上。实现农业的稳定增长，关键在于加快推进农业的科技进步和创新，提高科技成果转换率。以保护环境为前提，走科技扶持农业增长的现代化道路。提高每亩农田产出率、资源利用率和劳动生产率。创新农业科技体系，在农业领域发挥带头作用，逐渐推广与普及。

村民是农业生态环境保护的第一受益者。通过展示环境被破坏后的相关资料，告知破坏后的一切严重后果来警醒村民；再通过展示环境保护的优秀村落案例，给村民美好的目标与希望。通过两个天壤之别的例子，来激发村民保护生态环境的意识。知识改变命运，环境改变村庄。加大对村民生态环境保护的教育，建立保护工作站，接地气、手把手地把生态环境保护意识普及到每一个村民，提高村民环保的自觉性，增强村民的科学发展意识，引导村民珍爱自然生态环境。

加强管理是古村生态环境可持续发展的关键。当地政府部门应该担负起管理者的职责，建设、水利、卫生、国土、文保等部门要将古村纳入管理范围。古村也应该积极进行内部管理，提高村民的环境保护意识，减少对环境的人为破坏，认真贯彻实施保护条例。形成“当地政府牵头，部门各尽其职，古村具体落实”的保护路线。

第三节　保护与开发的融资方式

一、古村融资存在的缺陷

（一）古村保护资金来源匮乏

目前，我国古村落保护资金的主要来源是国家财政拨款，地方财政及银行借贷相对较少。因为古村落保护的投资具有周期较长、投资数额较大、利润回报较慢、风险性大等特点，使得当地财政望洋兴叹，银行“惜贷”与“慎贷”现象普遍存在。面对保护资金的巨大缺口，国家财政拨款也只是望梅止渴、杯水车薪。资金筹措渠道狭窄，资金来源不够明确，将古村落保护工作扼杀在萌芽状态或半途而废。

（二）投资与回报的利益关系

投资利益最大化是古村落保护与开发所追求的目标之一。其目的是通过对投资利益的合理分配，使投资方与融资方利益均衡，实现共赢。钓源古村的保护与开发的特殊性，使投资在短期内不能提供直接的经济回报，这就要求投资方正确处理前期投资与回报的利益关系。

前期投资阶段，以投资为主。做好钓源古村的整体保护与旅游宣传工作，前期利益回报则微乎其微。中期投资阶段，投资回报两手抓。古村的保护精神得到发扬贯彻，保护工作得到基本落实，旅游配套设施基本完善，旅游工作持续宣传，知名度增加，吸引游客旅游观光，投资利益回报率上升。后期投资阶段，以投资利益回报为主，投资为辅。古村的保护工作与旅游开发得到全面稳定发展，投资利益回报率增高，旅游收益平稳增长。后期还需少量资金投入，维系整个体系的正常运转及公共设施的维护工作。

（三）景区开发商与村民的利益冲突矛盾

自钓源古村开发旅游活动以来，当地部分村民的经济收益渠道发生了微妙的变化。以旅游服务性质的小卖部有 3 家，以餐饮服务为主的农家乐有 3 家，保障游客的基础旅游需求，使旅游景区的发展变得多元化。其余大部分村民的主要经济收入来源仍以第三产业为主。大部分村民在景区的发展中占劣势，但村民也有自己的利益需求，希望增加经济收入；希望有更多的就业培训指导与岗位；希望能在古村旅游开发赢利的情况下分红；希望逐渐获得旅游景区的管理主动权。

从景区开发商角度来看，要获得经济利益与社会效益最大化，希望当地政府给予优良政策的支持、市场舆论的导向以及相关部门的协调，同时希望当地村民能积极配合与支持旅游开发项目，避免不必要的麻烦。

无论从村民还是景区的开发者角度，都希望各自利益得到最大化。当利益偏向于任意一方，矛盾便一触即发。古村工作岗位数量少且工资低；经营财务状况不够透明；旅游项目开发问题忽略村民的意愿；村民不尊重开发商的正确管理制度；村民私带游客进入景区牟利；农家乐、旅游商店欺客、宰客给景区带来负面新闻，影响景区正常工作。发生这些问题的根本原因是只追求自我利益最大化而忽视了对方利益。

古村落开发旅游业带动村民的经济增长是旅游开发的目标之一，但是并不一定每一位村民都能从中受益，或达到心理平衡点。现实中，景区提供的工作岗位数量有限、科技含量低、经济收入少，高科技、高收入的岗位村民往往不能胜任，多为开发商从景区外聘请。目前，大部分的景区和村民缺少有效沟通，村民处于弱势，很少提出要求，只能被动接受，更不用谈参与讨论景区发展决策问题，当决策具体实施而村民发现不理想时，也很难改变决策方向。由于开发商与村民都有各自的利益倾向，都希望利益最大化，这种以私利为中心的行为影响了景区的整体发展，破坏了景区的良好形象。

景区与村民利益矛盾的产生是矛盾量的累积过程，试图一劳永逸解决景区双方之间的利益冲突问题是不现实的，因为景区在不同发展阶段会产生不同的矛盾。针对这样的情况提出几点建议。第一，景区应统筹兼顾，以实现村民的利益要求为第一准则。开设技能培训，增加就业岗位，鼓励景区内的正规自主创业。第二，培养共同的价值观，增加景区与村民的沟通。开设讲座，既传达景区开发的前景目标，又增加与村民的情感沟通，进而培养共同的利益价值观念。第三，增加村民的受益面。让村民代表参与景区的决策性发展，参与旅游发展的利益分配，通过提供劳动岗位、经商岗位、入股合作等方式使更多的村民受益，从而能更好更快更全面地解决景区与村民的各方利益冲突问题。

二、古村融资方式的分析

融资就是资金融通，是指融资主体通过某种方式运用金融工具，从潜在投资者手中获得所需资金的过程。[①] 截至 2015 年，国务院颁布的中国历史文化名城有 128 座、名镇有 252 座、名村有 276 座，普遍面临着保护资金短缺的问题，名镇、名村资金短缺问题更为突出。江西省国家级名城有 4 座，名镇有 4 座，名村有 17 座；省级名镇有 252 座，名村有 276 座，数量庞大的名城、名镇、名村像一个个嗷嗷待哺的孩子，等待着国家拨付配套的专项保护资金。

据江西省财政厅相关文件显示，2009 年历史文化名城、名镇、名村建设扩大内需，国债基础建设支出预算 239 万元，专项用于保护性基础设施建设。2011 年，历史文化名城、名镇、名村建设中央预算内专项资金 1095 万元，建设内容为道路改造、管线改造、环卫消防设施改造等。专项资金落实到具体村镇犹如杯水车薪，保护与开发依旧面临着资金缺口问题。古村落要保护和发展还需要靠自身的努力与当地政府的大力扶

① 参见韩念勇《中国自然保护区可持续管理政策研究》,《自然资源学报》2000 年第 3 期。

持，通过多种手段达到融资目的。

政府通常采用增加税收、发行国债、发行彩票、发行市政债券等融资方式吸收资金。税收是政府财政收入的重要来源之一，是调控国家经济的重要杠杆，具有维护国家政权、监督经济活动的作用。国债是政府筹资的重要手段之一。据初步统计，少额的国债资金能够带动其本身两倍多的其他资金的投入。彩票是政府为满足特定的社会公共需求所采取的一种辅助性筹资手段，主要是指社会公益事业需求。[①] 古村落的保护与开发有极其广泛的社会效应，发行以古村保护为主题的彩票是极具可能性的。

三、古村融资方式的解决对策

（一）拓展资金筹措渠道

古村落的保护是一个庞大、复杂、系统、专业性强、周期长的问题，解决这些问题的基本动力是资金。资金不是解决问题的唯一办法，却是解决问题的助推器。古村落保护工作的开展，需要有丰厚的资金作为坚实后盾。但目前缺乏完善的资金保护制度，保护资金缺口较大等问题都制约了古村落保护工作的开展。因此，必须拓展思路，多方面、多渠道地筹集古村落保护资金。

1. 国家历史文化名城名镇名村保护专项资金

国家设立了历史文化名城名镇名村保护专项资金，是专门保护文物特别丰富且具有重大历史价值或纪念意义的、能较完整地反映一些历史时期传统风貌和地方民族特色的镇和村。[②] 通过申报国家“历史文化名城名镇名村”，并得到此荣誉称号，可获得国家历史文化名城、名镇、名村保护专项资金。钓源古村是国家第五次公布的中国历史文化名村。

2. 旅游国债资金

2000 年，旅游首次列入国债项目，旅游国债的主旨是推动旅游基础设施建设，加快旅游开发速度，对于具有旅游开发价值的古村来说，是

---

① 参见喻大学《浅论环境保护的投融资问题》，《财经问题研究》2004 年第 6 期。

② 参见苑焕乔《北京国家级历史文化村镇现状及保护对策研究》，《北京联合大学学报（人文社会科学版）》2015 年第 1 期。

优良的发展契机，是争取开发资金的最佳途径。

3. 国家重点文物保护专项补助资金

2013年6月9日，财政部、国家文物局以财教〔2013〕116号印发《国家重点文物保护专项补助资金管理办法》。国家每年都会拨发专项补助经费用于国家重点文物保护、修葺工作。只要符合补助条件，便可申请国家重点文物保护专项补助资金。

4. 地方财政的扶持

各省均设立了历史文化名城名镇名村保护专项资金，钓源古村是江西省第一批公布的历史文化名城名镇名村。虽然保护资金杯水车薪，但足以表示地方财政对古村落保护的重视，也起到了积极有效的带头作用。

5. 村民入股方式

古村落村民是古村保护的直接受益主体，通过对古村落的保护达到整体的可持续发展、改善村民的生活环境、提高生活水平的目的。村民可通过开放民居作为旅游景点的形式入股，与旅游开发公司签订协议。村民有义务对民居进行基础维护工作，旅游开发公司则按规定时间节点支付一定的资金作为报酬，使村民成为古村落开发的经营者。这样一方面带动村民保护古村的积极性，另一方面增加了村民的收益渠道。在提高村民的整体保护意识的同时，还推动了古村落整体保护工作的步伐。

6. 民间资本

要求当地政府对旅游业有足够的重视，为旅游业的发展开绿灯，通过招商引资的渠道，吸引国内资本、民间资本投入。

7. 银行借贷

银行借贷是古村落保护项目的重要资金来源之一。国家开发银行贷款可以解决古村落保护开发过程中的资金短缺问题。

（二）建立专项保护社会基金

建立古村落专项保护社会基金，能更加有效地保障保护资金的来源，并对保护工作进行引导。保护基金的开发性，便于社会各界人士参与，促进古村落、古建筑管理模式的形成与发展。逐步建立以古村落为对象的古村落保护社会基金，广泛吸收社会团体及个人对古村落保护的资助，以保障保护资金的来源，雄厚的财力是古村落保护的重要筹码之一。

（三）选择合理的经营模式

1. 村委会自主经营模式

经营权和所有权高度统一。钓源古村的古建筑为村民私人财产，村民拥有所有权和使用权，公共区域为村民集体财产。在自主开发过程中，村干部要起带头作用，村民在旅游开发中也占有一席之地。

开发资金自筹，投入与产出成正比。开发初级阶段，资金筹集是个难题，总投入与产出值成正比，旅游开发还处于初级阶段，带来的经济效益相对较少。自主经营代表的是全体村民的利益，在整个开发过程中共担风险，能使村民团结一致。采取逐步片区式开发，软件硬件两手抓，形成良性循环开发。

自主开发的非专业化问题。由于村民的文化素质不高，缺乏古村保护与开发的专业知识，在开发过程中多效仿其他地区的古村保护与旅游开发模式，很少考虑当地旅游特色，并未因地制宜地适应当下旅游开发模式。普遍存在旅游档次较低的问题，以及以导游讲说为主，游客在游览过程中与古村的互动较少等现象。

2. 个体承包单位经营模式

经营权和所有权分离。个体承包单位经营模式一般都是与村委会签订经营合同获得经营权。个体承包单位每年支付给村委会一定的费用或按旅游收入的百分比进行支付，由于古村旅游收益与个体承包单位和村委会收益直接挂钩，在一定程度上刺激了个体承包单位的旅游经营意识，精准投资减少资金浪费，并带动村民的旅游开发积极性。

资金投入少，产出也少。由于资金的限制，个体单位承包大都只能对游客能看见的地方进行维护，简单绿化修整、道路铺装等，之后便开始营业。资金短缺使旅游开发处于较低水平，不可能有大规模的产品营销活动。

急于追求短期经济效益。个体承包单位往往对古村的旅游开发前景十分看好，但由于前景的不确定性使承包期限不会太长，在签订承包合同时往往会回避一些问题。由于开发时间较短，开发投资数额较小，并急于追求短期经济效益，在各方面投资力度都不大，对古村的保护不明显。

3. 企业承包经营模式

经营权和所有权分离。企业承包后，古村所有的保护与开发事宜都由承包方处理，政府及相关部门负责处理行政事务，不得干涉承包方开发管理活动。承包方每年支付一定的费用用于古村的整体保护上，在保护与开发的过程中，涉及与村民相关事宜时，承包方不宜与村民们有直接交涉，交由相应部门协调解决。

资金投入大、产出大。承包方多为有实力的大型旅游开发公司，有较长的开发经营年限，有较丰富的开发经营经验，为了确保有可观的可持续性的经济收益，必定会全盘考虑保护与开发大计，一般不存在急于在短期内追求经济效益的情况，资金的投入相对较大。由于是全盘开发，古村亮点颇多，总体产出较大。

专业的企业管理化。企业承包经营有一套完整的管理模式，科学管理、良好服务、积极营销能取得较好的管理成果。在人员使用问题上处理得比较灵活，聘请古村村民为游览导游、保洁环卫、临时演员、后勤保障等，既为古村村民提供了就业岗位，增加了其经济收入，也为承包方节省了人事费用，多方面提高了古村开发的综合效益。①

第四节　保护与开发的实施主体

一、古村保护与开发实施主体当前存在的不足

（一）实施保护主体不详

政府、开发商、村民是当前古村落保护与开发中存在的三类主体，政府是政策保护主体，开发商是经营保护主体，村民是实施保护主体。

政府在古村落的保护中发挥着重要的引导作用。制定相关的法律政策，对古村保护进行旅游、文化宣传，防止在保护区内进行破坏性建设和盲目性开发，在旅游公共服务建设方面发挥指导性作用，同时也可给予古村落保护一定的经济支持。

开发商具有古村落的经营权，对于依靠走旅游路线发展经济的古村

---

① 参见黄芳、浣伟军《古村落旅游开发的经营模式探讨》，《湖南商学院学报》2003 年第 5 期。

落来说，具有举足轻重的作用。虽说古村落保护与开发的途径有很多，但旅游这条道路却是最佳的捷径，对适合旅游开发的古村落来说有一定的促进作用。古村落大多存在于经济、交通、资源欠发达的地区，缺少旅游专项资金去投资旅游发展，而古村落的旅游开发又是一个庞大的、系统的、细致的、长时间的工程，靠古村落自己的力量显得微不足道、杯水车薪。有开发商大量资金的投入，寻求有利于古村落自身发展条件的道路，是古村落保护与开发的一条有效路径。

村民是古村落的主人，却在古村落的保护与发展中更为被动。在政府的主导形式下，典型的做法是在古村落外整体规划、新修安置房，将古村村民整体搬迁安置，政府对古村落实施封闭式保护。这样从表面上来看能更好地保护古村落，避免村民生活生产上对古村落的破坏，但实际上若古村落失去了原住民，也就失去了生机与灵气。在旅游开发模式下，大量外来商品、新文化与古村落淳朴、原真性的碰撞，感受不到古村落原始的生活气息。

人是万物之灵，是古村落保护的灵魂，钓源古村村民是保护古村的核心主体。古村村民是村落文化景观的重要构成要素，是村落文化发展的原动力。相比之下，古村落的自主保护与开发比开发商外力开发要好，古村落的保护与开发动力来源于村民内部，建立保护发展系统，有利于资源整合并达成共识，化解冲突矛盾，促进和谐发展。目前来说，大力调动村民的积极性，走以村民为主体的开发模式是一条理想途径。

但是在众多的古村落保护与发展案例中，古村村民不仅没有成为保护与发展的主体，甚至反而丢失了古村主人的身份。追根究底，身份的丢失仅仅是因为村民的自我保护意识不强吗？事实并非如此。不能简单地认为村民的自我保护意识不强，因为他们所居住的古村是祖辈遗留下来的宝贵财富，是一代代人的历史记忆。大多古村落经济落后、交通闭塞，也正因为如此，古村才没有被城镇化、商业化，得以相对完好地保存下来。各方面的因素导致古村落发展能力弱，需要依靠外界因素扶持发展。古村落的保护与开发必须依靠外部力量共同打破僵局，这就需要政府、开发商、专家学者及民间组织等外力介入，共同经营与管理。唤醒村民自觉保护古村落的意识，增强村民自觉保护古村落的能力，以古村主人的角色，实现古村落的保护与开发。

（二）保护主体与市场发展的协调性较弱

村民是古村落保护的实施主体，往往整体知识水平不高，接受外界信息渠道狭窄，信息相对闭塞。但他们面对的是一个信息爆炸的市场，发展速度之快，变化程度之高，令人瞠目结舌。村民的信息闭塞与市场的千变万化形成鲜明对比，村民很难在短时间内满足市场的高要求，实现高速发展，市场发展对村民的思维方式与生活习惯影响甚微。作为保护主体的村民与市场发展之间的相互影响微乎其微，村民保持着本色原真性，市场发展变化无常，村民的“真”与市场的“变”，彼此之间联系甚微，彼此之间协调能力较弱。

二、古村保护与开发实施主体分析

古村村民是保护利用与开发行为的实施主体，古村命运与古村村民的生存发展有着直接的关系，村民与古村有着深厚的情感维系，只要古村的保护与村民的发展利益达成共识，便形成了自觉保护古村的动力，能义不容辞地投入古村落保护的实践当中。将从前的“要我保护”思想转变为“我要保护”。

钓源古村村民淳朴、勤恳、憨厚，加强村民对古村保护的意识，贯彻古村保护的精神，落实古村保护的方法，使村民成为古村保护的“主力军”。依靠村民的自觉保护，为古村注入新鲜活力，在保护与开发过程中得到实惠。所以在古村保护的实践当中，要明确村民在古村落保护活动中的参与立场，便能更好地达成保护古村的共识。

三、古村保护与开发实施主体解决对策

（一）保护与开发的合作模式

保护与开发的合作模式，一般以政府为主导力量自上而下逐步推进，并由当地村民自发力量自下而上为主体共同组成。由于古村落的保护利用与开发带来的经济效益，以及环境改善的最终受益者归根结底还是当地村民，所以应当重视民间保护力量对古村落的维护与更新活动，与政府力量同步，使古村落的保护利用与开发得以更好地落实开展。

但目前的实际情况是，古村落的保护利用与开发更多地体现为自上而下的政府行为。由于缺乏对文物保护意识的宣传，思想观念陈旧变成了阻碍古村落保护的巨石。

村民是保护利用与开发行为的实施主体，是长期实施保护利用与开发的中坚力量。古村内的建筑大多为私人产权，是祖辈世袭的产物。增强村民保护古村落利用与开发的意识，村民便会积极投入古村落的保护当中，实现村民和古村落共赢。所以，寻求古村落的保护利用与开发方案的最佳方式就是争取全体村民的积极参与，最终共同保护与开发古村落。

1. 政府主导模式

古村落是历史的遗留物，具有重要的保护意义。政府在对古村落的保护利用与开发过程中要起到决定性的主导作用。钓源古村的保护利用与开发，应以吉安市吉州区兴桥镇多级政府为主导力量，使保护利用与开发达到利益最大化。

面对不同的困难，政府的切入点和主导程度也不相同。以政府为主导的公共领域，具有非营利的特征。以市场为主导的领域，政府通过政策起引导、限制、规范的调节作用。在政府与市场共同的领域，政府起到重要的基础性作用。政府在古村落的保护利用与开发的不同环节，需要以主导、支持、协调、监督等不同角度看待古村落，并对古村落进行相应扶持，达到多角度灵活参与和协调统一。

政府应重视以下三个方面。第一，制定保护利用与开发的标准、目标，明确保护利用与开发过程中各方的义务与权利；第二，在钓源古村的保护利用与开发过程中提供相应的政策扶持与经济支持；第三，在保护利用与开发过程中涉及的公共利益，有益于公共配套设施建设和完善的，政府应积极配合进行改造建设工作。

2. 公众参与模式

古村落中所包含的建筑等各种组成部分，往往产权和所有权大多为村民个人所有，为私人财产。因此，在以政府为主导力量的基础上，又需要每一位村民的积极配合与参与，从而形成公众参与的模式。

公众参与模式，对完善古村落的保护利用与开发体系具有重要的意义。古村落的保护利用与开发的直接受益者是当地村民，只有得到村民的认可与支持，政府的保护政策才能得到大力推广与顺利实施。村民是古村落保护项目的受益者与参与者，是保护项目的组成部分之一，是古村落文化的生产者与传承者。在古村落的实施保护过程中，应积极听取、考虑、吸收、采纳村民的意见，拓宽政府与村民沟通的渠道，使村民在古村落保护项目上成为重要的主体之一。

3. 旅游开发模式

古村落的保护是一个艰巨而漫长的过程，是一个需要大量财力、物力、人力的过程。为了使古村落的开发能走可持续发展的道路，积极开发旅游业是可行途径之一。以开发旅游业来促进古村落的保护与开发，是目前常见的开发模式之一，其内在的利益及受益主体呈现复杂的关系，受益主体主要包括村民、开发商及当地政府。通过对这三类关键利益相关主体间的利害关系分析，可以理解为是一个以取得旅游经营权为核心，以确定具体经营模式的循环调整过程。钓源古村的旅游开发应采取以政府为主导的运作模式。政府要出台各种旅游优惠政策，为旅游开发营造良好的环境。要迎合市场风向指标的发展，积极开发旅游产品，努力完善旅游基础设施建设。

（二）保护与开发管理

1. 制定政策规范保护开发行为

制定政策法规的必要性。随着城市化进程的加剧，虽然已经意识到对古村落的保护利用与开发的重要性，但我国对古村落保护的立法管理还处于初级阶段，2008 年颁布了《历史文化名城名镇名村保护条例》，但缺乏相应配套的、更为详细的策略。对于普通古村落而言，保护问题就更加缺乏法律上的保障，由于破坏古村落的行为得不到法律的严惩，私搭乱建等问题层出不穷。全国各地的古村落特点不同，因此应该因地制宜从实际情况出发，在《历史文化名城名镇名村保护条例》的指导下对古村落进行法律上的保护。

制定政策法规的可行性。其目标是在古村保护的基础之上，提高村民的生活水平。一方面是利用古村落固有的号召力与吸引力，将其转换为经济价值和社会价值，另一方面要保护并延续古村落的文化价值，并使之代代相传。为了满足社会对古村落的保护要求，满足政府和村民对发展经济、改善生活环境的要求，更有必要对古村落制定政策法规，规范化地进行保护、利用与开发，遵守政策规范才能达到多方共赢的局面。

因此，制定保护利用与开发的政策法规具有一定的可行性。

制定权责明晰的内容。管理体制不完善、职责划分不清晰，是目前古村落保护项目面对的困难之一。有的政府机构单位认为文物保护工作是文物部门的责任，《文物保护法》第一章第八条中规定，地方各级人民政府负责本行政区域内的文物保护工作。由于文物部门执法力量薄弱，在保护管理方面缺乏权威性，文物部门在事前不得干预政府的招商引资行为，事后又对开发者违反《文物保护法》的相关规定难以进行干预，从而需要政府部门的大力支持。以现有的古村落保护项目来看，当地政府、园林部门、文物部门、旅游部门、卫生部门等相关机构没能达成共识，导致保护政策难以开展，保护经费难以落实，对古村落的保护极为不利。

由此看来，制定古村落保护法变得更加迫切。推进古村落保护法立法的进程也困难重重。首先，尽管《中华人民共和国立法法》第七十三条第二款规定，除本法第八条规定外，国家尚未制定的法律，地方可依据自身实际需求先制定地方性法规。也就是说，地方有权限出台地方的古村落保护法，目前苏州制定的《苏州市古村落保护办法》开创了地方古村落保护立法的先河。但由于法律位阶特性，《中华人民共和国立法法》也同时在第七十三条第二款中规定，国家新制定的法律与地方法规有冲突抵触的，地方法规应及时修改或废止。那么当国家相关法律出台时，地方法规就要遵循法律位阶的规定服从国家法律。地方法规行之有效的规定，积累了大量经验的规定，面对国家法律必须修改。这样的做法使地方立法变得消极，造成立法资源的浪费。其次，地方立法是为了解决国家法律在标准层面上的抽象性问题，由地方法规在抽象性问题范围内做出相关规定。涉及一些特殊情况的问题，需要由地方依据本土风俗习惯，做出更为具体详细的规定。最后，地方立法的前提是该地区有不同于其他地区的特殊情况，形成“地方特色”，缩小地区间的差异，来保障法律的平等。一切的平等都是在国家统一立法的基础上实现的，没有国家法律只有地方法规，势必对古村落立法的多样性和特殊性造成法律层面上的不平等。

古村落的保护是一项艰巨的任务，运用法律手段的保护才是最终目标。维护法制统一，避免立法浪费，减少法律位阶问题，呼吁加快推进古村落保护立法的进程。

2. 管理部门的建立及职责

针对钓源古村的保护与开发工作，需要设立相应的管理部门来负责日常工作，管理部门由各方派出代表组成，依据国家法律法规和当地有关政策，行使各方权利与职责，开展管理工作。

将管理部门的职责进行详细划分，把阻碍古村落保护与开发的问题各个击破。政府部门，以政府文件的形式明确钓源古村的保护范围，制定详细的保护规划；文物部门，对古村建筑、民居进行实地考察，制定维护管理方案，建立档案，明确责任人；城建与土地管理部门，管理古村落内的建设活动，明确土地的使用范畴；旅游部门，负责旅游市场的开发、拓展、监督工作。定期给古村落保护管理人员培训，学习借鉴其他优秀古村落保护开发的经验途径。要在专家的指导下，聘请有古村落维修经验与资质的施工团队，进行古村落的维护建设工作。

（三）保护与开发实施机制

1. 实施机制

以国家相关法律法规为保护前提，根据吉安市对古村落的有关保护措施，完善对钓源古村保护的相关政策。提高政府领导能力，积极开展群众的力量，建立古村保护工作点，加强保护范围内建筑的控建，使古村的保护利用与开发能更持续有效地开展。

2. 实施保障

由于古村落的保护利用与开发工作涉及许多部门，这也说明了古村落保护问题的复杂性和落实的艰难性。要有计划地维持古村落村民人口数量及每日游客数量，减少人口问题对古村落环境造成的压力。有必要定期展开多形式、多层次的保护宣传工作，增强村民对古村落的保护意识，加大村民对古村落保护的积极性，形成村民自觉保护的优良氛围。

结 语

钓源村受当地宗族文化的影响，结合自然环境特征而逐渐形成的村落空间形态值得人们深入探讨及研究。钓源村在庐陵古村落中独具特色，其空间形态采用太极八卦的风水理念，形成独特的人文景观。宗族人文因素对钓源村空间形态的形成与发展起到了至关重要的作用。在尊崇“天人合一”的选址理念与“依山就势，靠山面水”的格局模式下，经过不断地探索与发展，才形成了具有当地特色的村落空间形态。此外，钓源村的空间布局类型、建筑构件、景观节点中处处都体现出当地特色的宗族文化思想。

一、选址布局

选址与格局模式：体现在宗族人文方面。他们相信“天人合一”的自然崇拜理念，在选址时，尊崇人与自然和谐相处理念，因地制宜，选择合理的地形地貌，尽量避免改变原有基址，从而达到和谐共生的目的。

自然地形方面：遵循“依山就势，靠山面水”的村落选址布局，考虑地势平坦，多良田可耕种之地。选择避风朝阳之地，避免风向直冲村落。

布局与居住理念：“围祠而居”的收族睦族要求。打破常规的南北朝向原则，将房屋大多朝向祠堂。根据钓源村内的小气候变化，运用风水堪舆理论，在巷内及房屋墙角处使用折角，同时利用照壁，达到藏风聚气、风和圆满的目的。

“明厅暗房”的隐秘居住理念：钓源村遵循一明两暗三开间这一基本平面布局，形成村落的基本居住形态。恪守“三间五架”的建筑格局，形成以“进”为基本空间单位，完成空间的组合，形成巨大的民居建筑群体。

二、空间形态

空间布局类型："藏风聚气"的地理位置特征。钓源村内的长安岭上，栽有大片的樟树林。村落的四周形成一片纯天然的绿色屏障，散落在村庄周边，直接阻挡寒风的出入。

"太极八卦"的平面布局形态：整个村落布局以太极八卦为平面布局模式。钓源村由渭溪与庄山组成。由高九米的S形山脉——长安岭将渭溪和庄山分置于太极八卦中的"太极"中心区"少阴"位和"太阴"处。

"水向西流"的水体流向趋势：钓源先祖在择地之初，看中西流之水，围水建村筑宅，盼望太白星给村民们带来富贵祥和的美好愿望。

建筑构件特征：图腾崇拜的传承。钓源村至今还保留着"招龙"的祭祖风俗，同时还有划龙船、赛龙舟等娱乐项目。钓源村认为龙是拥有无穷力量的神物，又对家族具有保护的意义，所以在公共建筑装饰中多用龙形。

钓源古村的传统民居建筑是生态建筑的代表，无论从布局形式，还是建筑的平、立面构造，都充分展现了灵活的几何形体与素雅的色彩效果。将曲与直、方与圆、虚与实的层次关系和形体一道传达了建筑与环境的信息，并在色彩中发挥建筑材料自身的特质，融入艺术加工，形成了黑、白、灰均匀的层次变化。给人简洁、明快、生动、活泼的效果。良好的空间秩序使人在心理上得到宁静，缓解人们的压抑感觉。通过可循环的建筑构造，形成了内、外空间的灵动与和谐，最终使人们获得了舒适的居住体验，营造了一组山水、人文并存的绿色建筑群。钓源古村正是"庐陵民居"的样板之作，不仅涵盖了中国传统民居建筑的共性，还有着墙折、路弯、巷曲等空间形态特点。在构造形式中，穿斗式构架的使用使正房结构规整，厢房构造灵活，多数厢房采用"叠檩"的方式，将厢房的构架借用到正房的檩条或檐柱上，以砖木结构为主的"排山房"用木料组成房架，取代山墙的承重结构。营造技术上，立面墙体多采用蓝灰勾缝的清水墙层层砌筑，砌法有眠、斗之分，形式规整、均匀，马头墙的造型独特、跌落比例均匀，将防火与审美有效地结合起来。硬山顶的重檐是钓源民居的一大亮点，檐口组成横向隔断，将屋顶分为两个层次，既增加了楼层的高度，又保证了建筑的实用空间。中小型民居的元宝形天井采用高位采光，继承了"四水归堂"的理念并改良了天井的构造形式。

钓源民居室内装饰艺术是庐陵建筑装饰文化最闪耀的代表，对钓源民居室内装饰艺术开展研究工作，有助于加深认知、理解和体会庐陵传统民居室内陈设与装饰艺术的审美价值。本书从功能和审美、物质和文化领域深入阐述了装饰功能、图案造型、文化寓意、材料技法等，认为庐陵民居室内陈设与装饰具有古朴与华美、富贵与吉祥、淳朴与自然的艺术特征；并尝试从色彩认知、形象认知、功能认知、寓意认知四个方面和装饰类型、艺术特征、审美观念三个方面建立民居的认知与评价。为得到更加客观的评价，结合眼动追踪技术以钓源 49 号民居厅堂装饰为测试对象，做了眼动测试，科学客观地反映人们对民居装饰视觉和心理的审美体验，进而得出主观和客观相结合的评价。

古村落的保护要营造良好的保护氛围，要以古村内发性的保护和适当的人为干预保护为主导。要顺应钓源古村的发展脉络，维护古村的原貌，延续古村聚落形态，传承、发展古村的物质文化与非物质文化。钓源古村的当务之急是保护与传承，体现在古建筑上的物质文化以及村民生产生活的非物质文化中。钓源古村的保护资金主要来源于国家历史文化名城名镇名村专项保护资金、国家重点文物保护专项补助资金、地方财政扶持等途径。利用古村旅游等方式建立专项保护资金，是解决古村落保护资金不足的燃眉之急的可行方式。古村村民作为古村落保护与开发的最终实施主体，就要有古村主人的气势，寻求最佳的合作、管理模式。以政府为主导，公众积极参与的旅游开发模式，才是最佳选择。当下有许多古村落待保护和开发，还有众多古村村民坚守着古村落保护主体的职责。

钓源古村是庐陵文化的缩影，具有当地特色的传统空间形态，是不可再生的文化遗产，宗族文化与其独特的空间形态特征具有极高的研究价值。钓源村空间形态保存较完整，吉安市旅游局将其设为古村落开发旅游的重点投资村落。在旅游发展的背景下，应避免因过度开发而忽略当地传统空间的保护。对村落的保护要充分认知其宗族文化对空间形态的影响特征，建造适应村落、适应自然的生态理念。在村落保护更新的同时，应合理发展基础设施的建设，从而改善村民的生活质量，制定以提高生活水平为目的的发展策略。

古村落保护是一个方兴未艾的研究领域，有待更加完整深入地研究。

附　录　重点建筑实测图

1. 欧阳氏总祠

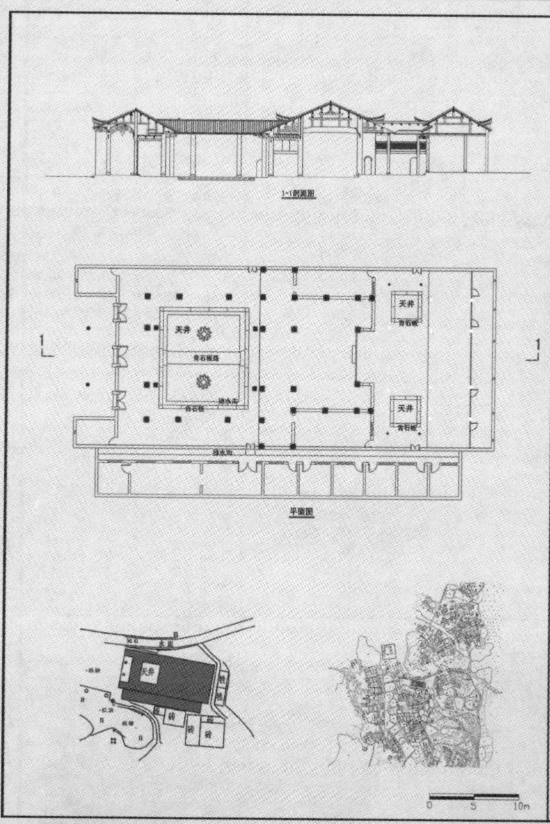

编号	C5
名称	欧阳氏总祠
地址（门牌）	／
建筑类别	宗祠
保护级别	市级文物保护单位
修建年代	明正德年间
产权权属	集体
层数	一层
占地面积（m^2）	1057.77
建筑面积（m^2）	971.41
结构	穿斗式木构，砖木
形制布局	两井三进式
价值及特征	钓源欧阳氏公祭远祖万公，基祖及五派祖先之堂。明正德年间创建，现建筑为道光末年遗存。祠堂三进，仿木梁架山墙。卷棚单桅，“品”字形天井
现状	部分构件及地板具有一定程度的损坏，墙面脱灰，雕花纹理也逐渐变得模糊不清晰。明隆庆、万历年间三崖公等扩而新之，清康熙三十六年重葺，后历经四次大修
保护修复措施	修缮破损部分，清洁，修补外墙面，清理宗祠室内环境，保护好青石地面和木刻雕花，清理天井下水道等。作为重要旅游景点

2. 欧阳安德民居

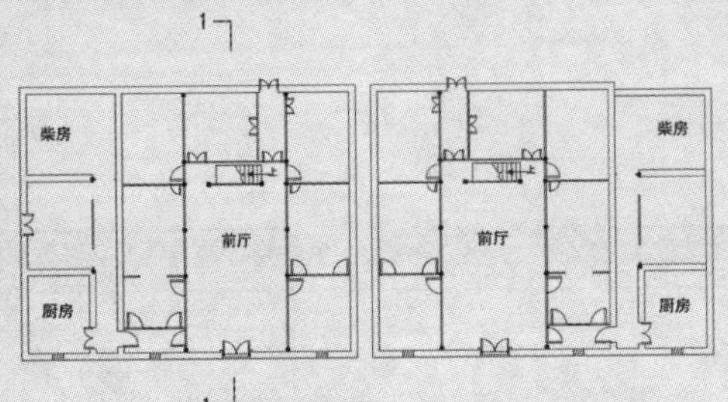

一层平面图

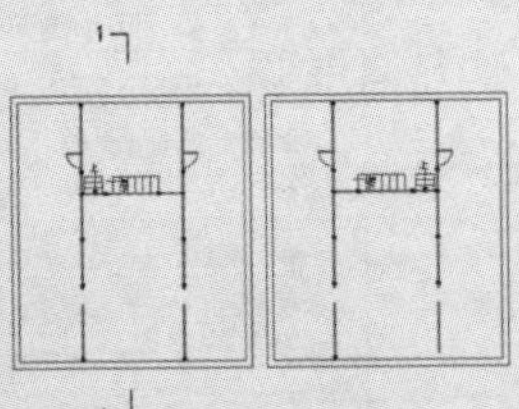

二层平面图

1-1剖面图

0 5 10m

编号	M4
名称	欧阳安德民居
地址（门牌）	／
建筑类别	民居
保护级别	市级文物保护单位
修建年代	明朝末期
产权权属	个人
层数	二层
占地面积（m²）	392.96
建筑面积（m²）	659.78
结构	穿斗式木构、砖木
形制布局	直进式一厅六房，侧带厨房、柴房
价值及特征	欧阳安德旧居，内分有小姐，丫鬟房间，厨房等，功能公区明显
现状	主体构架部分基本完好。但由于时间久远，构件都附有一定的污渍
保护修复措施	可进行简单维修整理，清理构件的尘埃污渍，保护雕花等装饰免受破坏

3. 欧阳定如民居

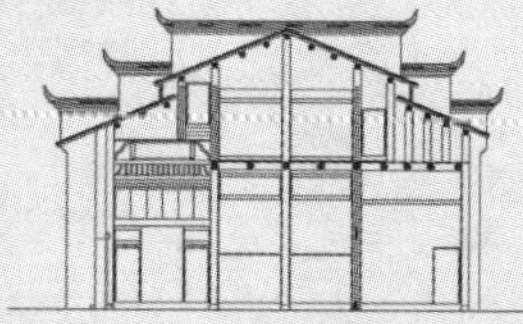

剖面图

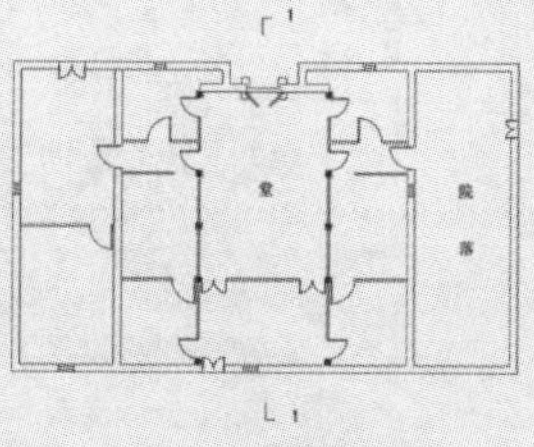

一层平面图

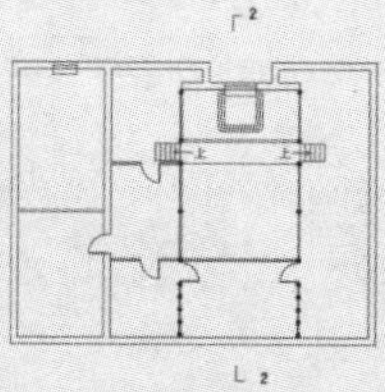

二层平面图

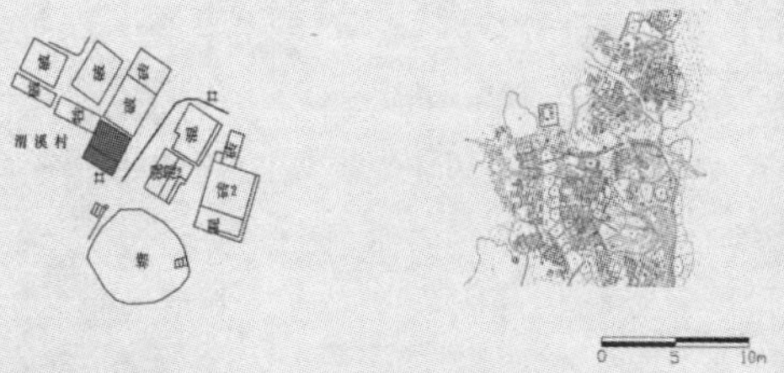

编号	M6
名称	欧阳定如民居
地址（门牌）	渭溪村3号民居
建筑类别	民居
保护级别	市级文物保护单位
修建年代	清朝
户主	欧阳定如
产权权属	个人
层数	二层
占地面积（m²）	275
建筑面积（m²）	461
结构	穿斗式木构，砖木
形制布局	首进式一厅六房
价值及特征	私宅带私塾，反映了封建社会文人求学的情景
现状	主体建筑保存基本完好，局部如雕花等破坏情况比较严重，部分曾被改建，私塾已不存在
保护修复措施	重点改建与之风貌不符合的新建建筑，使其恢复原貌，修缮破损的构建，清理室内环境，清洁污渍，修整室内壁画

4. 宝树亭

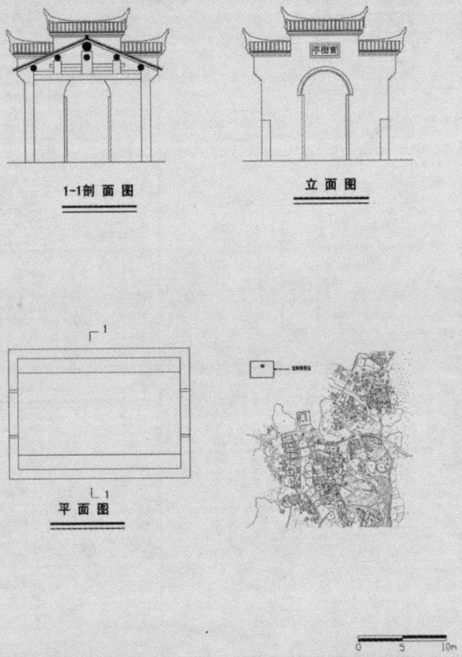

编号	Q2
名称	宝树亭
地址（门牌）	/
建筑类别	驿站
保护级别	市级文物保护单位
修建年代	明末清初
产权权属	集体
层数	一层
占地面积（m^2）	25
建筑面积（m^2）	25
结构	穿斗式木构，砖木
形制布局	小型驿站
价值及特征	历史遗留下来的驿站，反映以前钓源的交通状况
现状	构架基本完好。 地面坑坑洼洼，破损严重，宜加紧修缮。 交通不便
保护修复措施	维修木构架。 修补地面，填平坑洞。 对亭子周围环境进行改造。 修复后推荐为重点文物保护单位

5. 欧阳惠林民居

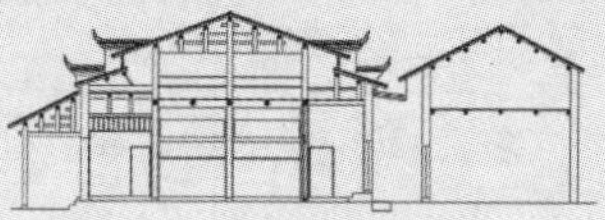

剖面图

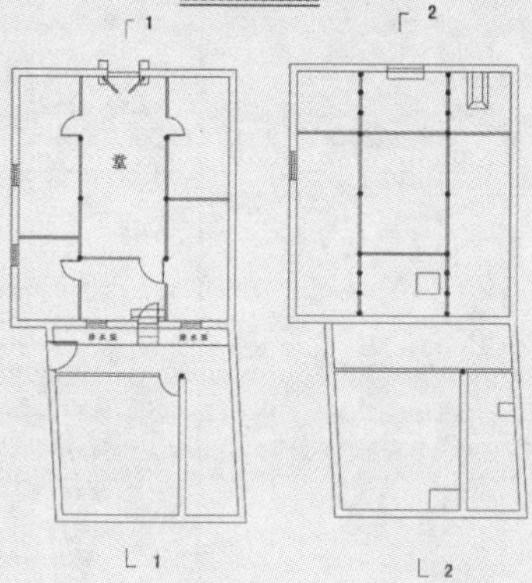

一层平面图 二层平面图

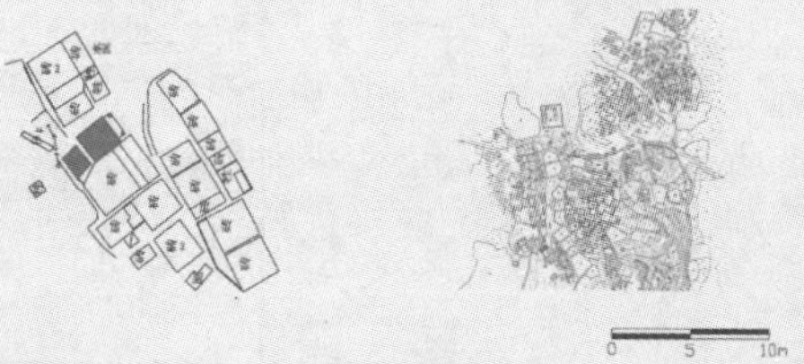

编号	M 8
名称	欧阳惠林民居
地址（门牌）	/
建筑类别	民居
保护级别	市级文物保护单位
修建年代	清朝
户主	欧阳惠林
产权权属	个人
层数	二层
占地面积（m²）	165
建筑面积（m²）	215
结构	穿斗式木构，砖木
形制布局	正堂前进式一厅六房前后堂组合
价值及特征	古代钱庄，有较高的研究价值
现状	前庭建筑保存基本完好，后院构件地板等破损较大，已失去原有的风貌，藏有一古床
保护修复措施	维修前庭屋面以及破损的构件，清理室内的杂物，清洁污渍，保护古床，修复破坏程度比较严重的后院，修整封面、地板等

6. 仁派祠堂

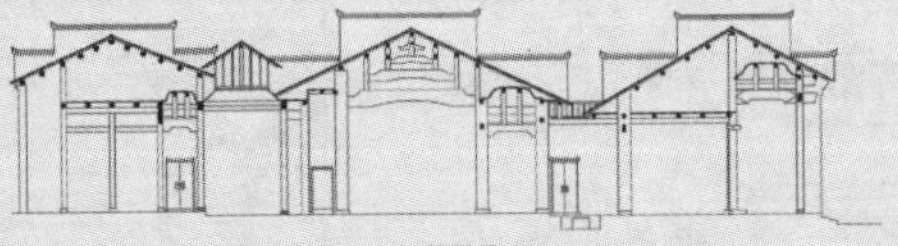

1-1 剖面图

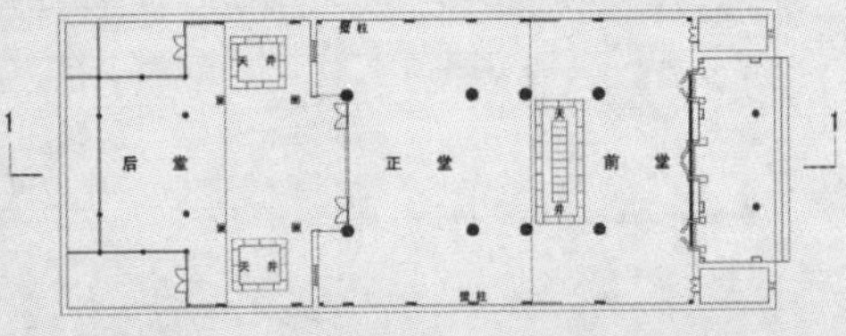

平面图

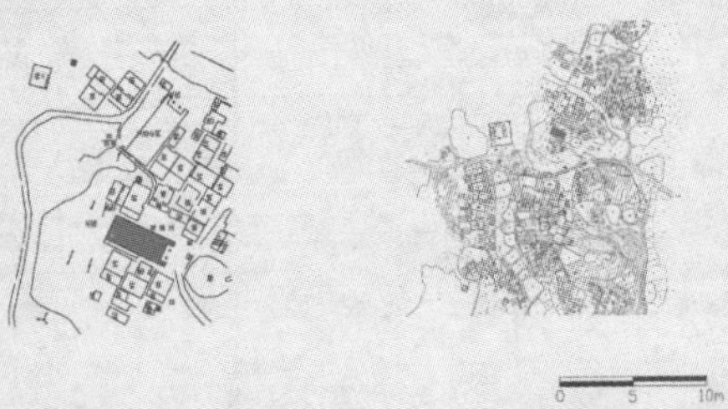

编号	C4
名称	仁派祠堂
地址（门牌）	／
建筑类别	祠堂
保护级别	市级文物保护单位
修建年代	明末清初
产权权属	集体
层数	一层
占地面积（m^2）	543
建筑面积（m^2）	485
结构	穿斗式木构，砖木
形制布局	大型三进两天井祠堂
价值及特征	钧源两派祠堂之一，具有非常高的历史价值
现状	构架基本完好； 内堆放杂物多，影响雅观； 常有村民在内举行酒席，对壁画损坏严重
保护修复措施	维修木构架； 修补地面，填平坑洞； 拆除炉灶，对壁画进行专门维护； 搬走堂内杂物； 修复后推荐为重点文物保护单位

7. 高岸里三进屋

剖面图

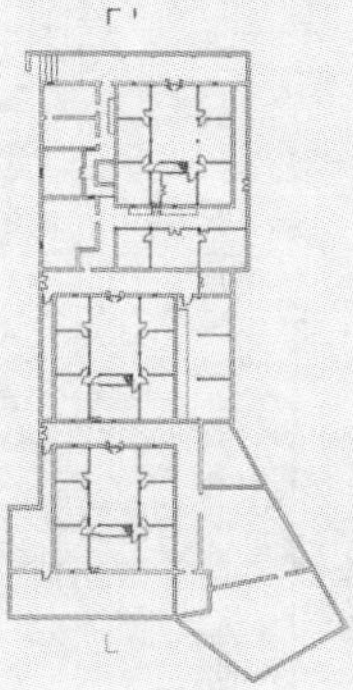

一层平面图

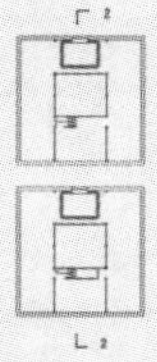

二层平面图

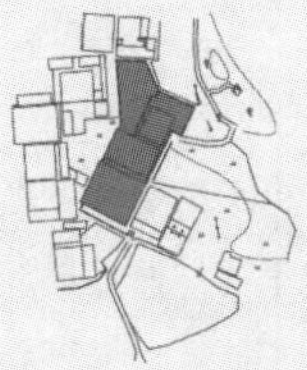

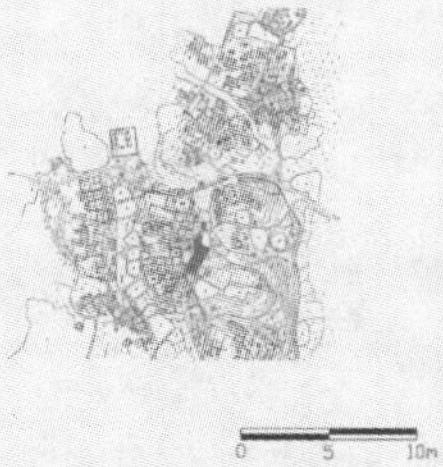

编号	M11
名称	高岸里三进屋
地址（门牌）	/
建筑类别	民居
保护级别	市级文物保护单位
	清朝
户主	高岸里
产权权属	个人
层数	二层
占地面积（m^2）	2127
建筑面积（m^2）	2850
结构	穿斗式木构，砖木
形制布局	三进式带后花园
价值及特征	盐运司住宅，规模较大，建筑精美
现状	主体构架部分基本完好，但由于时间久远，构件都附有一定的污渍，目前仅有一户人家居住，后花园破损较严重
保护修复措施	对基本的构件进行简单维修整理，清理构件的尘埃污渍，保护雕花等装饰，重修后花园，维修地面和墙面等

8. 纶祖祠

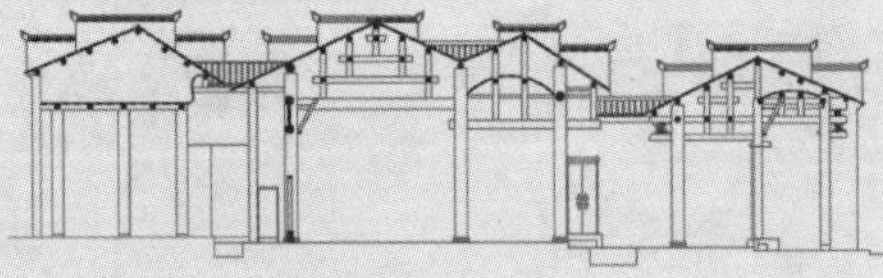

1-1剖面图

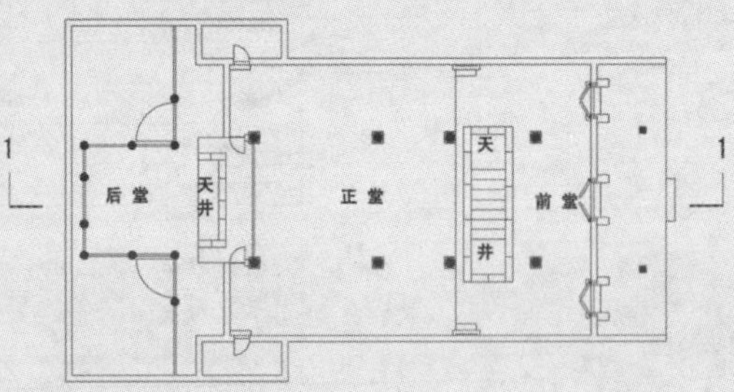

平面图

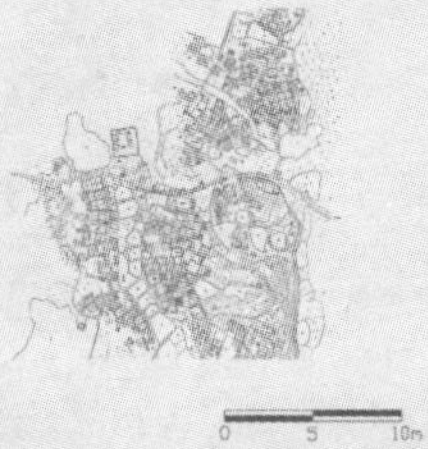

编号	C3
名称	纶祖祠
地址（门牌）	／
建筑类别	宗祠
保护级别	市级
修建年代	明末清初
产权权属	集体
层数	一层
占地面积（m^2）	231
建筑面积（m^2）	231
结构	穿斗式木构，砖木
形制布局	大型三进两天井祠堂
价值及特征	纶祖祠构架比其他祠堂复杂，有一定的保护价值
现状	构架基本完好； 但天花较破旧，需补修； 地面残旧，后堂破损较严重； 天井堵塞
保护修复措施	维修木构架； 清理后堂，重新补修； 整理祠堂周边环境； 修复后推荐为重点文物保护单位

9. 礼派祠堂

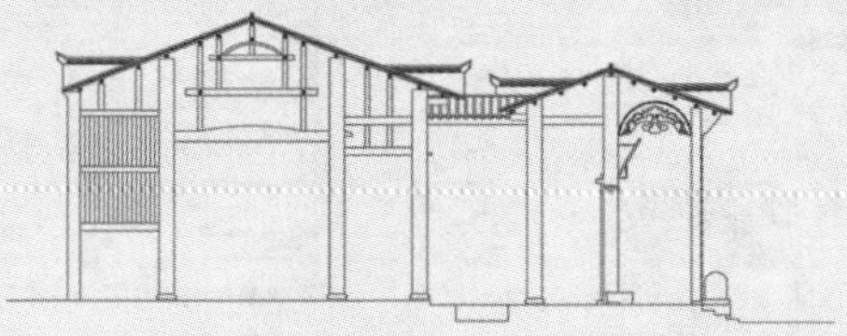

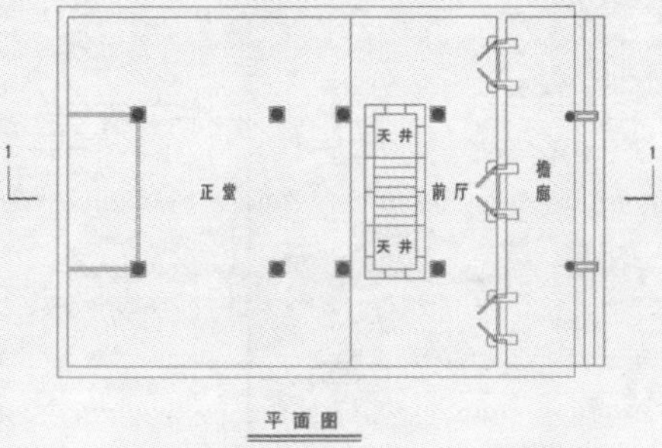

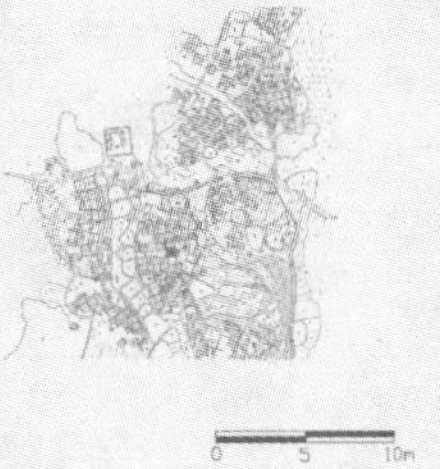

编号	C2
名称	礼派祠堂
地址（门牌）	/
建筑类别	宗祠
保护级别	市级文物保护单位
修建年代	明末清初
产权权属	集体
层数	一层
占地面积（m^2）	279
建筑面积（m^2）	240
结构	穿斗式木构，砖木
形制布局	中型两进双天井式祠堂
价值及特征	祠堂藏有钱谦益手书在草襄迹，具有非常高的保护价值
现状	构架基本完好。 地面坑坑洼洼，破损严重，宜加紧修缮。 祠堂内堆放杂物颇多
保护修复措施	维修木构架，对雕花壁画进行翻新。 修补地面，填平坑洞。 拆除祠堂内的炉灶。 搬走屋内杂物。 修复后推荐为重点文物保护单位

10. 楚畹公祠

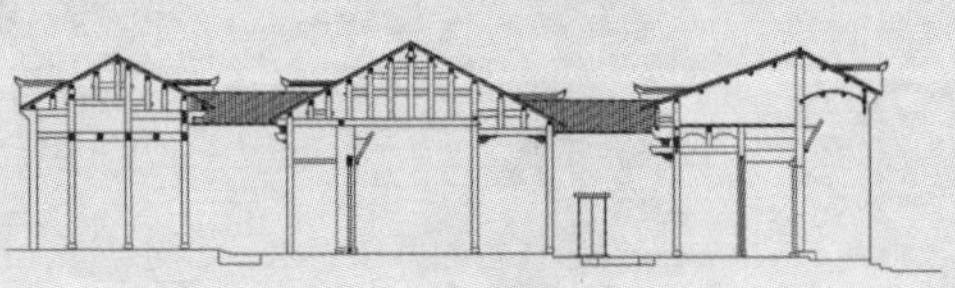

1-1 剖面图

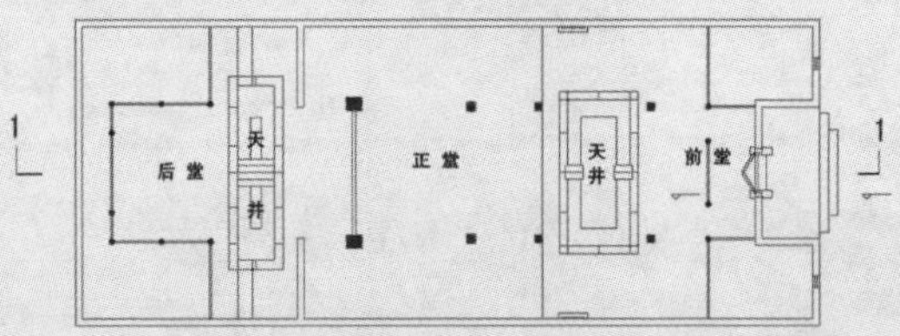

平面图

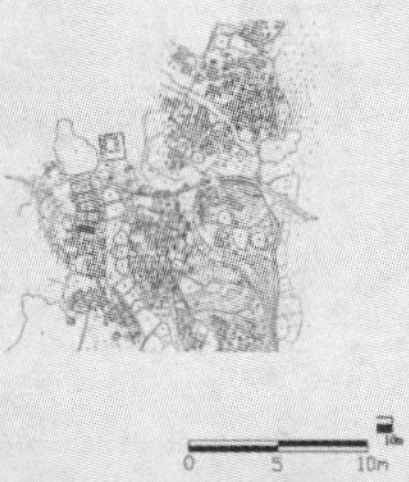

编号	C1
名称	楚畹公祠
地址（门牌）	/
建筑类别	宗祠
保护级别	市级文物保护单位
修建年代	明末清初
产权权属	集体
层数	一层
占地面积（m^2）	442
建筑面积（m^2）	385
结构	穿斗式木构，砖木
形制布局	大型三进两天井祠堂
价值及特征	楚畹公祠构架完整，体现当时的建筑风格，具有一定的保护价值
现状	构架基本完好； 地面铺砖损坏严重； 天井严重堵塞，杂草丛生； 屋内堆放杂物
保护修复措施	维修木构架； 修复地面铺砖，恢复原貌； 清理天井杂物，疏通排水沟渠； 搬走堂内杂物； 修复后推荐为重点文物保护单位

11. 欧阳群英民居

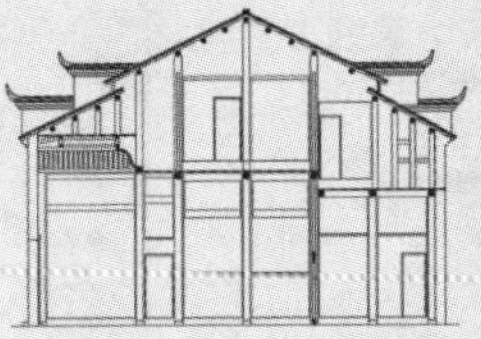

剖面图

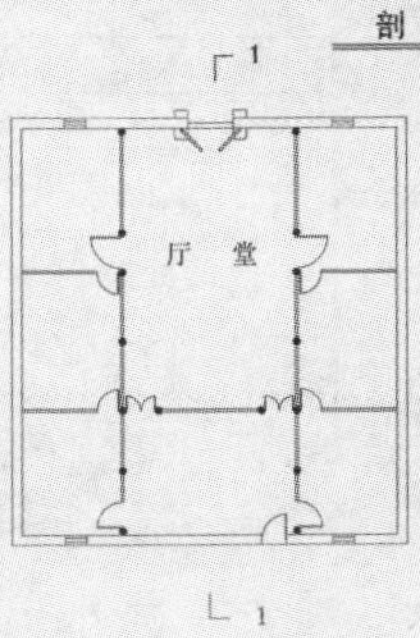

一层平面图

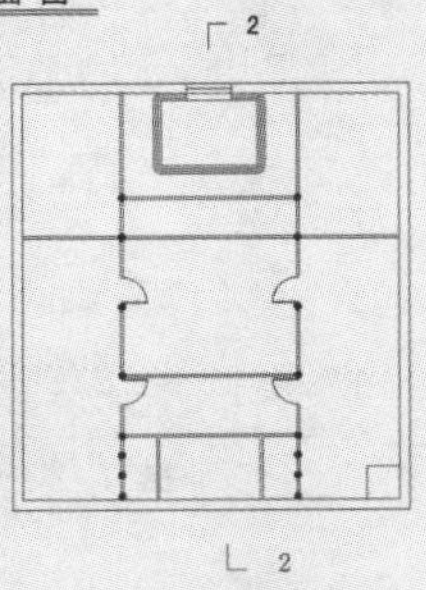

二层平面图

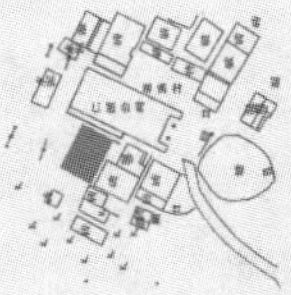

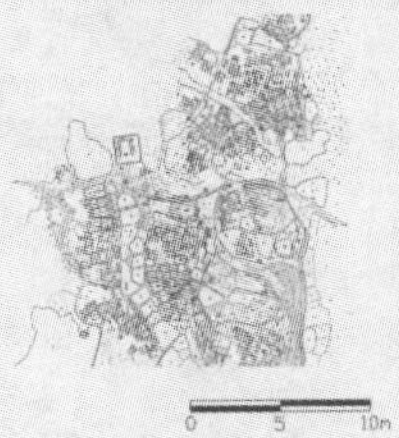

编号	M 7
名称	欧阳群英民居
地址（门牌）	/
建筑类别	民居
保护级别	市级文物保护单位
修建年代	清朝
户主	欧阳群英
产权权属	个人
层数	二层
占地面积（m²）	135
建筑面积（m²）	215
结构	穿斗式木构，砖木
形制布局	首进式一厅六房
价值及特征	室内有精美木版壁画
现状	长久无人居住，出现了地面破损，墙壁脱灰等现象，建筑构架也有不同程度的损坏
保护修复措施	维修腐朽的构架，维修破损的地面和墙面，清理室内杂物，清洁门窗框和雕花的污渍

12. 欧阳安寿民居

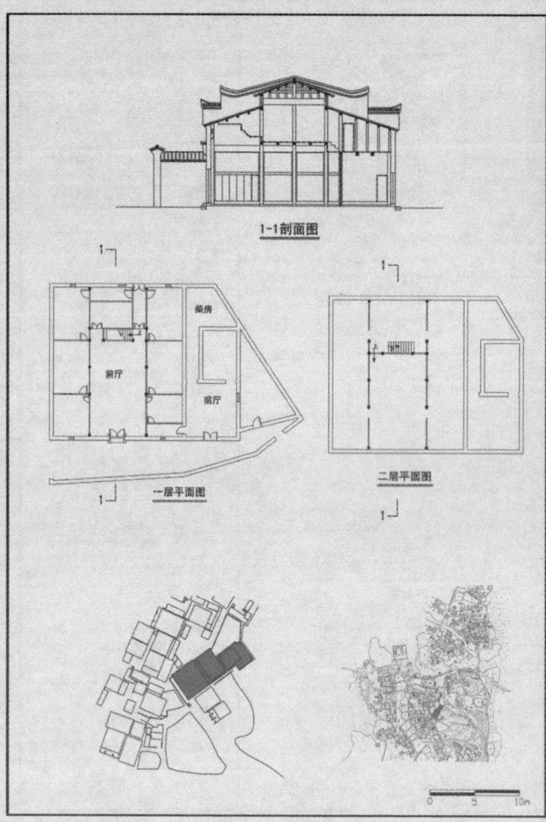

编号	M5
名称	欧阳安寿民居
地址（门牌）	/
建筑类别	民居
保护级别	市级文物保护单位
修建年代	明末清初
产权权属	个人
层数	二层
占地面积（m^2）	273.59
建筑面积（m^2）	385.70
结构	穿斗式木构，砖木
形制布局	并排二单元民居，门前有四折围墙
价值及特征	门前为四折围墙，具有一定的保护价值
现状	主体构造基本完好，左边基本为木柱子承重受力，右边为砖墙承重受力
保护修复措施	对梁柱等构架进行简单维修整理，清理构件的尘埃污渍，保护雕花等装饰免受破坏，并针对门前四折墙进行重点保护

13.“村中村”群宅

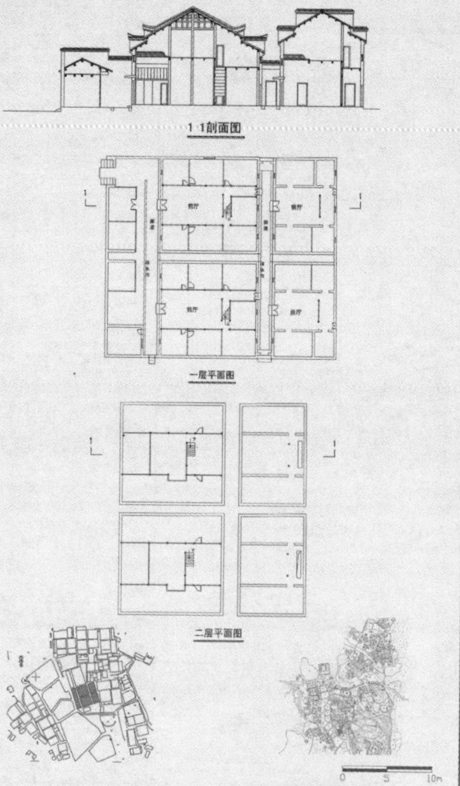

编号	M3
名称	“村中村”群宅
地址（门牌）	23、24、25、26号
建筑类别	民居
保护级别	市级文物保护单位
修建年代	清嘉庆年间
产权权属	个人
层数	二层
占地面积（m^2）	698.30
建筑面积（m^2）	1064.94
结构	穿斗式木构，砖木
形制布局	直进式一厅六房，四栋一組呈“田”形
价值及特征	清嘉庆年间“八老爷”欧阳杰为四个儿子而建，反映“关门一家，析门别居”的居住理想，内有描金家训，配饰四季花卉，体现“礼让传家”的思想
现状	主体构架部分基本完好。但由于时间久远，构件都附有一定程度的污渍
保护修复措施	可进行简单维修整理，清理构件的尘埃污渍，保护雕花等装饰免受破坏

14.“歪门斜道”民居

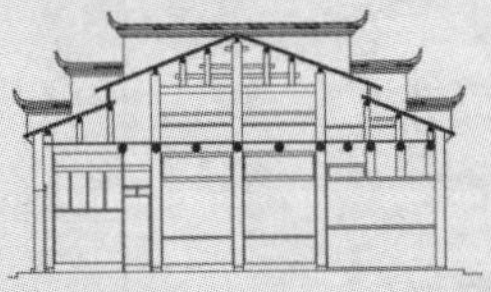

剖面图

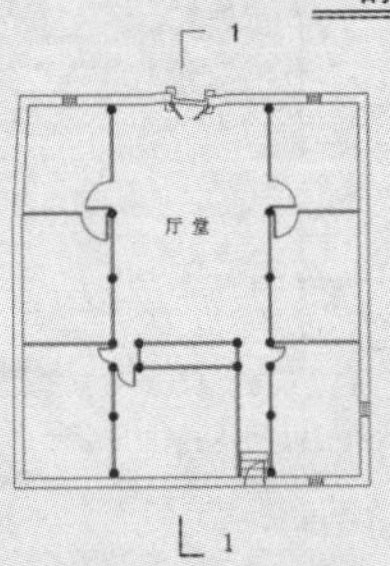

一层平面图

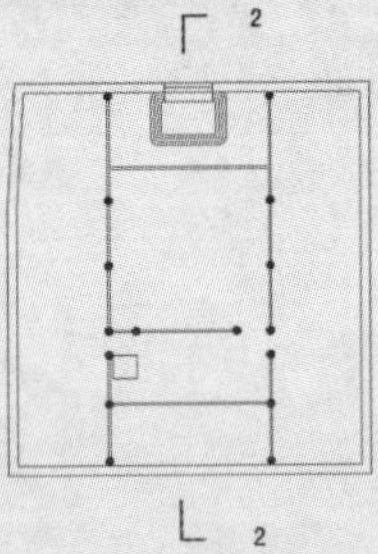

二层平面图

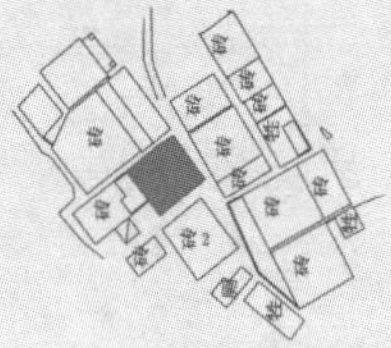

编号	M 10
名称	“歪门斜道”民居
地址（门牌）	65号
建筑类别	民居
保护级别	市级文物保护单位
修建年代	明朝
户主	/
产权权属	个人
层数	二层
占地面积（m²）	131
建筑面积（m²）	204
结构	穿斗式木构，砖木
形制布局	首进式一厅六房
价值及特征	墙体内折，呈歪门状
现状	建筑保存较为完好，没有较大损坏，室内木板墙局部被破坏
保护修复措施	修整部分破损的梁柱构件，清洁室内墙面及地板等的污渍，维修破损的木板隔墙

15. 定安寺

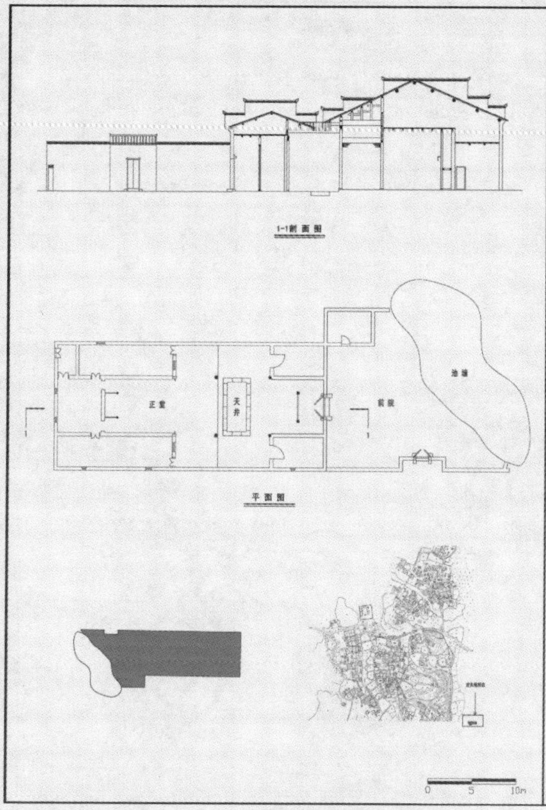

编号	Q1
名称	定安寺
地址（门牌）	／
建筑类别	寺庙
保护级别	市级文保单位
修建年代	明末清初
产权权属	集体
层数	一层
占地面积（m²）	368
建筑面积（m²）	256
结构	穿斗式木构，砖木
形制布局	小型一进一天井寺庙
价值及特征	定安寺是村内唯一的寺庙，具有一定的保护价值
现状	构架基本完好； 地面残旧； 杂物较多，光线较暗； 天井堵塞
保护修复措施	庭院杂物多，杂草丛生，宜全部清除； 维修木构架； 清理杂物，修理门窗； 修复后推荐为重点文保单位

16. 文忠公祠

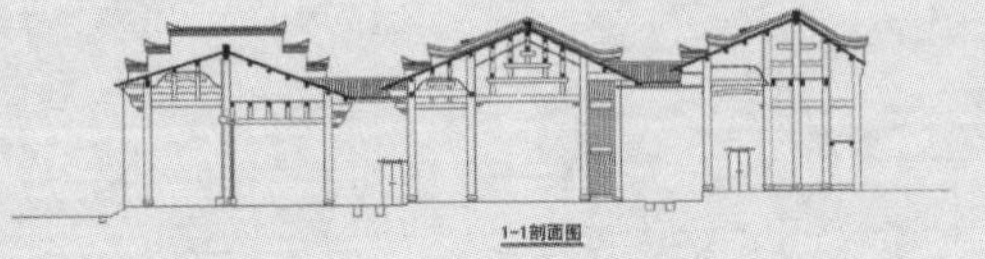

1-1剖面图

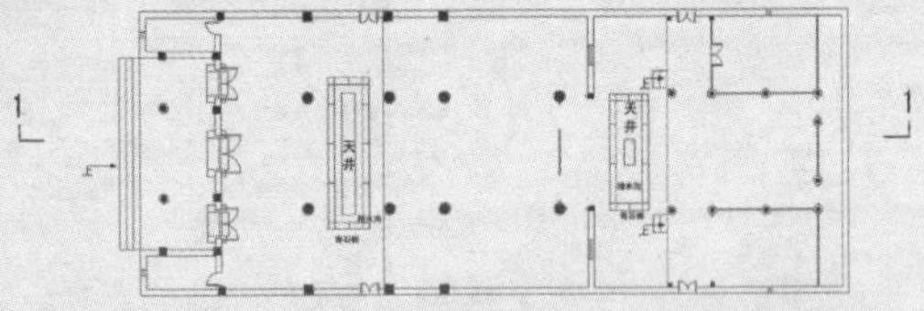

平面图

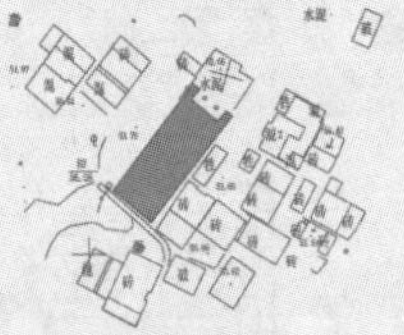

编号	C6
名称	文忠公祠
地址（门牌）	/
建筑类别	宗祠
保护级别	市级文物保护单位
修建年代	清道光二十三年
产权权属	集体
层数	一层
占地面积（m²）	755.42
建筑面积（m²）	561.45
结构	穿斗式木构，砖木
形制布局	两井三进式
价值及特征	渭溪族人专祭文忠公欧阳修之堂，内有竞对赛诗的蝉联檐木等挂件
现状	元末始建，后经多次改建，现存建筑为清道光二十三年遗存。部分构件具有一定程度的损坏，内有精美的雕刻石板，竞对赛诗的蝉联檐木等挂件
保护修复措施	修缮破损部分，清洁，修补外墙面，清理宗祠室内环境，保护雕刻石板，竞对赛诗的蝉联檐木挂件，清理天井下水道等。作为重要旅游景点

17.“年年有余”宅

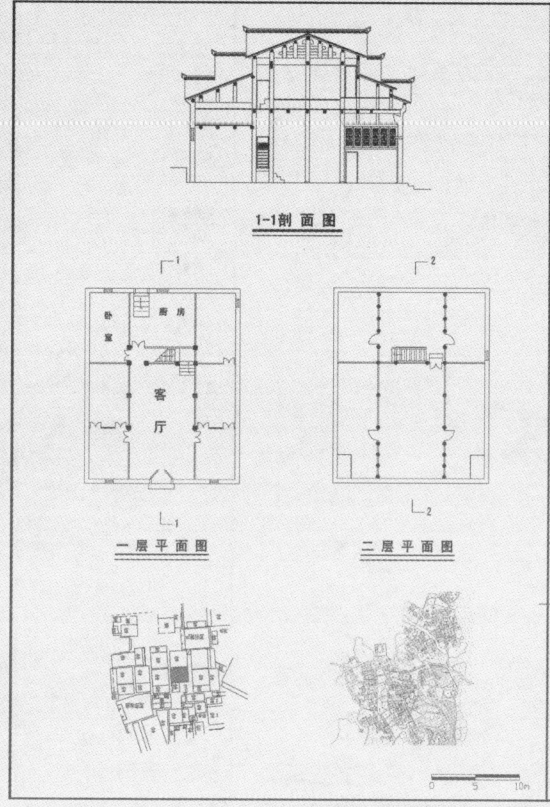

编号	M1
名称	“年年有余”宅
地址（门牌）	28号
建筑类别	民居
保护级别	市级文保单位
修建年代	明末清初
产权权属	个人
层数	二层
占地面积（m^2）	124
建筑面积（m^2）	185
结构	穿斗式木构，砖木
形制布局	直进式一厅六房
价值及特征	建筑以及镀金雕花非常有保护价值
现状	构架基本完好； 地面残旧； 二楼废弃不用
保护修复措施	应对金雕花进行重点保护； 维修木构架； 修葺二楼，使之清理干净； 修复后推荐为重点文物保护单位

18.“八老爷”别墅

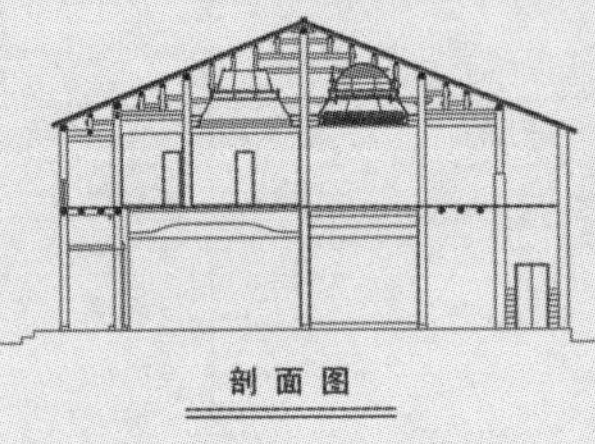

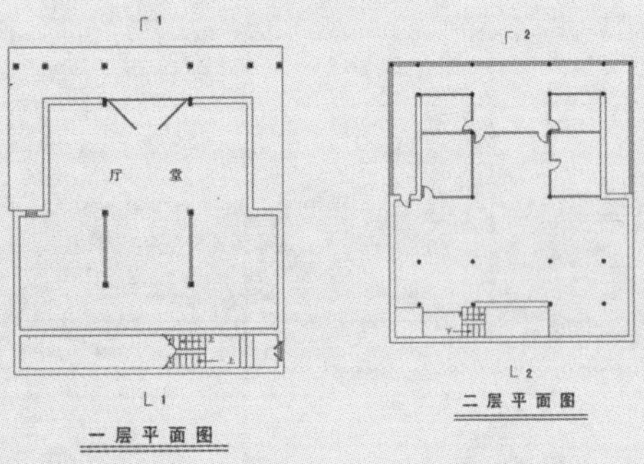

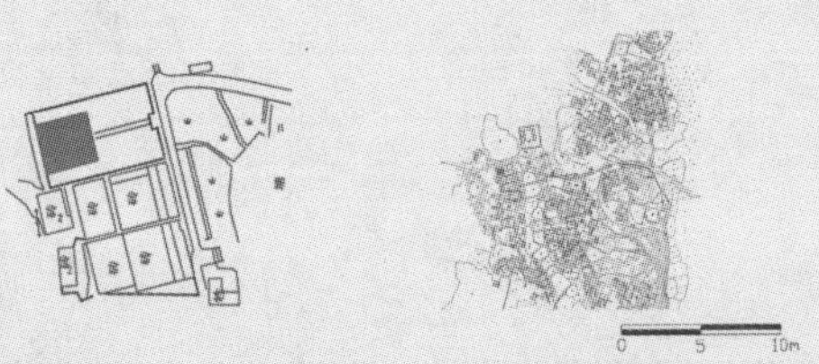

编号	Q3
名称	“八老爷”别墅
地址（门牌）	/
建筑类别	展览馆
保护级别	市级文物保护单位
修建年代	清道光末年
户主	集体
产权权属	集体
层数	二层
占地面积（m^2）	477
建筑面积（m^2）	445
结构	穿斗式木构，砖木
形制布局	前进式，后带楼梯
价值及特征	院内布局别致，结构特征突出
现状	一楼修整后现已为钓源村的文化艺术展馆，二楼破损比较严重，部分楼板已经腐朽不能通过，“逍遥床”遭严重破坏，已经不复存在
保护修复措施	修整二楼破损的构件，清理加固已经腐朽的地板，清洁门窗框的污渍，并结合“逍遥床”等传说，使其赋予神秘的人文彩，可作为重点的旅游景点

19.49 号民居

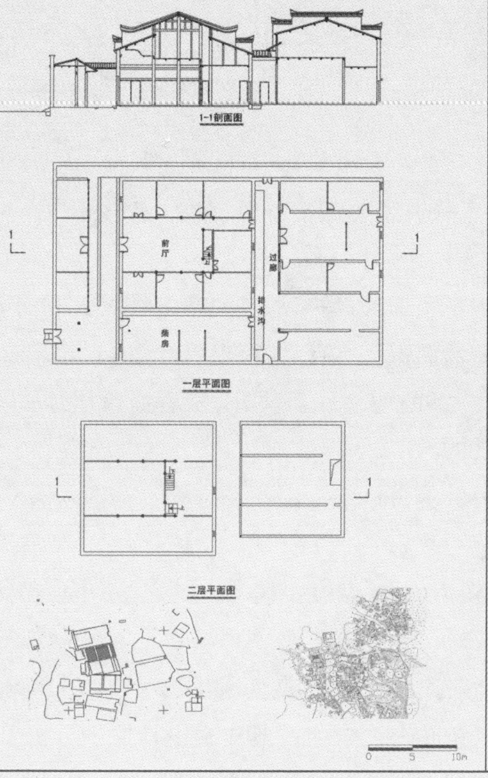

编号	M2
名称	49号民居
地址（门牌）	83号
建筑类别	民居
保护级别	市级文物保护单位
修建年代	明朝末期
产权权属	个人
层数	二层
占地面积（m^2）	471.73
建筑面积（m^2）	766.31
结构	穿斗式木构，砖木
形制布局	直进式一厅六房、前后堂组合
价值及特征	院门侧入，厅门中开，后堂中开。倒座为仆人居室和灶间，后堂为内眷居住或作为书房，反映封建礼教居住理念
现状	主体构架部分破损，后面建筑单元二层破损比较严重，窗框雕花也有一定程度的损坏
保护修复措施	修复破损的二层构架，清洗窗框雕花梁柱的污渍，清理杂物等

参考文献

[1](春秋)老子:《道德经大全集》，新世界出版社 2011 年版。

[2](春秋)管仲:《中华经典藏书：管子》，李山译注，中华书局 2009 年版。

[3](宋)朱熹:《朱子家训》，华东师范大学出版社 2014 年版。

[4](清)李渔:《闲情偶寄》，浙江古籍出版社 2011 年版。

[5]李烨、周世玉、邹晓明主编:《欧阳修后裔聚居地——钓源寻韵》，中国文联出版社 2002 年版。

[6]李梦星:《中国最美古村落　江西·吉安：钓源村》，中国文史出版社 2014 年版。

[7]李晓峰、谭刚毅主编:《两湖民居》，中国建筑工业出版社 2009 年版。

[8]李梦星:《庐陵宗族与古村》，江西人民出版社 2012 年版。

[9]李允鉌:《华夏意匠——中国古典建筑设计原理分析》，天津大学出版社 2005 年版。

[10]黄浩编著:《江西民居》，中国建筑工业出版社 2008 年版。

[11]王其钧主编:《中国建筑图解词典》，机械工业出版社 2007 年版。

[12]段进主编:《空间研究 1——世界文化遗产西递古村落空间解析》，东南大学出版社 2006 年版。

[13]叶朗:《中国美学史大纲》，上海人民出版社 2005 年版。

[14]肖宏:《徽州建筑文化》，安徽科学技术出版社 2012 年版。

[15]刘森林:《中华陈设：传统民居室内设计》，上海大学出版社 2006 年版。

[16]张道一:《吉祥文化论》，重庆大学出版社 2011 年版。

[17]展望之:《中国装饰文化》，上海古籍出版社 2001 年版。

[18]赵勇、骆中钊、张韵等编:《历史文化村镇的保护与发展》，化

学工业出版社 2005 年版。

[19] 世界环境与发展委员会:《我们共同的未来》，王之佳、柯金良等译，吉林人民出版社 1997 年版。

[20] 刘沛林:《古村落：和谐的人聚空间》，上海三联书店 1997 年版。

[21] 李百浩、万艳华:《中国村镇建筑文化》，湖北教育出版社 2008 年版。

[22] 蒋高宸:《建水古城的历史记忆》，科学出版社 2000 年版。

[23] 王其亨:《风水理论研究》，天津大学出版社 2005 年版。

[24] 王昀:《传统聚落结构中的空间概念》，中国建筑工业出版社 2009 年版。

[25] 彭一刚:《传统村镇聚落景观分析》，中国建筑工业出版社 1992 年版。

[26] 荆其敏编著:《中国传统民居》，刘壮翀英译，天津大学出版社 1999 年版。

[27] 单霁翔:《走进文化景观遗产的世界》，天津大学出版社 2010 年版。

[28] 郑振满、陈春声:《民间信仰与社会空间》，福建人民出版社 2003 年版。

[29] 郭谦:《湘赣民系民居建筑与文化研究》，中国建筑工业出版社 2005 年版。

[30] 龙彬:《风水与城市营建》，江西科学技术出版社 2005 年版。

[31] 费孝通:《费孝通民族研究文集》，民族出版社 1988 年版。

[32][美] 阿摩斯·拉普卜特:《宅形与文化》，常青、徐菁、李颖春、张昕译，中国建筑工业出版社 2007 年版。

[33][美] 托伯特·哈姆林:《建筑形式美的原则》，邹德侬译，中国建筑工业出版社 1987 年版。

[34][美] 刘易斯·芒福德:《城市发展史》，倪文彦、宋俊岭译，中国建筑工业出版社 1989 年版。

[35][日] 原广司:《世界聚落的教示 100》，于天祎等译，中国建筑工业出版社 2003 年版。

[36][日] 芦原义信:《街道的美学》，尹培桐译，华中理工大学出

版社 1989 年版。

［37］陈赟:《尊祖—敬宗—收族：宗法的结构与功能》,《思想与文化》2014 年第 2 期。

［38］丁功谊、李梦星:《钓源古村的建筑文化特征》,《井冈山大学学报（社会科学版）》2014 年第 5 期。

［39］王玮、董靓:《历史遗产可持续发展模式与策略研究——以历史文化名城阆中为例》,《中国人口·资源与环境》2011 年第 S1 期。

［40］焦燕:《生态村镇建设要在传承中创新》,《中国农村科技》2013 年第 12 期。

［41］潘莹、施瑛:《论江西传统聚落布局的模式特征》,《南昌大学学报（人文社会科学版）》2007 年第 3 期。

［42］邹晓明:《欧阳修自述世系文》,《寻根》2002 年第 3 期。

［43］崔昆仑、徐颖:《传统民居中的模糊空间》,《浙江建筑》2011 年第 5 期。

［44］张耀天:《〈禹贡〉堪舆考》,《船山学刊》2013 年第 4 期。

［45］丁可、伍建峰:《浅谈中国皇家园林的造园手法》,《辽宁行政学院学报》2009 年第 6 期。

［46］金戈:《华夏环境观与水（一）》,《海河水利》2004 年第 3 期。

［47］胡云青:《图腾在中西方美术中的研究》,《城市建设理论研究（电子版）》2013 年第 27 期。

［48］胡晓靖:《从图腾崇拜到英雄崇拜——论图腾崇拜的起源、发展与衰落》,《天中学刊》2002 年第 4 期。

［49］蒋栋元:《动物·图腾·崇拜》,《大连民族学院学报》2004 年第 2 期。

［50］于民雄:《“道法自然”新解》,《贵州社会科学》2005 年第 5 期。

［51］陈飞:《一个新的研究框架：城市形态类型学在中国的应用》,《建筑学报》2010 年第 4 期。

［52］卢世主:《传统村落历史环境保护设计——以江西吉安钓源古村为例》,《民族艺术》2011 年第 1 期。

［53］潘莹:《江西古代传统民居的大木构架特征》,《农业考古》2010 年第 1 期。

［54］王颂：《传统民居建筑的生态构建经验解析——以河南传统民居建筑为例》，《四川建筑科学研究》2012 年第 3 期。

［55］汤移平：《欧阳修后裔聚居地——钓源古村探析》，《科技信息》2009 年第 9 期。

［56］马海娥、刘亚兰：《浅谈中国传统建筑界面色彩配置》，《美与时代（上）》2011 年第 10 期。

［57］冯阳：《从〈长物志〉几榻卷谈明式床榻对现代床榻的影响》，《大众文艺》2014 年第 18 期。

［58］贾宁：《中国传统民居中的虚与实》，《山西建筑》2006 年第 24 期。

［59］罗琼：《中国传统吉祥纹样在设计中的应用》，《科教文汇（中旬刊）》2008 年第 2 期。

［60］高洁琼：《钓源民居装饰体现的文化内涵》，《金田》2015 年第 7 期。

［61］张钰粮：《中国民间装饰在室内设计中的“风水”功能》，《四川建筑》2009 年第 4 期。

［62］刘森林：《中国古代民居建筑等级制度》，《上海大学学报（社会科学版）》2003 年第 1 期。

［63］吴祖鲲：《传统年画及其民间信仰价值》，《中国人民大学学报》2007 年第 6 期。

［64］陶思炎、孙发成：《民俗艺术的审美阐释》，《西南民族大学学报（人文社会科学版）》2010 年第 5 期。

［65］张宇明：《谈谈文物保护法对博物馆文物保护与利用工作的指导作用》，《博物馆研究》2004 年第 1 期。

［66］陈乙文：《古村落的保护与利用问题研究——以高迁古村落为例》，《小城镇建设》2008 年第 2 期。

［67］梅冬芳：《农村经济可持续发展问题浅析》，《边疆经济与文化》2011 年第 3 期。

［68］朱以青：《文化生态保护与文化可持续发展——兼论中国的非物质文化遗产保护》，《山东大学学报（哲学社会科学版）》2012 年第 2 期。

［69］韩念勇：《中国自然保护区可持续管理政策研究》，《自然资源

学报》2000 年第 3 期。

［70］喻大学：《浅论环境保护的投融资问题》，《财经问题研究》2004 年第 6 期。

［71］苑焕乔：《北京国家级历史文化村镇现状及保护对策研究》，《北京联合大学学报（人文社会科学版）》2015 年第 1 期。

［72］黄芳、浣伟军：《古村落旅游开发的经营模式探讨》，《湖南商学院学报》2003 年第 5 期。

［73］刘冰：《〈四六膏馥〉考述》，《图书馆学刊》2011 年第 5 期。

［74］乐波：《法国的农业环境保护政策及其对中国的启示》，《华中农业大学学报（社会科学版）》2007 年第 5 期。

［75］庄孔韶：《文物的珍爱》，《中国民族》2001 年第 5 期。

［76］顾军：《英国城乡传统文化遗产保护运动的历史与经验》，《农业考古》2005 年第 5 期。

［77］魏磊：《英国生态环境保护政策与启示》，《节能与环保》2008 年第 12 期。

［78］孙丽娟：《儒家与基督教关于天人关系与神人关系的异同》，《渤海大学学报（哲学社会科学版）》2010 年第 1 期。

［79］余鹂文：《小议儒道两家之“天人合一”思想》，《学理论》2010 年第 13 期。

［80］付晓青：《先秦两汉“自然”论哲学观初探》，《江汉大学学报（人文科学版）》2007 年第 4 期。

［81］罗媛元：《中西古代建筑文化之比较》，《广西梧州师范高等专科学校学报》2002 年第 2 期。

［82］何飞燕：《周代金文与祖先神崇拜研究》，硕士学位论文，陕西师范大学，2007 年。

［83］王韡：《徽州传统聚落生成环境研究》，博士学位论文，同济大学，2005 年。

［84］潘莹：《江西传统聚落建筑文化研究》，博士学位论文，华南理工大学，2004 年。

［85］刘肇宁：《建筑师 · 乡土建筑 · 现代营造——建筑学专业技能和地方民居有机更新嫁接的尝试》，硕士学位论文，昆明理工大学，2005 年。

［86］申弘道：《黄元御一气周流学说研究》，硕士学位论文，广西中医药大学，2013 年。

［87］杨柳：《风水思想与古代山水城市营建研究》，博士学位论文，重庆大学，2005 年。

［88］刘辉：《鲁北地区乡村住宅的节能研究——从层高相关因素分析》，硕士学位论文，西安建筑科技大学，2006 年。

［89］张继良：《传统民居建筑热过程研究》，博士学位论文，西安建筑科技大学，2006 年。

［90］胡振南：《徽州地区古民居建筑形态解析》，硕士学位论文，合肥工业大学，2009 年。

［91］陈伟：《徽州传统乡村聚落形成和发展研究》，博士学位论文，中国科学技术大学，2000 年。

［92］尹蓓：《明清民居室内陈设的文化内涵》，硕士学位论文，青岛大学，2010 年。

［93］王闻道：《明清时期传统民居室内陈设艺术设计研究》，硕士学位论文，河北大学，2009 年。

［94］曾赛军：《室内软装饰的审美文化研究》，硕士学位论文，湖南大学，2010 年。

［95］丁鸣：《江西传统庐陵民居雕饰研究》，硕士学位论文，湖北工业大学，2011 年。

［96］孟笑晨：《民间美术中的二十四孝图》，硕士学位论文，山东工艺美术学院，2014 年。

［97］徐鉴：《中国五色与当代居室室内装饰色彩探析》，硕士学位论文，太原理工大学，2010 年。

［98］公晓莺：《广府地区传统建筑色彩研究》，博士学位论文，华南理工大学，2013 年。

［99］张宁：《关中四合院民居装饰图案的吉祥意蕴探究》，硕士学位论文，西安美术学院，2012 年。

［101］李稳：《功能与装饰在两种语境下的重新审视》，硕士学位论文，江南大学，2008 年。

［102］胥璟：《岭南明清建筑“陈氏书院”装饰艺术初探》，硕士学位论文，西南交通大学，2009 年。

[103] 董连胜:《省域战略投资管理研究》，博士学位论文，大连理工大学，2008年。

[104] 张万玲:《历史文化村镇保护的经济途径研究》，博士学位论文，华南理工大学，2013年。

[105] 夏绍熙:《老庄“自然”观念的产生和变化》，博士学位论文，西北大学，2009年。

[106] 白安良:《儒、道生态价值观对立互补的现代启示》，硕士学位论文，长安大学，2008年。

[107] 蔡昱:《场所精神的地域性表达》，硕士学位论文，厦门大学，2008年。

[108] 陈炜:《风水理论在人居环境水景营建中的运用研究》，硕士学位论文，上海交通大学，2009年。

[109] 余晖:《燕坊古村传统民居现状调查与古建筑保护研究》，硕士学位论文，南昌大学，2007年。

[110] 蒋烨:《中国廊桥建筑与文化研究》，博士学位论文，中南大学，2010年。

[111] 隋大鹏:《明清江西流坑古建筑与宗族文化》，硕士学位论文，南昌大学，2012年。

[112] 郝晓宇:《宗教文化影响下的乡城藏族聚落与民居建筑研究——以乡城县那拉岗村为例》，硕士学位论文，西安建筑科技大学，2013年。

[113] 刘箫萌:《历史文化名村保护规划研究——以江西省安福县塘边村为例》，硕士学位论文，南昌大学，2012年。